Inhalt

7	**New York entdecken**
8	New York für Citybummler
9	*Das gibt es nur in New York*
13	Kurztrip nach New York
15	**Stadtspaziergänge**

28	**Downtown Manhattan**
28	❶ 9/11 Memorial and Museum ★★★ [C22]
29	❷ One World Observatory und die WTC Site ★★ [C22]
31	❸ Brookfield Place/ World Financial Center ★ [C22]
31	❹ Battery Park und Castle Clinton ★ [D23]
33	❺ Statue of Liberty ★★★ [B27]
34	❻ Ellis Island ★★ [B25]
35	❼ Governors Island ★★ [D25]
36	❽ Trinity Church ★★ [D23]
36	❾ Federal Hall National Monument ★★ [D23]
37	❿ Museum of American Finance ★ [D23]
37	⓫ South Street Seaport ★ [E22]
38	⓬ City Hall Park ★ [D22]
39	⓭ Lower East Side (LES) ★★ [E20]
40	⓮ New Museum ★ [E20]
40	*„Shalom!" – das jüdische New York*
41	⓯ Lower East Side Tenement Museum ★★ [E20]
42	⓰ SoHo (Cast Iron District) ★★ [D20]
43	⓱ The Village ★★★ [B19/E19]
44	⓲ Union Square ★ [D18]
44	⓳ Whitney Museum of American Art ★★ [B18]
45	⓴ High Line Park ★★ [B17]
46	㉑ Flatiron Building ★★ [D17]

47	**Midtown Manhattan**
47	㉒ Empire State Building ★★★ [C16]
48	㉓ Madison Square Garden ★ [B16]
48	㉔ The Morgan Library and Museum ★ [D16]
49	㉕ Times Square – Theater District ★★★ [C15]
50	㉖ Intrepid Sea, Air & Space Museum ★ [A15]
50	㉗ Grand Central Terminal ★★ [D15]
51	㉘ Chrysler Building ★★ [D15]

Zeichenerklärung

★★★ nicht verpassen
★★ besonders sehenswert
★ wichtig für speziell interessierte Besucher

[A1] Planquadrat im Kartenmaterial. Orte ohne diese Angabe liegen außerhalb unserer Karten. Ihre Lage kann aber wie von allen Ortsmarken mithilfe der begleitenden Web-App angezeigt werden (s. S. 155).

Vorwahlen

› **in die USA:** 001
› **nach Deutschland:** 011–49
› **nach Österreich:** 011–43
› **in die Schweiz:** 011–41
› **Area code Manhattan:** 212 bzw. 646 und 917 für *mobil phones*
› **Area code Bronx, Brooklyn, Queens, Staten Island:** 718, 347 oder 929

Der *area code* muss auch bei Ortsgesprächen mitgewählt werden.

◁ *Ein Muss für Besucher: ein Spaziergang über die Brooklyn Bridge* ⓭

52	㉙ Waldorf=Astoria Hotel ★ [D14]
52	㉚ Rockefeller Center ★★ [C14]
53	㉛ Museum of Modern Art ★★★ [C14]
54	㉜ St. Patrick's Cathedral ★★ [D14]
54	㉝ Fifth Avenue ★★ [C14]

55 Uptown Manhattan
55	㉞ Central Park ★★★ [C10]
57	㉟ Metropolitan Museum of Art (The Met Fifth Avenue) ★★★ [C11]
58	㊱ Solomon R. Guggenheim Museum ★★★ [D10]
59	㊲ Columbus Circle ★ [B13]
60	㊳ Lincoln Center for the Performing Arts ★ [B13]
61	㊴ Dakota Building ★ [B12]
61	㊵ American Museum of Natural History ★★ [B11]

62 Upper Manhattan
62	㊶ Harlem ★ [C6]
64	㊷ Cathedral of St. John the Divine ★ [B7]

64 Entdeckungen außerhalb Manhattans
64	㊸ Brooklyn Bridge und Brooklyn Heights Promenade (Brooklyn) ★★★ [F23]
65	㊹ Brooklyn Bridge Park ★★ [F23]
66	㊺ Brooklyn Museum of Art (Brooklyn) ★★ [ck]
67	㊻ Coney Island (Brooklyn) ★★
67	*Brooklyns „neighborhoods"*
69	㊼ Yankee Stadium (Bronx) ★★ [C2]
70	㊽ Little Italy in the Bronx ★
70	*„Play Ball!"*

71 New York erleben
72	New York für Kunst- und Museumsfreunde
76	New York für Genießer
80	*Reuben, Hotdog, Knish und Bagel – New York kulinarisch*
83	New York am Abend
87	New York für Kauflustige
93	New York zum Träumen und Entspannen
95	Zur richtigen Zeit am richtigen Ort

97 New York verstehen
98	Das Antlitz der Metropole
99	Von den Anfängen bis zur Gegenwart
102	Leben in der Stadt
103	*Take the „A" Train – New Yorks Subway*
104	*Das Streben zum Himmel*
107	Going Green – New York wird „grün"

New York auf einen Blick

© REISE KNOW-HOW 2017

0 — 1000 m

Harlem

Upper Manhattan S. 62

Uptown Manhattan S. 55
- ㊱ Guggenheim Museum
- ㉟ Metropolitan Museum of Art
- ㉞ Central Park

Midtown Manhattan S. 47
- ㉛ Museum of Modern Art
- ㉕ Times Square
- ㉒ Empire State Building
- ⑳ High Line Park

Downtown Manhattan S. 28
- ① 9/11 Memorial and Museum
- ㊸ Brooklyn Bridge und Brooklyn Heights Promenade
- ⑤ Statue of Liberty

Brooklyn

---

111 Praktische Reisetipps

112	An- und Rückreise
114	Autofahren
114	Barrierefreies Reisen
115	Diplomatische Vertretungen
115	Ein- und Ausreisebestimmungen
117	Elektrizität
117	Geldfragen
118	*New York City preiswert*
118	Informationsquellen
120	*Unsere Literaturtipps*
121	Internet
122	Maße und Gewichte
122	Medizinische Versorgung
123	Mit Kindern unterwegs
124	Notfälle
125	Öffnungszeiten
125	Post
125	Schwule und Lesben
127	Sicherheit
127	Sport und Erholung
128	Sprache
129	Stadttouren
130	Telefonieren
131	Uhrzeit und Datum
131	Unterkunft
135	Verhaltenstipps und Umgangsformen
136	Verkehrsmittel
138	Versicherungen
138	Wetter und Reisezeit

139 Anhang

140	Kleine Sprachhilfe Amerikanisch
145	Register
149	Die Autoren
149	Schreiben Sie uns
149	Impressum
150	Liste der Karteneinträge
154	Zeichenerklärung
155	Manhattan, Stadtbezirke
155	*New York mit PC, Smartphone & Co.*
156	Übersicht und Subway-Plan

New York City ist ein ethnischer Mikrokosmos mit sich teils stark unterscheidenden „neighborhoods". Manhattan ist zwar nur ein Teil von NYC, doch hier konzentriert sich alles: Kultur, Kunst, Restaurants und Shops. Am meisten passiert derzeit im Bereich des South Street Seaport und man darf z. B. gespannt sein, wie Pier 17 nach seiner Fertigstellung aussehen wird.

Neues Grün
Abgesehen vom High Line Park (s. S. 45), einer Flaniermeile in luftiger Höhe zwischen Meatpacking District und dem im Umbruch befindlichen Hudson Yards (s. S. 45), laden auch Hudson River Park (s. S. 45) und East River Waterfront Esplanade (s. S. 37) sowie der neu gestaltete Battery Park (s. S. 31) zum Ausruhen ein. Governors Island (s. S. 35) und der Brooklyn Bridge Park (s. S. 65) sind weitere grüne Oasen.

Kultur ganz groß
Das frisch renovierte, multimediale Cooper-Hewitt Design Museum (s. S. 72) und das Met Breuer (s. S. 74) lohnen auf jeden Fall einen Besuch, ebenso das neue Whitney Museum (s. S. 44).

Für Feinschmecker
Der beliebte Gourmet- und Flohmarkt Smorgasburg (s. S. 89) hat sich mittlerweile an mehreren Standorten etabliert. Neu sind mehrere Gourmet-Imbisshallen wie Hudson Eats (s. S. 31) oder Great Northern Food Hall (s. S. 50). Während der Turnstile Food Cart Tours (s. S. 130) erfährt man viel über New Yorker Imbisswägen und wird noch dazu satt.

216ny Abb.: NYC&Co©MarleyWhite

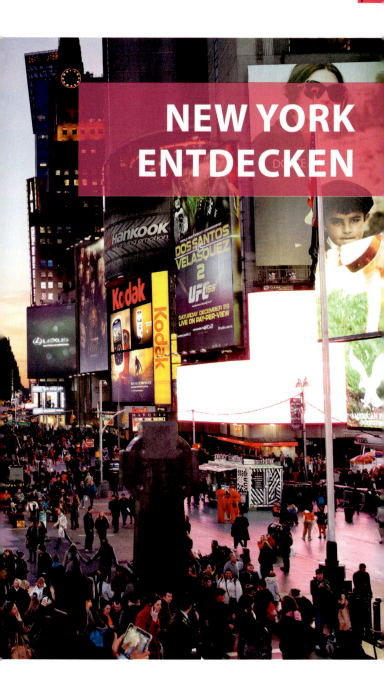

New York für Citybummler

"New York war ein unerschöpflicher Raum, ein Labyrinth von endlosen Schritten ..." Diese Zeile aus Paul Austers berühmter „New York Trilogy" kann als Leitfaden für die Erkundung der riesigen Metropole dienen. New York ist in der Tat ein Labyrinth aus Wolkenkratzerschluchten, die je nach Wetterlage bedrohlich oder faszinierend wirken, bietet aber gleichzeitig pulsierend-bunte Viertel, stille Ecken und grüne Oasen.

New York besteht nicht allein aus Manhattan. Zusammen mit den vier anderen Stadtbezirken (boroughs) – **Bronx, Brooklyn, Queens** und **Staten Island** – zählt die Stadt über acht Millionen Einwohner. Zwar spiegelt Manhattan, das Herz der Stadt, die ganze Metropole „en miniature" wider, aber dennoch gilt es, angesichts der Größe und des Angebots auszuwählen.

An der Südspitze Manhattans (**Lower Manhattan**) befinden sich – mit der Wall Street und dem World Financial Center ❸ – eines der Finanz-

◁ *Vorseite: Der Times Square* ㉕ *ist Tag und Nacht belebt und äußerst beliebt*

◨ *Das Areal um den Times Square* ㉕ *ist nicht nur zum Shoppen, sondern auch zum Ausruhen ideal*

Das gibt es nur in New York

› **Pushcarts:** Sie sind ganzjährig an fast jeder Straßenecke zu finden und bieten auf kleinstem Raum eine Vielfalt an preiswerten und oft auch kulinarisch interessanten Gerichten aus aller Welt. Abwechslungsreichere Kost bieten die Gourmet Food Trucks.
› **Delis:** Eine Mischung aus Lebensmittelgeschäft, Feinkostladen und Imbiss, oft 24 Stunden geöffnet
› **Unvergessliche Ereignisse** sind die Times Square New Year's Eve Celebration & Ball Drop, die Macy's Thanksgiving Parade und das gigantische Feuerwerk am Unabhängigkeitstag (4. Juli).
› Es gibt zwei **Fähren,** die Superausblicke liefern: Staten Island (s. S. 28) und Governors Island Ferry (s. S. 35).
› New Yorks **Museumsmeile** ist ein einmaliges Konglomerat weltbekannter Museen wie dem Metropolitan Museum of Art ❸❺ oder dem Guggenheim Museum ❸❻.
› Macy's (s. S. 90) und Bloomingdale's (s. S. 90) – zwei **Konsumtempel der Superlative!**
› Der **Madison Square Garden** ❷❸, die legendäre Sport- und Veranstaltungshalle, beherbergt zugleich einen Bahnhof im Untergeschoss.
› New Yorks Straßen dominieren **gelbe Taxis** (s. S. 137), in den „boroughs" auch apfelgrüne.
› Auf Weltreise im „**International Express**": Mit der Subway Nr. 7 lernt man viele ethnische Facetten der Weltstadt kennen (s. S. 10).
› Ein riesiger Park mitten im Stadtzentrum: Der **Central Park** ❸❹ fungiert als grüne Lunge, Spielwiese und „gute Stube".
› Eine **Großstadt wird „grün":** Grünanlagen an East und Hudson River, Promenaden und Gärten öffnen die Stadt verstärkt zum Wasser hin und bieten neuen Erholungsraum (s. S. 107).
› **Baseball:** In keiner anderen Stadt der USA spielt der amerikanische Nationalsport eine derart wichtige Rolle. Sehenswert: die neuen Stadien von Yankees ❹❼ und Mets (s. S. 128).
› **Kostenlose Sommerkonzerte** und andere Veranstaltungen gibt es zwischen Juni und September an vielen Punkten der Stadt (s. S. 86).

zentren der Welt, die World Trade Center Site mit dem 9/11 Memorial and Museum ❶ und dem One World Observatory ❷ sowie touristische Highlights wie die Statue of Liberty ❺ und Ellis Island ❻. Angesichts des Andrangs bedarf der Besuch der Freiheitsstatue jedoch genauer Vorausplanung und genügend Zeit. Inmitten der alten und neuen Wolkenkratzer an der Südspitze – Architekturfreunde kommen hier voll auf ihre Kosten – sind auch Überbleibsel des „alten" New York wie Castle Clinton ❹, Fraunces Tavern (eine historische Kneipe), Trinity Church ❽, das alte Rathaus – die Federal Hall ❾ – oder Reste des alten Hafens im Umkreis des South Street Seaport ⓫ erhalten geblieben.

Ein zweites touristisches Zentrum und mit einer Konzentration von Wolkenkratzern zugleich die zweite „Skyline" ist **Midtown**. Hier befindet sich

New York für Citybummler

EXTRATIPPS

Mit der Subway auf Weltreise
Wie keine andere Subway-Linie New Yorks bietet der „**7 Train**" ein besonderes Erlebnis: Sobald sie den Manhattan-Tunnel verlassen hat, verkehrt sie als EL-Train („elevated train", Hochbahn) durch eine der ethnisch buntesten Stadtregionen der Welt. Nach dem Zusammenschluss der fünf „boroughs" zum heutigen New York im Jahr 1898 wurde als erste Verbindung in das damals ländliche Queens die Subway-Line 7 gebaut – benannt nach der Gesamtfahrtstrecke von sieben Meilen. Zahlreiche Immigranten zogen aus überfüllten Vierteln nach Queens, wo sie bessere Wohnbedingungen vorfanden. Heute wird der „7 Train" als „Living Heritage Trail" betrachtet und steht quasi unter Denkmalschutz. Für die „Weltreise" mit dem „International" oder „Immigration Express" bieten sich mehrere Stopps in **Queens** zwischen der 33rd St. und dem Endpunkt in Flushing (Main St.) an, die in unterschiedliche ethnische Enklaven führen:

- „**46th St./Queens Blvd.**" (Sunnyside) ist vielseitig: Neben lateinamerikanischen Shops und Kneipen (peruanisch, kolumbianisch, puerto-ricanisch) gibt es Orientalisches aller Art.
- „**52nd St./Roosevelt Ave.**" und „**Woodside/61st St.**" sind hingegen vor allem lateinamerikanische Enklaven.
- Als **South Asian Strip** gilt die 74th St. zwischen Roosevelt und 37th Ave. (Stopp „74th St./Broadway"). Sie wird von Indern, Pakistani und Bangladeschern geprägt. Dieses „Little India" wird schon zu Jackson Heights gerechnet und hat in Sachen Stoffe und Saris, Schmuck und Bollywood-Filme, Duftwässer und Open-Air-Märkte, aber auch kulinarisch mit seinen Curry-Lokalen viel zu bieten.
- Um den Stopp „**82nd St./Jackson Heights**" liegt „Little Columbia" und entlang der Roosevelt Ave. tönen Salsa und Cumbia-Musik aus den Lokalen. Hier wohnen hauptsächlich Mexikaner, Ecuadorianer und Kolumbianer.
- An der Haltestelle „**90th St./Elmhurst Ave.**" wird es wieder bunt, denn das südlich gelegene Viertel Elmhurst ist ein Musterbeispiel für Multikulti. Im Bereich um den Broadway, etwa zwischen 81st St. und Cornish Ave., hat sich überdies ein weiteres Chinatown entwickelt.
- Nahe „**103rd St./Corona Plaza**" (lateinamerikanisch geprägt) befindet sich das Louis Armstrong House.
- Italienisches Flair, v. a. rund um den „Spaghetti Park" (Moore Park), bietet ein Spaziergang um den Stopp „**111st St./Roosevelt Ave.**".
- An der Haltestelle „**Mets-Willets Point**" befinden sich u. a. die New York Hall of Science, das Queens Museum, das Citi Field sowie das US Open Tennis Center.
- Die Endstation „**Flushing-Main Street**" gilt als „Ferner Osten" mit Chinatown, indischem und koreanischem Gepräge sowie dem Queens Botanic Garden.

Neue Perspektiven
Wer New York aus einer anderen Perspektive erleben möchte, kann dies per Bus oder Water Taxi tun. Einige Buslinien (z. B. M2, M3, M4 und M5; Infos und Pläne unter http://mta.info) durchqueren Manhattan fast komplett in Nord-Süd-Richtung vom Village, durch Midtown, vorbei am Central Park, bis hinauf nach Harlem bzw. Washington Heights.

Einen Blick vom Wasser auf die Skyline Manhattans bietet sich per **Water Taxi** (s. S. 130) oder von den Sightseeing Ferries von **City Sights** (s. S. 129). Die Boote fahren um den Südteil der Insel zwischen Hudson und East River herum. Eine gute Aussicht hat man auch von den Fähren nach **Staten Island** (s. S. 28) oder (im Sommer) nach **Governors Island** ❼.

New York für Citybummler 11

mit dem Times Square ㉕ die mit um die 40 Mio. Besuchern jährlich angeblich meistbesichtigte Touristenattraktion der Welt. Weitere Topattraktionen sind das Empire State Building ㉒, der Grand Central Terminal ㉗, das Rockefeller Center ㉚ – speziell dessen Aussichtsplattform Top of the Rock –, der Madison Square Garden ㉓, das weltgrößte Kaufhaus Macy's und die St. Patrick's Cathedral ㉜. Dazu kommt eine Reihe sehenswerter historischer und moderner Bauten wie die NY Public Library (5th Ave./42nd St.), das Chrysler Building ㉘, das Bank of America Building (42nd/6th Ave.), das Lipstick Building (53rd St./3rd Ave.) oder das MoMA ㉛.

Der Central Park ㉞ in **Uptown**, dem dritten Besucherzentrum, wird zu beiden Seiten von zahlreichen Museen gerahmt – mehr als man während eines Kurztrips würdigen könnte. Hauptanziehungspunkte sind auf jeden Fall das American Museum of Natural History ㊵, das Metropolitan Museum of Art ㉟ mit der neuen Filiale Met Breuer (s. S. 74) im früheren Bau des Whitney Museum und das Guggenheim ㊱.

Einkaufsareale gibt es viele, konzentriert finden sie sich um den Broadway und die Fifth Avenue ㉝. Während Letztere ein eher schickes Flair hat, ist der Broadway etwas für Schnäppchenjäger. Besonders der Lower Broadway zwischen Canal Street und Union Square (14th St.) lohnt, denn hier überwiegen die preiswerten Läden, vor allem im Umkreis der Canal Street. Ungewöhnliche Boutiquen finden sich vor allem in Teilen von SoHo ⑯ und dem Village ⑰.

Viertel wie **Chelsea**, **SoHo** oder das **Village** sind nicht wegen einzelner Sehenswürdigkeiten bekannt, hier spielt sich vielmehr das Alltagsleben ab. Dieses „andere" New York lässt sich bei einem Spaziergang oder bei nächtlichem *bar hopping* kennenlernen. Das Village – Greenwich und East Village zwischen Houston und 14th Street – ist das bekannteste „alternative" New Yorker Viertel, aber auch das sich im Süden anschließende SoHo lohnt einen Besuch.

Wie das **East Village** erlebt die **Lower East Side** ⑬ derzeit ein Revival. Beide *neighborhood*s sind besonders abends und nachts ein Anziehungspunkt und **Treff der Partyszene**.

△ *Die Weltkugel vor dem Trump International Hotel and Tower am Columbus Circle* ㊲

New York für Citybummler

Tagsüber lohnt die „LES" wegen ihrer interessanten Geschichte als einstiges Immigrantenzentrum und als jüdisches Viertel. Ebenfalls hoch im Kurs stehen die **Bowery** und **Nolita**. Beide sind wegen der Kneipen und Bars besonders abends ein Treff der Partyszene. Zwischen Lower Manhattan und Midtown, nördlich der 14th Street, blühen derzeit **Chelsea** und der **Meatpacking District** auf. Einst industriell geprägt, laden nun vermehrt Geschäfte, Galerien, Cafés und Lokale entlang der 14th und 23rd Street sowie zwischen 5th und 9th Ave. zum Entdecken ein.

Eine ungewöhnliche grüne Oase in der Stadt stellt der **High Line Park** 20 – mit dem Whitney Museum 19 am Anfang – dar, doch es gibt in jedem Viertel der Stadt **Parks** und Plätze zum Erholen (s. S. 93). Speziell an der *waterfront* – entlang Hudson und East River – sorgen **umfunktionierte alte Piers** und neu angelegte Promenaden für mehr Attraktivität. **Governors Island** 7 ist ein weiteres grünes Idyll fernab der Hektik Manhattans.

Einige **Einzelziele** in Upper Manhattan oder in anderen Stadtvierteln sollte man ebenfalls einplanen: ein Spaziergang über die Brooklyn Bridge 43, der abendliche Sonnenuntergang an der nahen Brooklyn Heights Promenade oder im Brooklyn Bridge Park 44, Strandvergnügen in Coney Island 46, Harlem 41 oder das Yankee Stadium 47.

New York von oben – Ausblick vom Top of the Rock (s. S. 52)

Das 9/11 Memorial 1 erinnert an die Opfer des Attentats von 2001

Kurztrip nach New York

In New York könnte man mühelos eine, zwei oder sogar mehrere Wochen verbringen, ohne dass es einem langweilig würde. Die meisten Besucher kommen jedoch zu einem Kurzbesuch hierher. Dank der guten Flugverbindungen bietet sich die Stadt auch als günstiger Zwischenstopp und Ausgangspunkt für eine Reise entlang der Ostküste der USA an.

Drei Tage sind für eine Erkundung New Yorks das absolute Minimum. Ein Muss sind die Viertel zwischen Central Park und Lower Manhattan, aber auch ein Abstecher aus Manhattan heraus sollte auf dem Plan stehen, um das „andere New York" kennenzulernen. Besonders Brooklyn wäre dafür geeignet.

Fünf Tage wären für einen New-York-Besuch optimal, denn dann hat man genügend Zeit für Museumsbesuche, Shopping und Ausflüge in die anderen „boroughs", z. B. Brooklyn (Coney Island), die Bronx oder Queens.

Über eines sollte man sich von Anfang an klar sein: Es ist unmöglich, alle Attraktionen auf einmal „mitzunehmen". Es müssen abhängig von Interessen, Konstitution, Finanzen oder Jahreszeit bzw. Wetter **Schwerpunkte gesetzt** werden. Auch das unten zusammengestellte 5-Tages-Programm ist nur als Anregung zu verstehen, auch hier müssen schon allein aus Zeitgründen Präferenzen gesetzt werden.

Es empfiehlt sich, den **öffentlichen Nahverkehr** ausgiebig zu nutzen und sich eine MetroCard zuzulegen (s. S. 137), denn vor allem mit der Subway (dem „train") – ist es einfach, von einem Punkt zum nächsten zu gelangen.

1. Tag: Downtown Manhattan

Es gibt verschiedene Möglichkeiten, um das Besichtigungsprogramm „stilecht" zu beginnen: z. B. am Times Square ㉕, im Metropolitan Museum of Art ㉟, bei einer Fahrt mit der Staten Island Ferry (s. S. 28), im Angesicht der Statue of Liberty ❺, auf Ellis Island ❻ oder mit einem Bummel entlang der Fifth Avenue ㉝.

Am geeignetsten ist auf alle Fälle die **Südspitze Manhattans**. Zum einen bietet sich der **Battery Park** ❹ mit der Festung Castle Clinton an. Von hier aus verkehren die Fähren zur Statue of Liberty und nach Ellis Island. Da dieser Ausflug jedoch wegen des Andrangs zeitaufwändig sein kann, empfiehlt sich als Alternative der Besuch des **9/11 Memorial & Museum** ❶ und/oder des Aussichtsdecks von 1 WTC (**One World Observatory** ❷). Helle, modern gestaltete unterirdische Gänge mit Shops und Imbissmöglichkeiten verbinden 1 WTC, WTC Transportation Hub, Fulton Center und Brookfield Place.

Auf der anschließenden Erkundungstour durch Lower Manhattan

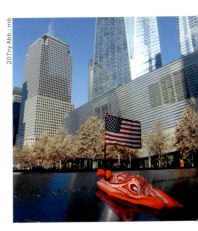

207ny Abb.: mb

könnten **Wall Street**, **Federal Hall** ❾, **Trinity Church** ❽ und **South Street Seaport** ⓫ mit Pier 17 auf dem Programm stehen.

Von der **City Hall** ⓬ ist es nicht weit zur **Brooklyn Bridge** ㊸ und ein abendlicher Spaziergang hinüber zum **Brooklyn Bridge Park** ㊹ und zur **Brooklyn Heights Promenade** ㊷ könnte die Krönung eines spannenden Tages darstellen.

2. Tag: Midtown Manhattan

Zunächst geht es hinein nach **Chinatown** und **Little Italy** mit Mott und Canal Street bzw. Mulberry Street als Hauptachsen und bunten Geschäften und Lokalen. Weiter in der **Lower East Side (LES)** ⓭, dem ehemaligen jüdischen Viertel, lohnt besonders das **Lower East Side Tenement Museum** ⓯. Anschließend böte sich ein Spaziergang durch **SoHo** ⓰ und das **Village** ⓱ (Greenwich und East Village) an. Abgesehen vom Union Square (mit Markt) bieten sich der Washington Square Park oder der Bryant Park für eine Pause an. Nicht versäumen sollte man einen Bummel über den **High Line Park** ⓴ am Hudson River und falls Zeit ist, könnte man zuvor einen Blick ins **Whitney Museum** ⓳ werfen.

Nachmittags und abends steht der **Times Square** ㉕, das pulsierende Herz der Stadt, auf dem Programm. Ringsum breitet sich der Theater District aus – wohl dem, der bereits Tickets für eine Abendvorstellung hat.

Weitere zur Auswahl stehende Highlights sind z. B. die **Morgan Library** ㉔ (für Bibliophile und Kunstbeflissene), der **Grand Central Terminal** ㉗ (ein historisches Denkmal mit vielen Imbissgelegenheiten), der **UN-Komplex** (s. S. 51) oder der **Madison Square Garden** ㉓.

Perfekter Abschluss des zweiten Tages könnte die Fahrt hinauf aufs Aussichtsplateau des **Empire State Building** ㉒ sein.

3. Tag: Uptown Manhattan

Museen stehen im Mittelpunkt des dritten Tages, vor allem jene an der **Museum Mile**: Je nach Interesse bieten sich z. B. das Metropolitan Museum ㉟, das Guggenheim ㊱, das Museum of the City of New York (s. S. 73) oder das American Museum of Natural History ㊵ an. Bei schönem Wetter und besonders an einem Sonntag lohnt sich zudem ein Spaziergang durch den Südteil des **Central Park** ㉞ bzw. quer hindurch vom Metropolitan zum Museum of Natural History.

Direkt an der Südostecke des Parks beginnt mit der **Fifth Avenue** ㉝ eine der berühmtesten Flanier- und Shoppingmeilen der Welt. Allerdings ist Einkaufen hier nicht alles: Attraktionen wie das **Museum of Arts & Design** (s. S. 73), das **MoMA** ㉛, das **Rockefeller Center** ㉚ (mit Studiotouren und der Aussichtsplattform Top of the Rock), die **Radio City Music Hall** (s. S. 86, Touren), die **St. Patrick's Cathedral** ㉜ oder die **Carnegie Hall** (s. S. 86) sorgen architektonisch und kulturell für Abwechslung.

4. Tag: Brooklyn, Harlem oder die Bronx

Den vierten Besuchstag könnte man einem der anderen Boroughs widmen. Im Sommer bietet sich die Fahrt nach **Coney Island** ㊻ (Brooklyn) mit seinem berühmten Boardwalk entlang dem Strand und Brighton Beach an.

Kunstfreunde sollten sich das **Brooklyn Museum of Art** ㊺ und Gartenfreunde den **Botanischen Garten** (s. S. 66) nicht entgehen lassen. Auf alle Fälle lohnend ist auch der Spaziergang über die **Brooklyn Bridge** ❹❸ (siehe Spaziergang 4, S. 25).

In eine „andere Welt" entführt auch ein Abstecher nach **Harlem** ❹❶, besonders in sein pulsierendes Zentrum um die 125th Street mit dem legendären Apollo Theater (s. S. 86).

Wer Tickets für ein Spiel der Yankees hat oder wenigstens eine Stadiontour plant, fährt von Harlem gleich weiter in die Bronx (**Yankee Stadium** ❹❼) und bummelt vorher noch auf dem Grand Concourse oder besucht das Italienerviertel Arthur Avenue mit seiner Markthalle.

5. Tag Ausflüge

Eine Fahrt mit der Fähre nach **Governors Island** ❼ (im Sommer) oder nach **Staten Island** (s. S. 137, ganzjährig) ermöglicht zum Abschluss der Reise noch einmal einen grandiosen Ausblick auf die Skyline Manhattans. Auf Governors Island kann man New York zugleich von einer beschaulicheren Seite kennenlernen.

Ebenfalls in Parks eingebettet und fernab von Trubel und Hektik würde am nördlichen Ende Manhattans **The Cloisters** (s. S. 63), ein nachgebautes mittelalterliches Kloster und Filiale des Metropolitan Museum ❸❺, einen Besuch lohnen.

Ebenfalls in ein anderes *borough* entführt eine Fahrt mit dem „**7 Train**" durch Queens. Die U-Bahn steuert den Flushing Meadows-Corona Park mit dem Citi Field (Baseballstadion der Mets) und dem National Tennis Center an und quert auf dem Weg dorthin die unterschiedlichsten ethnischen Viertel (s. S. 10).

Stadtspaziergänge

Spaziergang 1: Bummel durch Lower Manhattan

Dauer: ca. 4 Stunden
Tages-/Jahreszeit: tagsüber/ganzjährig
Startpunkt: 9/11 Memorial & Museum ❶
Endpunkt: Subway Fulton Street bzw. WTC Transportation Hub

Das Herz von New York City schlägt in Lower Manhattan, hier wurde die Stadt 1624 von niederländischen Händlern gegründet. Zudem befindet sich an der Südspitze Manhattans seit den Anschlägen am 11. September 2001 das emotionale Zentrum der Stadt: Das **9/11 Memorial and Museum** ❶ ist ein idealer Ausgangspunkt für einen Spaziergang. Hat man das Memorial und die Ausstellungen auf sich wirken lassen, sollte man noch einen Augenblick im Eichenhain verbringen, ehe man wieder in das pulsierende Leben im Areal um die neuen Hochhäuser der WTC Site und den dominierenden Hauptbau 1 WTC eintaucht und eventuell das neue **One World Observatory** ❷ besucht.

Über die Vesey Street und durch das **World Financial Center** – jetzt **Brookfield Place** ❸ genannt – erreicht man den Hudson River. Brookfield Place ist mit seinen zwei Imbissarealen ideal zum Verschnaufen. Nordwärts schließt sich der Hudson River Park mit seinen umfunktionierten Piers an (s. S. 45), doch der Bummel führt jetzt weiter Richtung Süden, vorbei an Grün- und Spielflächen, Kunstwerken und Promenaden

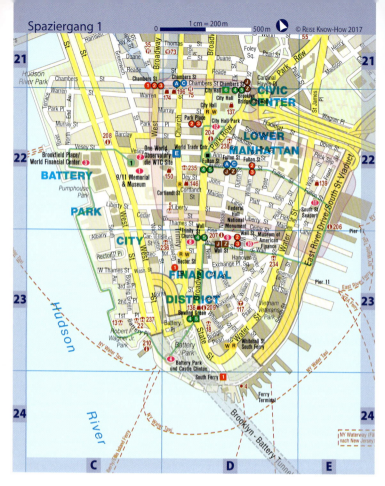

vor der Kulisse der **Battery Park City**. Sie galt als eines der wegweisenden Großbauprojekte der Stadt und entstand größtenteils auf künstlich aufgeschüttetem Land, dem Aushub vom World Trade Center, das zwischen 1967 und 1976 gebaut wurde. Kurz bevor man den Battery Park erreicht, fällt einem im Wagner Park, direkt am Hudson River, ein sechseckiger pyramidenförmiger Bau ins Auge: Das 1997 eröffnete **Museum of Jewish Heritage** (s. S. 73) informiert hier über die Geschichte der Juden von etwa 1880 bis in die Gegenwart.

Der kürzlich neu gestaltete **Battery Park** ❹ mit dem historischen **Castle Clinton**, Teil einer alten New Yorker Hafenbefestigung, bietet nicht nur einen traumhaften Ausblick, von hier gehen auch die Fähren zur **Statue of Liberty** ❺ und nach **Ellis Island** ❻ ab. Die 1886 in der Hafenzufahrt aufgestellte Freiheitsstatue, Wahrzeichen New Yorks bzw. der USA und zugleich der Demokratie im Allgemeinen, war ein Geschenk der französischen Nation als Zeichen der Freundschaft und aus Dankbarkeit für die Schaffung des ersten moder-

Stadtspaziergänge 17

nen demokratischen Systems. Um die Freiheitsstatue und das benachbarte Ellis Island, wo zwischen 1892 und 1954 rund zwölf Millionen Einwanderer erstmals nordamerikanischen Boden betraten, zu besuchen, muss man Zeit und Geduld mitbringen, denn die Warteschlangen sind oft lang. Zudem sollte man sich die Tickets vorher besorgen (s. S. 34).

Kostenlos ist die Fahrt mit der orangefarbenen **Staten Island Ferry** (s. S. 28). Während der zwanzig Minuten auf dem Schiff bieten sich ebenfalls jede Menge Möglichkeiten, Fotos von Manhattan und der Upper New York Bay, der Freiheitsstatue und von Ellis Island zu schießen.

Vom historischen Fährhafen gleich nebenan fahren (derzeit nur) im Sommer Fähren hinüber nach **Governors Island** ❼. Dort lohnt sich nicht nur ein Spaziergang auf der rundum führenden Promenade, die einen tollen Ausblick auf Manhattan bietet, sondern auch die Insel selbst. Im 18. Jh. in Privatbesitz des britischen Gouverneurs, diente sie seit der Unabhängigkeit der USA zunächst als Festung zum Schutz der Hafeneinfahrt. Heute unterhält die Küstenwache eine Station, Teile der Insel – mit historischen Bauten – wurden als Nationalpark unter Schutz gestellt und andere Areale zum Naherholungsgebiet mit Spiel-, Sport- und Erholungs- sowie Eventflächen umgestaltet.

Zurück auf dem Festland fällt an der Nordspitze des Battery Park das **U.S. Custom House** mit Wandbildern und dem interessanten **National Museum of the American Indi-**

208ny Abb.: NYC&Co©Julienne Schaer

an (s. S. 74) ins Auge. Hier beginnt zugleich der **Broadway**, New Yorks berühmteste Straße, und hier duckt sich auch die **Trinity Church** ❽, eine der ältesten anglikanischen Kirchen Nordamerikas, zwischen den Hochhäusern und behält anscheinend die weltberühmte **Wall Street** im Auge.

Vorbei an der (für Besucher geschlossenen) Börse, der **NYSE (New York Stock Exchange)**, und der **Federal Hall** (mit Infostelle, s. S. 119) führt die Wall Street vorbei am **Museum of American Finance** ❿ zur Ostseite der Insel Manhattan, zum **East River**. Wie am Hudson River wurde auch hier der Uferstreifen begrünt und zur **East River Waterfront Esplanade** umgestaltet. Pier 11 fungiert als Fährhafen für Water Taxis und East River Ferries (s. S. 137). Das nahegelegene

△ *Blick vom Millenium Hilton auf die World Trade Center Site* ❷ *mit dem Calatrava Building*

Stadtspaziergänge

ehemalige Hafenviertel um den **South Street Seaport** ⓫, **Pier 17** und die **Fulton Street** mit historischen Bauten und Schiffen präsentiert sich als pulsierender Besuchermagnet. Die Fulton Street führt den Spaziergänger – mit Blick auf das 1 WTC – wieder zurück zum Broadway.

Wie so häufig in New York treffen hier Alt und Neu aufeinander: Historische Bauten wie die **St. Paul's Chapel**, das **Woolworth Building** (s. S. 38) oder die **City Hall** ⓬ stehen in spannendem Kontrast zu modernen Skyscrapern wie dem nahen, architektonisch auffälligen Apartmenthochhaus **New York by Gehry** (8 Spruce St.).

Endpunkt des Bummels könnte die moderne Subway-Station „Fulton Center" mit Shops und Imbissmöglichkeiten sein oder der ebenfalls neue, architektonisch auffällige PATH-Bahnhof von Santiago Calatrava. Er ist durch das Einkaufszentrum Westfield World Trade Center unterirdisch mit Brookfield Place ❸ verbunden.

Spaziergang 2: Chinatown, Lower East Side, SoHo und das Village

Dauer: ca. 4 Stunden
Tages-/Jahreszeit: tagsüber/ganzjährig
Startpunkt: Columbus Park [D21]
Endpunkt: Union Square ⓲

Zwar erinnert der nördlich der **City Hall** ⓬ gelegene Columbus Park an den „Entdecker" Amerikas, doch in Wahrheit bildet der kleine Park das Zentrum des umtriebigen **Chinatown**. Die nahe Mott Street sowie die querende Canal Street mit ihren zahllosen bunten Geschäften und Lokalen sind die pulsierenden Lebensadern von Chinatown. Tieferen Einblick in diese fremde Welt gibt das Museum of Chinese in America (s. S. 73). In der parallel zur Mott verlaufenden Mulberry Street haben sich Überbleibsel von **Little Italy** in Form von einigen typischen Restaurants und Läden erhalten.

Über eine andere Hauptachse des Areals, die Grant Street, geht es ostwärts zur **Bowery** und damit in die **Lower East Side (LES)**. Die liebevoll renovierte **Eldridge Street Synagogue** und ganz besonders die Touren, die vom **Lower East Side Tenement Museum** ⓯ durch einen der restaurierten historischen Apartmentblöcke und durch das Viertel veranstaltet werden, geben einen guten Einblick in das armselige einstige Leben der

◁ *Der Bronzebulle an der Wall Street [D23] symbolisiert die Macht der Börse*

Stadtspaziergänge 19

frühen Zuwanderer, zumeist Juden aus Osteuropa, Deutsche, Iren und Italiener. Man spürt beim Bummel durch die Hauptachsen wie Orchard oder Delancey Street aber auch, dass die LES inzwischen zu einem angesagten Viertel geworden ist und schicke Läden und Lokale entstanden sind.

Vor Jahren wäre in der Bowery eine Institution wie das **New Museum** ⓮ mit seiner ungewöhnlichen Architektur und den Ausstellungen zur zeitgenössischen Kunst noch undenkbar gewesen. Gegenüber dem Museum beginnt die Prince Street, die zunächst durchs trendige **NoLIta** („**North of Little Italy**") mitten hinein nach **SoHo** („**South of Houston**") führt. Abgesehen von architektonisch sehenswerten historischen Bauten in Cast-Iron-Bauweise laden hier eklektische kleine und größere Läden, Boutiquen, Galerien, Lokale und Cafés zu Unterbrechungen ein. Egal, ob man die Prince oder die Spring Street wählt, im Westen stößt man unweigerlich auf die Avenue of the Americas, wie die 6th Ave. auch genannt wird.

Jenseits dieser Nord-Süd-Achse durch Manhattan breitet sich das **West Village**, Teil des **Greenwich Village**, aus. Zu den für Besucher interessantesten Straßen im West Village gehört die **Bleecker Street** mit ihrer Fülle an kleinen Shops, Boutiquen, Cafés und Kneipen. Wer an der Christopher Street nach rechts abbiegt, gelangt zum geschichtsträchtigen **Sheridan Square**, dem Zentrum des West Village. Das eigentliche Herz des „Village" schlägt jedoch auf dem nur wenige Schritte östlich gelegenen **Washington Square**. Gerade an Wochenenden scheint sich hier das ganze Viertel zu treffen. Der Platz ist ideal für ein Päuschen, zumal hier auch oft

◁ *Bei der Chinatown New Year's Parade (s. S. 95)*

20 Stadtspaziergänge

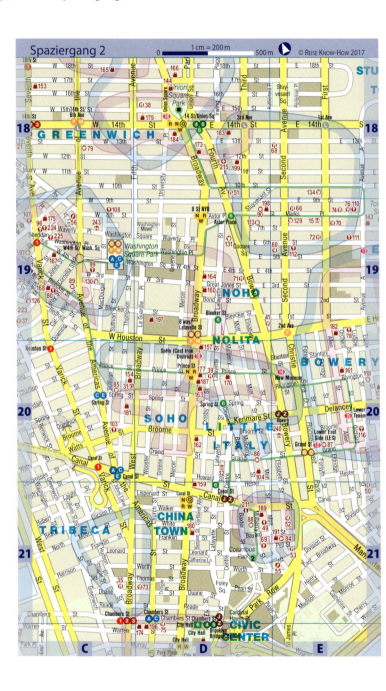

Stadtspaziergänge 21

Konzerte oder sonstige Vorführungen stattfinden.

Vorbei an Gebäuden der New York University passiert der Spaziergänger dann wieder den Broadway und erreicht am Astor Place den Zugang zum **East Village** und dessen Hauptachse St. Marks Place. Ringsum pulsiert das Leben in Restaurants, Cafés und Shops sowie auf einigen Avantgardebühnen. Was der Washington Square fürs Greenwich Village ist, ist der **Tompkins Square** für das East Village. Im Umfeld gibt es neben Läden und Lokalen auch zahllose Bars. **St. Mark's in-the-Bowery**, die zentrale Kirche im Viertel, ist das zweitälteste Gotteshaus der Stadt und auf ihrem Friedhof liegt Peter Stuyvesant begraben.

Schlendert man von St. Mark's wieder westwärts zum Broadway, empfiehlt es sich, einer weiteren bekannten Kirche einen Besuch abzustatten: der **Grace Church**. 1843 bis 1846 im neogotischen Stil errichtet, gilt die Kirche als Meisterwerk von James Renwick, der auch die berühmte St. Patrick's Cathedral erbaut hat. Die Grace Church war einst die Lieblingskirche der New Yorker High Society.

Buchfreunde sollten einen Block nördlich **Strand Books** (s. S. 91) am Broadway, Ecke E 12th St. nicht versäumen. Der 1927 gegründete und noch immer unabhängige Buchladen birgt auf mehreren Stockwerken prall gefüllte Bücherregale – und das Besondere ist, dass es fast jedes Buch, auch Neuerscheinungen, zu Sonderpreisen gibt!

Von hier ist es nicht mehr weit zum **Union Square** ❶⑧, einem der umtriebigsten Plätze der Stadt und zudem von historischer Bedeutung. 1839 angelegt und von einem Reiterstandbild George Washingtons dominiert,

galt er schon immer als beliebter Demonstrations- und Versammlungsort. Weitere Statuen auf bzw. um den Platz erinnern an Mahatma Gandhi und den Künstler Andy Warhol, der einst in der Nähe sein Atelier hatte. Auch heute trifft man sich auf dem Union Square, um dann in die umliegenden Stadtviertel **Chelsea** und **Gramercy** zum Einkaufen oder zum Essen auszuströmen. Auf der Westseite des Platzes findet mehrmals wöchentlich der wohl beste **Markt** der Stadt statt (s. S. 89), sodass man den Spaziergang mit einem Picknick oder dem Einkauf von Spezialitäten vom Markt ausklingen lassen könnte.

◁ *Auf dem Washington Square [C/D19] wird für Jung und Alt viel geboten*

Stadtspaziergänge

Spaziergang 3: Entdeckungstour durch Midtown

Dauer: ca. 3–4 Stunden
Tages-/Jahreszeit: tagsüber/ganzjährig
Startpunkt: Times Square ㉕
Endpunkt: Columbus Circle ㊲

Für Jack Kerouac war der **Times Square** ㉕ die „Summe und Krönung aller Marktplätze und Tingeltangelstraßen in Amerika". Daran hat sich bis heute wenig geändert: Der Platz zählt zu den meistbesuchten Attraktionen der Welt. Dank der hier eingerichteten Fußgängerzone ist das Areal zwischen Times Square an der 42nd Street und seinem Pendant, dem Duffy Square an der 47th Street, bei Einheimischen und Besuchern zur beliebten Ruheoase und zum Treffpunkt im pulsierenden Herz der Stadt geworden.

Das Areal um den Times Square – zwischen 40th und 48th St. sowie 6th und 8th Ave. – bildet als **Theater District** mit zahlreichen, häufig auch architektonisch sehenswerten Theatern das Zentrum von Entertainment und Showbusiness. Die 42nd Street ist eine Shopping- und Vergnügungsmeile und folgt man ihr ostwärts, bietet sich der **Bryant Park** (s. S. 48) zur Pause an. Überragt von teils spektakulären Wolkenkratzern, finden dort vielerlei Veranstaltungen und Events statt: im Sommer beispielsweise Konzerte und Filme, Kurse und Wettbewerbe, im Winter u. a. ein Weihnachtsmarkt mit Eisbahn. Das östliche Kopfende des Parks dominiert die **New York Public Library**, untergebracht in einem 1911 errichteten tempelartigen Repräsentationsbau.

Von hier aus lässt sich gut ein Abstecher zu einem berühmten Gebäude absolvieren: Über die 5th Ave. erreicht

Am Times Square ㉕ mit seinen Theatern schlägt das Herz der Stadt

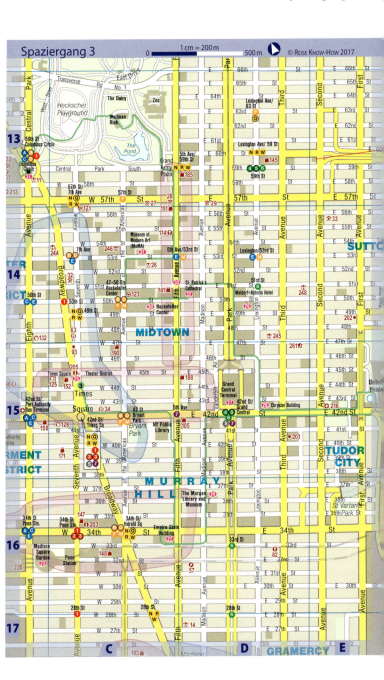

man das **Empire State Building** ㉒, von dessen Aussichtsplattform sich ein grandioser Blick über die Stadt bietet. Zurück zur 42nd Street geht es über die Madison Avenue, wo Kunstfreunde **The Morgan Library and Museum** ㉔ nicht auslassen sollten.

Ein paar Blocks nördlich fällt ein weiterer prächtiger Bau ins Auge: der **Grand Central Terminal** ㉗, 1913 als wichtiger Überlandbahnhof errichtet. Auch wenn der prächtig renovierte Bau heute nurmehr dem Nahverkehr dient, wimmelt es – auch wegen der Ladenpassagen und Food Halls – rund um die Uhr von Menschen. Neben dem Bahnhofsgebäude fällt das **Chrysler Building** ㉘ im Art-déco-Stil auf, ein architektonisches Highlight, das in keinem Architekturführer fehlt.

Wer Zeit und Lust hat, könnte der 42nd Street zum East River folgen und dort das Gelände der **United Nations** (s. S. 51) besichtigen, ansonsten geht es über die Lexington Avenue und die 46th Street nach Norden zur feinen **Park Avenue**. Hier findet man neben Boutiquen und Galerien architektonische Schätze wie das Seagram Building (375 Park Ave./53rd St.) oder das Waldorf=Astoria Hotel ㉙. Von diesem altehrwürdigen Nobelhotel sind es nur zwei Blocks zur **Fifth Avenue** ㉝, der berühmten Einkaufsstraße New Yorks.

Geschäfte sind natürlich die Hauptattraktion, doch es gibt um die Fifth Ave. herum auch einige andere Sights, zum Beispiel der Komplex des **Rockefeller Center** ㉚. Außer den wegweisenden Gebäuden mit der Sunken Plaza, einer vertieft gelegenen Platzanlage mit Eislaufbahn und Christbaum im Winter, lohnt eine Besichtigung der **NBC Studios** oder der **Radio City Music Hall** (s. S. 86). Und wer möchte, kann von der Aussichtsplattform von **Top of the Rock** (s. S. 52) in etwa 260 m Höhe den atemberaubenden Blick auf die Stadt genießen.

Gegenüber dem Rockefeller Center nimmt sich die **St. Patrick's Cathedral** ㉜ mit ihren über 100 m hohen Türmen zwischen modernen Wolkenkratzern recht bescheiden aus. Dennoch handelt es sich um eine der größten katholischen Kathedralen der USA, 1879 eingeweiht. Dahinter (457 Madison Ave.) befinden sich die historischen **Villard Houses**.

Auch wenn das **Museum of Modern Art** ㉛ sich nicht direkt an der Fifth Ave. befindet, ist der Abstecher dorthin ein Muss. Immerhin handelt es sich beim MoMA um eines der bedeutendsten Kunstmuseen der Welt, das sich der Kunst von den 1880er-Jahren (Impressionismus) bis zur Gegenwart widmet.

Weltberühmte Läden wie Tiffany & Co. oder Bergdorf Goodman sind an der Fifth Ave. ebenso zu finden wie der golden strahlende **Trump Tower** oder das ehrwürdige **Plaza Hotel** an der

Stadtspaziergänge 25

Grand Army Plaza. Dieser Platz liegt an der Südostecke des **Central Park** ㉞. Ein Spaziergang durch den Südteil des Parks – evtl. ein Schlenker vorbei an Zoo, Wollman Rink und Infozentrum The Dairy – könnte am **Columbus Circle** ㊲ enden. Dieser verkehrsumtoste Platz mit architektonischen Meilensteinen wie dem **Trump International Hotel & Tower** oder dem **Time Warner Center** mit seinen auffälligen Doppeltürmen wurde erst kürzlich neu gestaltet. Zu den **Shops at Columbus Circle** (s. S. 90) gehört der riesige Biosupermarkt Whole Foods, im Center ist auch die Konzerthalle **Jazz at Lincoln Center** (s. S. 86) zu Hause.

Etwas weiter südlich, an der 8th Ave. (56th–57th St.), ragt der **Hearst Tower** empor und nördlich des Platzes befindet sich der Kulturkomplex **Lincoln Center** ㊳, u. a. Sitz der Metropolitan Opera. Kunstfreunde könnten den Rundgang mit einem Besuch des Museum of Arts & Design (MAD, s. S. 73) – mit dem empfehlenswerten Restaurant Robert – beenden.

Spaziergang 4:
Über die Brooklyn Bridge ins Herz von Brooklyn

Zu den Highlights eines New-York-Besuchs gehört zweifellos ein Spaziergang über die **Brooklyn Bridge** ㊸ (Zugang an der Ostseite der City Hall ⑫) – „die beste und wirkungsvollste Medizin, die meine Seele bisher genossen hat", wie einst Amerikas Nationaldichter Walt Whitman über die 1883 eingeweihte Brücke schwärmte. Am anderen Ende der Brooklyn Bridge steht der Besucher im einem der vielen derzeit angesagten Stadtviertel, nämlich in Brooklyns **DUMBO** („Down under the Manhattan Bridge Overpass").

▽ *Blick auf die Brooklyn Bridge* ㊸ *und die Skyline Manhattans*

214ny Abb.: fotolia.com©TTstudio

Spaziergang 4

Auf Front Street und Jay Street mit interessanten Läden und kleinen Cafés geht es zurück zum East River (John St.). An der Williamsburg Bridge beginnt der **Brooklyn Bridge Park** ㊹. Diese in den letzten Jahren entstandene Parkanlage zieht sich südwärts entlang dem Ostufer des Flusses von der Manhattan Bridge unter der Brooklyn Bridge hindurch und weiter entlang den ehemaligen Hafenpiers, die zu Parkflächen und Sportanlagen umfunktioniert wurden, bis zur Atlantic Ave. Der Park verlieh dem *borough* ein neues Gesicht, doch auch der Ausblick von hier auf den Hafen und die Kulisse von Manhattan ist atemberaubend, besonders bei Sonnenuntergang und abends.

Nahe der Brooklyn Bridge (vom dortigen Fulton Ferry State Park verkehren Boote zurück nach Manhattan) führt die **Squipp Pedestrian Bridge** vom Park auf Pier 1 hinauf ins berühmte historische Stadtviertel Brooklyn Heights.

Höhepunkt im Brooklyn Heights Historic District ist die **Brooklyn

---

Dauer: ca. 3–4 Stunden
Tages-/Jahreszeit:
  tagsüber/ganzjährig
Startpunkt: Brooklyn Bridge ㊸
Endpunkt: Barclays Center bzw.
  Borough Hall

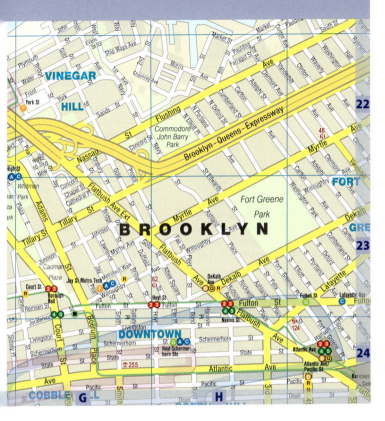

Heights Promenade. Sie zieht sich oberhalb der ehemaligen Piers und des BQE (Brooklyn-Queens-Expressway) entlang und wird von Fotografen besonders, aber nicht nur bei Sonnenuntergang wegen des grandiosen Ausblicks auf die Hochhauskulisse von Manhattan und die Statue of Liberty ❺ geschätzt.

Von der Promenade geht es dann über die lebhafte Montague Street zur **Borough Hall**, dem Rathaus von Brooklyn, das sich an der Cadman Plaza befindet. Von hier aus verkehren Bahnen zurück nach Manhattan, doch wer möchte, kann den Spaziergang noch durch das immer attraktiver werdende **Downtown Brooklyn** fortsetzen.

Die zur Fußgängerzone ausgebaute **Fulton Street** lädt zum Bummeln ein und führt zur Flatbush Avenue, einer der Hauptachsen Brooklyns. Auf dieser sind es nur wenige Schritte zur **Brooklyn Academy of Music** (BAM, s. S. 86) zum Shoppingcenter **Atlantic Terminal** und zur neuen Veranstaltungs- und Sporthalle, dem **Barclays Center** (s. Brooklyn Nets, S. 128). Unter dem Einkaufzentrum befindet sich einer der größten Subway-Bahnhöfe der Stadt und man kann mit mehreren U-Bahn-Linien zurück nach Manhattan fahren. Alternativ könnte man über die geschäftige Atlantic Avenue und den Boerum Place zurück zur Borough Hall spazieren und von dort zurückfahren.

Downtown Manhattan

Heute fällt es schwer, sich vorzustellen, dass an der Südspitze von Manhattan einmal nur ein von dichtem Wald umgebenes kleines Dorf lag. Die unregelmäßig verlaufenden Straßen erinnern noch an die Frühzeit als Hafen- und Handelsort und auch die berühmte Wall Street geht auf jene Tage zurück, als hier noch eine Stadtmauer, eine „wall", verlief, die die Bewohner vor den „wilden Indianern" schützen sollte. Aufgrund ihrer Geschichte ist die Südspitze Manhattans der ideale Startpunkt, um New York zu entdecken.

Manhattan besteht aus einer Reihe von Stadtteilen, für die zur Vereinfachung die folgende geografische Einteilung benutzt wird: **Downtown**, der Südteil der Insel, besteht nach geläufiger Definition aus **Lower Manhattan**, welches das gesamte Areal südlich der 14th Street inklusive Greenwich Village umfasst. Daran schließt sich, quasi als Pufferzone, zwischen 14th und 34th Street, die Viertel Gramercy und Chelsea an. Es folgt **Midtown** (34th bis 59th Street), mit dem legendären Theater District und dem Times Square. Unter **Uptown** sind die Viertel nördlich der 59th Street beidseitig des Central Park zu verstehen und **Upper Manhattan** bezeichnet schließlich die Region jenseits des Central Park bis hinauf zur Nordspitze der Insel.

Idealer Startpunkt für die Besichtigung New Yorks ist die **Südspitze Manhattans** mit der Wall Street, dem World Financial Center und der World Trade Center Site. Hier befindet sich das Finanzzentrum, hier ist aber auch die Keimzelle der Weltmetropole und hier erinnert man an die Katastrophe vom 11. September 2001.

EXTRATIPP

Schifffahrten mit Ausblick

Wer New York erst einmal in aller Ruhe auf sich wirken lassen möchte, dem sei die kostenlose Fahrt auf einer von zwei Fähren empfohlen: Eine Möglichkeit ist die **Staten Island Ferry** (vom Whitehall Ferry Terminal nach Staten Island und zurück, insgesamt etwa 1 Std.), von der aus sich spektakuläre Ausblicke auf Manhattan, den Hudson River, New Jersey, die Statue of Liberty und Ellis Island bieten. Zum anderen könnte man per **Governors Island Ferry** (s. S. 35) für $ 2 den kürzeren Weg zur gleichnamigen Insel wählen und dort von der umlaufenden Promenade den Ausblick auf Skyline, Statue of Liberty und Ellis Island genießen.

● 4 [D24] **Staten Island Ferry**, Whitehall St., www.siferry.com, Abfahrt rund um die Uhr

❶ 9/11 Memorial and Museum ★★★ [C22]

Das Herz der Stadt schlägt an der ehemaligen **World Trade Center Site**, dem Ort, der 2001 in Schutt und Asche gelegt wurde. Noch immer scheuen viele New Yorker den Besuch, denn der Schock sitzt tief, doch für Besucher sind Memorial und Museum ein „Muss".

2011 eröffnete das **9/11 Memorial** – ein Gemeinschaftsprojekt von Arad, Walker & Bond. Diese Ruheoase im hektischen Manhattan mit der Memorial Plaza, einem Eichenhain mit rund 400 Bäumen, bildet das emotionale Herz der Stadt. In den „footprints" (dem Grundriss) der beiden ehemaligen Türme befinden sich zwei Becken mit Wasserfällen und ringsum sind in Steinplatten die Namen aller 2982 Opfer aus New York, des Anschlags

Downtown Manhattan

auf das Pentagon in Washington, des abgestürzten United-Airlines-Flugs 93 aus Pennsylvania und des Bombenanschlags von 1993 eingraviert.

Das **9/11 Memorial Museum** mit markantem Glaspavillon als Eingang und Ausstellungen im Untergrund wurde vom norwegischen Architekturbüro Snøhetta geplant und 2014 eröffnet. Kernstück in der großen Halle sind ein Stück der Flutmauer, die dem Wasser des Hudson River stand hielt, und die „Last Column", der letzte Stahlträger der WTC-Türme. Zu sehen sind außerdem ein beschädigter Feuerwehrwagen, Besitztümer der Opfer, die „Fluchttreppe" und die Memory Wall.

Die South Tower Gallery („In Memoriam") unter dem South Pool, wo der südliche Tower stand, erinnert an die Opfer, ihr Leben und ihre Familien. Nicht weniger eindrucksvoll ist die North Tower Gallery („September 11, 2001"), die die kritischen Stunden und Tage Revue passieren lässt.

> **National 9/11 Memorial & Museum**, 180 Greenwich St., Subway: Rector St., www.911memorial.org, Memorial: tgl. 7.30–21 Uhr, gratis zugänglich, Museum: So.–Do. 9–20 Uhr (letzter Einlass 18 Uhr), Fr./Sa. 9–21 Uhr (19 Uhr), $ 24 (Di. 17–20 Uhr Eintritt frei, Tickets ab 16 Uhr vor Ort erhältlich). Vorbestellung im Internet empfehlenswert.

> **9/11 Tribute Center** (s. S. 72). Auf Privatinitiative eingerichtetes kleines Museum. Empfehlenswert sind die angebotenen Walking-Touren um das 9/11 Memorial, die von Betroffenen durchgeführt werden.

> **Ground Zero Museum Workshop**, 420 W 14th St., 9th Ave.–Washington St., http://groundzeromuseumworkshop.org, Mi.–So. 11–15 Uhr, $ 25. Fotos von Gary Marlon Suson, Erinnerungsstücke und Videos. Interaktive zweistündige Touren mit 3-D-Installationen.

> **9/11 Memorial Museum Store**, 20 Vesey St., tgl. 9–18 Uhr. Souvenirs und Infos zum Memorial und zu 9/11.

❷ One World Observatory und die WTC Site ★★ [C22]

Das von Minoru Yamasaki zwischen 1966 und 1977 erbaute und am 4. April 1973 als höchster Bau der Welt eingeweihte **World Trade Center (WTC)** galt mit seinen zwei markanten Türmen lange als Wahrzeichen New Yorks. „9/11", der Terroranschlag am 11. September 2001, hinterließ ein gigantisches Trümmerfeld, den „Ground Zero", eine Lücke in der Skyline und ein Trauma in der Bevölkerung.

Im Mai 2003 wurden die Aufräumarbeiten für beendet erklärt und die

△ Flutmauer und Stahlträger im 9/11 Memorial Museum

Downtown Manhattan

Neubebauung in Angriff genommen – verbunden mit endlosen Diskussionen und Planänderungen. Der ursprünglich für das Hauptgebäude ausgewählte spektakuläre Wettbewerbsentwurf von Daniel Libeskind wurde durch einen schlichteren, angeblich „bombensicheren" Bau nach Plänen von David Childs von SOM ersetzt. Lediglich die Höhe von 1776 Fuß (das Jahr der Unabhängigkeitserklärung) wurde übernommen.

Bereits im April 2012 überragte das **1 WTC** das Empire State Building, eröffnet wurde der Bau im Dezember 2014. Die zugehörige dreistöckige Aussichtsplattform, das **One World Observatory (OWO)**, folgte 2015.

Für den hohen Eintritt, die Sicherheitskontrollen und den Besucherandrang entschädigt der Ausblick vom OWO, der sich wegen der südlichen Lage komplett von Empire State Building und dem Rockefeller Center unterscheidet. Durch die nachgebildete Felsenbasis des Turms geht es zum Aufzug und in weniger als einer Minute zum **102. Stock**, wo New York City dem Besucher zu Füßen liegt. Im **Main Observatory** im 100. Stock – komplett verglast und geräumig – kann man den Ausblick in Ruhe genießen und wird dazu noch mit „City Pulse" (multimedial aufbereitete, historische Informationen) und „Sky Portal" (eine Glasplattform) unterhalten.

In Teilen ist die WTC Site noch **Baustelle**: 2006 wurde **7 WTC** (Vesey St./Greenwich St.) fertig, 2013 folgte **4 WTC**, wohingegen **3 WTC**, ein relativ unspektakulärer, moderner Bau von Richard Rogers, 2018 fertig werden soll. **2 WTC**, an der Nordostecke, soll einmal auf 387 m anwachsen und wird damit fast an 1 WTC heranreichen (ohne Antenne 417 m).

Im Sommer 2016 eröffnete am Südende des Geländes der erhöht gelegene **Liberty Park**. Derzeit noch im Bau ist dort der **St. Nicholas National Shrine** nach Plänen von Santiago Calatrava. Derselbe Architekt zeichnet für den 2016 eröffneten, architektonisch spektakulären **WTC Transportation Hub** verantwortlich, den neuen Nahverkehrsbahnhof mit seinem flügelartigen Dach, der wegen seiner speziellen Konstruktionsweise auch „Oculus" (latein. „Auge") genannt wird. Hier befindet sich die Westfield Mall (mit Eataly). Der Hub ist unterirdisch mit dem Brookfield Place und dem **Fulton Center** (einen Block östlich) verbunden. Letzteres ging bereits im November 2014 als Knotenpunkt von neun Subway-Linien in Betrieb.

› **One World Observatory**, 285 Fulton St. (Zugang: West St.), https://oneworldobservatory.com, tgl. 9–20, Mai–Sept. bis 22 Uhr, $ 34 (Standardticket), zeitgebunden, besser vorab online erwerben
› **WTC Site**: www.panynj.gov/wtcprogress (Baufortschritt), www.renewnyc.com (Viertel) und www.wtc.com

Vom One World Observatory eröffnen sich grandiose neue Ausblicke

Downtown Manhattan 31

❸ Brookfield Place/ World Financial Center ★ [C22]

Der 1988 eröffnete Komplex geht auf Pläne des Argentiniers Cesar Pelli zurück. Er grenzt westlich an die WTC Site an und wurde 2014 mit diesem und der PATH-Station durch einen unterirdischen Fußgängertunnel inkl. Shops verbunden.

Die Bauten entstanden ebenso wie die sich südlich anschließende Battery Park City auf dem aufgeschütteten Aushub vom Bau des ersten World Trade Center. Es handelt sich um ein homogen wirkendes Konglomerat aus vier unterschiedlich bekrönten, zwischen 152 und 225 m hohen Bürotürmen aus Granit und Glas.

Zur West Street hin kam 2013 der **Brookfield Place Winter Garden Pavilion** nach Plänen von Rafael Pelli hinzu. Er fungiert als Zugang zu einem Verteilertunnel, der zu One WTC und PATH-Bahnhof führt.

Ein 36 m hoher **Wintergarten** aus Glas und Stahl verbindet zudem die Wolkenkratzer und ist mit seinen tropischen Palmen ein beliebter Treffpunkt, vor allem seit der Umgestaltung 2015.

Hinzugekommen sind eine moderne Ladenpassage und zwei Food Courts: **Le District**, ein französisches Marktareal, und im Obergeschoss **Hudson Eats** mit bunt gemischten Lokalen und Imbissstationen. Von den Tischen im Obergeschoss überblickt man nicht nur die ebenfalls neu gestaltete Waterfront Plaza am Fluss und den Jacht- und Fährhafen, sondern auch das Palmen-Atrium, wo Veranstaltungen, Konzerte, Shows oder Kunstinstallationen stattfinden.

› **Brookfield Place**, 230 Vesey St., tgl. 10 bis mind. 18 Uhr, http://brookfieldplaceny.com, Subway: Rector St.

> **EXTRATIPP**
>
> **Jüdische Tradition und Skyscraper**
>
> Die Promenade entlang dem Hudson River endet am auffälligen sechseckigen **Museum of Jewish Heritage** (s. S. 73) nach Plänen des renommierten Architekturbüros Kevin Roche, John Dinkeloo & Associates. 1997 eröffnet und 2003 um den Robert M. Morgenthau Wing erweitert, erinnert der Grundriss sowohl an die sechs Millionen ermordeten Juden als auch an den Davidstern. Hinter der fast fensterlosen Fassade geht es um drei Themen: das jüdische Leben im späten 19. Jh., die Judenverfolgung und das Wiederaufblühen des Judentums in den letzten Jahren.
>
> Im Bau des Ritz-Carlton Hotels schräg gegenüber befindet sich das **Skyscraper Museum** (s. S. 74) mit interessanten Wechselausstellungen zu aktuellen Themen der Baukunst und sehenswerten Modellen.

❹ Battery Park und Castle Clinton ★ [D23]

Battery Park, ein grünes Areal zwischen Fluss und Hochhäusern, zieht allein wegen der sich bietenden Ausblicke, aber auch wegen der von hier ablegenden Fähren nach Liberty und Ellis Island Menschen an. Es ist wie der Times Square ㉕ ein Ort, an dem scheinbar alle Touristen zusammenkommen. Benannt ist der Park nach einer Geschützreihe, die ursprünglich zur Sicherung des Hafens hier stand. Statuen und Monumente – wie das East Coast War Memorial (ein Bronzeadler von Albino Manca) oder The Sphere, ein 5 m großes Kunstwerk aus Stahl und Bronze – schmücken heute den Park. Letzte-

Downtown Manhattan

□ *„Lady Liberty" gilt als Symbol für Freiheit und Demokratie*

res stammt aus der Werkstatt des bayerischen Künstlers Fritz Koenig, wurde 1971 für das World Trade Center geschaffen und soll bald wieder auf der WTC Site aufgestellt werden.

Der Battery Park wurde kürzlich umgestaltet und in verschiedene Abschnitte gegliedert, z. B. **Battery Woodland** (ein Pflanzenlabyrinth), **Bosque Gardens** mit Brunnen oder **Gardens of Remembrance**. Neue Fahrradwege und Spielplätze, eine **Urban Farm** (eine Art Gemeinschaftsgarten) und das **SeaGlass Carousel** in Gestalt einer Meeresschnecke aus Glas und Stahl mit 30 beleuchteten Meerestierfiguren zum „Reiten" kamen hinzu. Der historische **Pier A** von 1886 wurde renoviert und beherbergt nun ein Restaurant mit Bar.

Das im Park gelegene **Castle Clinton National Monument** ist Teil der alten Hafenbefestigung, die im Vorfeld des War of 1812, einer Auseinandersetzung mit den Briten, gebaut wurde. Gleichzeitig mit den Festungen auf Liberty und Governors Island ❶ wurde 1811 die South-West Battery errichtet, die später nach De Witt Clinton, einem früheren Bürgermeister und Gouverneur, umbenannt wurde. Die Artilleriestellung lag einst *im* Hudson River und war nur durch eine Zugbrücke mit Manhattan verbunden.

Als 1821 das Militär abzog, fiel die Festung an die Stadt und erfüllte fortan unterschiedliche Aufgaben: Unter dem Namen Castle Garden wurde sie ein Vergnügungs-, Ausstellungs- und Veranstaltungszentrum mit Theater- und Konzertbühne, Park, Brunnen und Promenade. Nachdem die Bastion mittels Aufschüttung mit dem Festland verbunden worden war, baute man sie 1855 zur Immigrationsstation um. Bis 1889 wurden hier mehr als 8 Mio. Einwanderer „durch-

geschleust", 1892 übernahm dann Ellis Island diese Funktion. Zwischen 1898 und 1941 war das New York Aquarium in der Festung einquartiert und dann rückten die Abrissbirnen an. Der drohende Abbruch konnte gerade noch abgewendet werden und 1975 wurde der Komplex als Castle Clinton National Monument neu eröffnet. Heute fungiert die Festung als Ticketverkaufs- und Anlegestelle für die Ausflugsboote zu Liberty und Ellis Island.
> **Castle Clinton National Monument,** Battery Park, tgl. 7.45–17 Uhr, Eintritt frei, www.nps.gov/cacl, Subway: Bowling Green oder South Ferry
> Infos Battery Park: www.thebattery.org

❺ Statue of Liberty ★★★ [B27]

„Gebt mir eure Müden, eure Armen, eure niedergedrückten Massen, die sich danach sehnen, frei zu atmen." Diese Inschrift am Sockel der Freiheitsstatue untermauert die Bedeutung des Monuments als Symbol für Freiheit und Demokratie. Die fast 34 m hohe Statue vor der Hafeneinfahrt New Yorks war ein Geschenk der französischen Nation an die USA in Anerkennung der Vorreiterrolle Amerikas beim Aufbau eines modernen demokratischen Systems.

Bereits um 1865 lagen erste Pläne vor, doch erst zur Hundertjahrfeier der Vereinigten Staaten im Jahr 1876 wurde ernsthaft mit der Realisierung der Statue begonnen. 1878 präsentierte man Teile der von Frédéric-Auguste Bartholdi (1834–1904) unter Mithilfe des Ingenieurs Gustave Eiffel (1832–1923) nach dem Vorbild antiker Monumentalfiguren geschaffenen Freiheitsstatue erstmals auf der Weltausstellung in Paris, dann wurde sie zerlegt und auf einem Dampfer nach New York gebracht. Als Standort wurde das kleine Bedloe's Island – 1956 in „Liberty Island" umbenannt – gewählt und am 28. Oktober 1886 wurde „Lady Liberty" offiziell von Präsident Grover Cleveland enthüllt.

Hundert Jahre später erhielt die Freiheitsstatue ein komplettes Facelifting und dabei wurde ein Museum im Sockel eingerichtet. Vom 11. September 2001 bis zum 4. Juli 2009 und von Ende Oktober 2012 bis zum 4. Juli 2013, nach Hurricane Sandy, war die obere Aussichtsplattform in der Krone gesperrt, seither dürfen die 377 Stufen der engen Wendeltreppe wieder in limitierter Besucherzahl bestiegen werden.

Im Inneren des Sockels informiert das Statue of Liberty Museum, das in naher Zukunft ein neues Gebäude auf der Insel erhalten soll, über Hintergrund und Konstruktion der Figur, die längst für alle Amerikaner zum nationalen Heiligtum und zur viel besuchten Pilgerstätte geworden ist.

> **Statue of Liberty & Statue of Liberty Museum,** Liberty Island, Infos zu Fähren (inklusive Audiotour) und Tickets s. S. 34, Tel. 212 3633200, www.nps.gov/stli, kostenlose Rangertouren über die Insel

---

EXTRAINFO

Die Statue of Liberty in Zahlen
> Gesamthöhe: 92,99 m, Statue (Sockel bis Fackel): 46,50 m, Figur (Ferse bis Scheitel): 33,86 m
> Länge der Hand: 5 m
> Länge rechter Arm: 12,80 m
> Kopfhöhe: 5,26 m
> Kopfbreite (von Ohr zu Ohr): 3,05 m
> Nasenlänge: 1,48 m
> Höhe der Basis/des Fundaments: 19,81 m
> Höhe des Granitsockels: 27,13 m

Downtown Manhattan

EXTRAINFO

Fähre und Tickets

Ab Castle Clinton/Battery Park ❹ verkehren je nach Jahreszeit unterschiedlich häufig (mind. 9.30–15 Uhr und mind. alle 30 Min.) **Fähren von Statue Cruises** für derzeit $ 18 (inkl. Audiotour) nach Liberty und Ellis Island. Um lange Wartezeit zu vermeiden, sollte man Tickets im Internet vorbestellen, es bilden sich nämlich oft schon um 8 Uhr morgens lange Schlangen vor den Ticketschaltern und bei der anschließenden Sicherheitskontrolle („Priority Entry" mit vorreserviertem, zeitgebundenem Ticket). Ellis Island ist im „Fähr-Paket" enthalten, doch ab 14 Uhr lohnt es sich nicht mehr, an beiden Inseln auszusteigen. Für die Gesamttour mit Besichtigungen sind mind. vier Stunden einzuplanen.

Für die Besichtigung der Inseln gibt es drei Ticketvarianten, wobei Ellis Island mit Museum immer enthalten ist.

› **Reserve Ticket „Grounds Only"** (Gratiszugang, Fährticket $ 18): Zugang zu beiden Inseln
› **Pedestal Ticket** (kein Aufpreis): Museum und Observation Deck im Sockel der Freiheitsstatue (auf „first-come, first-served"-Basis, Tickets in begrenzter Zahl, Reservierung empfohlen)
› **Crown Ticket:** Zugang zu Pedestal, Museum und zur Krone ($ 3 Zusatzgebühr). Das Ticket muss im Internet oder telefonisch – Wochen bis Monate im Voraus – bestellt werden.
› **Infos/Reservierung:** Tel. 1 877 5239849 oder www.statuecruises.com
› Im **CityPASS** ist zwar die Überfahrt inklusive, nicht aber der Zugang zur Statue und zum Museum.

❻ Ellis Island ★★ [B25]

Zwischen 1892 und 1954 befand sich auf Ellis Island die wichtigste Einwanderungsstation der USA. Rund 12 Millionen Immigranten aus aller Welt betraten hier erstmals amerikanischen Boden, wurden registriert, befragt, medizinisch untersucht und anschließend zugelassen oder abgewiesen. Nach der Schließung war der Gebäudekomplex vom Verfall bedroht, wurde zum Spielball zwischen den Bundesstaaten New York und New Jersey, ehe er 1965 in ein Museum umgewandelt wurde und sich zur Haupttouristenattraktion entwickelte.

Besonders sehenswert ist der Hauptbau mit der Great Hall, der Ankunftshalle. Er wurde beispielhaft renoviert und bildet zusammen mit Fährbüro, Gepäckraum, Schlafsälen, Krankenstation und Speisesaal das **Immigration Museum**, in dem es in verschiedenen Abteilungen um vier Jahrhunderte Einwanderungsgeschichte von vorkolonialer Zeit bis heute, also auch bevor und nachdem Ellis Island Aufnahmestation war, geht. Immer umringt ist die **Wall of Honor** hinter dem Hauptgebäude, wo die Namen aller Zugewanderten aufgelistet sind.

› **Ellis Island Immigration Museum,** Ellis Island, kombinierbar mit Liberty Island, www.nps.gov/elis, www.saveellisisland.org, Öffnungszeiten je nach Jahreszeit, meist tgl. 9–17 Uhr, Eintritt frei, Fähre s. links, „Hard Hat"-Touren (mit Schutzhelm) durch sonst unzugängliche Areale: $ 53 (inkl. Reserve bzw. Pedestal Ticket für Liberty Island)

▷ *Schönes Ausflugsziel im Sommer: Governors Island*

Downtown Manhattan 35

❼ Governors Island ★★ [D25]

Neben dem modernen Gebäude der Staten Island Ferry (s. S. 28) fällt das alte **Battery Maritime Building** von 1905 ins Auge, das nach einem Feuer renoviert wurde und als Anlegestelle der Fähre nach Governors Island fungiert. Innerhalb weniger Minuten gelangt man auf diese alte Festungsinsel (Soissons Landing) – und lässt alle Hektik der Stadt zurück. Von der Uferpromenade der Insel bietet sich ein ungewöhnlicher Ausblick auf Stadt, Freiheitsstatue, Ellis Island, den Hafen und den East River mit all seinen Brücken bis hinüber nach Brooklyn.

Während der Kolonialzeit im 18. Jh. Privatbesitz des britischen Gouverneurs, diente die Insel seit der Unabhängigkeit der USA als **Festung zum Schutz der Hafeneinfahrt**. Zuletzt war hier die **Küstenwache** stationiert, die vor Ort noch immer eine Station unterhält. Der alte Teil um die beiden Anfang des 19. Jh. entstandenen Festungen Fort Jay und Castle Williams, Colonel's Rowe und Parade Grounds sind als National Park ausgewiesen.

Besonders im Südteil der Insel wird gearbeitet, er soll v. a. als **Erholungsareal** mit viel Naturland dienen. 2014 wurden Parkteile wie Liggett Terrace, Hammock Grove (mit Hängematten für Besucher und angrenzendem Abenteuerspielplatz) und Play Lawn eröffnet. Die neueste Ergänzung ist The Hills, eine hügelige Naturlandschaft mit atemberaubendem Blick auf die Statue of Liberty. Im äußersten Süden sind renaturierte Ufer- und Marschlandschaften geplant.

Auch die Umnutzung der historischen Bauten ist geplant. In einem hat bereits die New York Harbor School ihren Sitz, in andere sollen Galerien und Werkstätten einziehen. Im Sommer gibt es den Governors Beach Club.

› **Historic Governors Island,** www.nps.gov/gois bzw. www.govisland.com, Ende Mai–Ende Sept. Fähren ab Battery Maritime Building, 10 South/Whitehall St.; Ende Mai–Ende Sept. tgl. 10–18 Uhr Fähren alle 30 Min., hin und zurück $ 2, samstag-/sonntagvormittags (vor 12 Uhr) gratis. Radverleih, Touren, Shuttlebus und Picknickplatz, vielerlei Events und Ausstellungen.

Downtown Manhattan

8 Trinity Church ★★ [D23]

Die Trinity Church, von der aus Gott angeblich die Wall Street überblicken kann, gilt als eine der **ältesten anglikanischen Kirchen Nordamerikas**. 1697 wurde sie vom englischen König William III. gestiftet und ein Jahr später geweiht. 1776 während des Unabhängigkeitskriegs durch einen Brand zerstört, kam es 1790 zum Neubau. Heute steht hier der dritte Kirchenbau aus dem Jahr 1846 im neogotischen Stil. Dank des über 100 m hohen Turms galt die Kirche bis um 1860 als höchstes Gebäude New Yorks!

Besonders sehenswert sind die Bronzetüren mit biblischen Szenen von Richard Morris Hunt nach Lorenzo Ghibertis bekannter Paradiestür am Baptisterium in Florenz. Rings um die Kirche breitet sich der **Trinity Churchyard** aus, ein Friedhof, auf dem viele Prominente, darunter der erste US-Finanzminister Alexander Hamilton, bestattet sind.

❯ **Trinity Church**, Broadway/Wall St., www.trinitywallstreet.org, Mo.–Fr. 7–18, Sa. 8–16, So. 7–16 Uhr, Subway: Wall St., Konzerte, Gottesdienste, Bookstore (74 Trinity Pl.) und Ausstellung im Südflügel

9 Federal Hall National Monument ★★ [D23]

Die Federal Hall gilt als schönstes klassizistisches Bauwerk New Yorks. Lediglich ihre Lage erinnert noch an den 1703 erbauten Vorgängerbau, der als Rathaus und kurz auch als US-Parlamentssitz diente. Am 30. April 1789 wurde hier **George Washington** zum ersten US-Präsidenten vereidigt, seine Bronzestatue ragt über den Stufen auf. Nach dem Bau des neuen Rathauses wurde die alte Federal Hall abgerissen und zwischen 1834 und 1842 entstand das heute hier aufragende, ehemalige **U.S. Custom House** (Zollhaus), dessen Front sich mit 16 dorischen Säulen am Parthenon auf der Athener Akropolis, der Innenraum mit 16 korinthischen Säulen hingegen am Pantheon in Rom orientiert. 1862 zog die Zollbehörde um, doch erst 1939 wurde der tempelartige Bau zum „Denkmal" erklärt. Seither gibt es im Inneren Touren und Ausstellungen zum Unabhängigkeitskampf und zu den Anfängen der Nation.

❯ **Federal Hall**, 26 Wall St., www.nps.gov/feha, Mo.–Fr. 9–17 Uhr, mit Federal Hall Information Center, Eintritt frei, mehrmals täglich Gebäudeführungen durch Park Ranger, Subway: Broad St.

◁ *Die Trinity Church ist eine der ältesten anglikanischen Kirchen Nordamerikas*

Downtown Manhattan 37

🔟 Museum of American Finance ★ [D23]

Im Zentrum der **Wall Street**, benannt nach einer Stadtmauer, die die ersten Siedler vor feindlichen Übergriffen schützen sollte, liegt die **New York Stock Exchange**. Seit „9/11" ist die 1903 erbaute Börse für Besucher jedoch nicht mehr zugänglich. Dafür ist in die nahe gelegene ehemalige Bank of New York – ein prächtiger Bau von 1927 – das **Museum of American Finance** eingezogen. In der schönen alten Schalterhalle gibt es Einblick in die Welt des Geldes und der Börse, dazu werden im zugehörigen Museumsladen NYSE-Souvenirs verkauft.

› **Museum of American Finance,** 48 Wall St., www.moaf.org, Di.–Sa. 10–16 Uhr, $ 8, Subway: Wall St.

Blick auf die Skyline Manhattans mit dem South Street Seaport und seinen historischen Schiffen

1️⃣1️⃣ South Street Seaport ★ [E22]

Der **South Street Seaport** markiert den Kern des alten Hafenviertels aus dem 19. Jh. Viel Hafenflair ist nicht mehr zu spüren, aber es gibt sehenswerte historische Bauten und maritime Attraktionen wie verschiedene historische Schiffe, die besichtigt werden können. Dazu gehören der Schoner „**Pioneer**", 1885 in Pennsylvania als einer der letzten erstmals ganz aus Stahl gebaut (Fahrten möglich), oder auch der Großsegler „Wavertree" (1885).

An Pier 15 unterhält NYC & Co. in einem futuristischen Flachbau eine **Infostelle** (s. S. 119). In den alten Lagerhallen auf Pier 17 entsteht bis voraussichtlich Sommer 2017 ein neuer **Einkaufs- und Vergnügungskomplex.**

Die Piers sind durch die neue **East River Waterfront Esplanade** miteinander verbunden. An vielen Stellen wurden kleine Grünanlagen mit Sitzgelegenheiten geschaffen, die einen tollen Ausblick auf den East River und Brooklyn bieten. Die Esplanade ist Teil des **East River Greenway,** der sich auf

EXTRATIPP: Downtown Connection

Die Alliance for Downtown New York betreibt **kostenlose Kleinbusse** zwischen **South Street Seaport** ⓫ und Battery Park City (tgl. 10–19.30 Uhr, ca. alle 10–20 Min.).
› **Infos und Route:** www.downtowny.com/programs/downtown-connection-bus

etwa 15 km als Fuß- und Radweg entlang dem Fluss vom Battery Park an Manhattans Südspitze bis hinauf nach East Harlem zieht.

An **Pier 11** (etwa Höhe Wall St.) legen die **Fähren** zum Hudson River und nach New Jersey, die gelben **Water Taxis** und die East River Ferries Richtung Brooklyn, Queens und Midtown an. Es gibt außerdem eine Schnellfähre zur IKEA-Filiale in Red Hook/Brooklyn.

1983 war westlich der Piers, an der South Street, ein weiterer Teil des Hafenviertels restauriert worden. Hier liegt die **Schermerhorn Row** mit ihren zwischen 1811 und 1813 errichteten Lagerhäusern und Kontoren, in die ebenfalls durch Lokale und Läden etwas von der früheren Betriebsamkeit zurückgekehrt ist. Wenn man durch die alten Gassen schlendert, entdeckt man immer wieder Interessantes. In das ehemalige Rogers Hotel, eine Seefahrerherberge, ist das **South Street Seaport Museum** eingezogen. Es informiert über die Geschichte des Hafens, den Handel und die Seefahrt. Zudem befindet sich hier an der Ecke Fulton/Water St. der **Titanic Park** mit **Titanic Memorial**.
› **South Street Seaport,** 12 Fulton/South St. (Pier 17), www.southstreetseaport.com, Subway: Fulton St., Museum: http://southstreetseaportmuseum.org, Mi.–So. 11–17 Uhr, $ 5

⓬ City Hall Park ★ [D22]

Der **City Hall Park** ist ein Platz mit Tradition. Um das heutige Rathaus herum befand sich im frühen 17. Jh. nur freies Feld, genannt „De Vlackte", die Viehweide. Als sich die Stadt weiter nach Norden ausdehnte, sprach man von „The Commons" oder „The Fields", einer Art Park und Versammlungsplatz. Hier trafen sich ab 1760 die **Sons of Liberty**, die nach Unabhängigkeit strebenden Kolonisten, und stellten einen Fahnenmast, den „Flagpole of Liberty", auf. Im Jahr 1776 las hier General George Washington den versammelten amerikanischen Truppen die Unabhängigkeitserklärung vor.

Die **City Hall** wurde zwischen 1803 und 1812 mitten in den Park hineingebaut. Das Rathaus mit seinem von einem Turm gekrönten Kernbau und symmetrischen Seitenflügeln ist ein Beispiel für Neorenaissance und den Georgian Style. Ursprünglich war aus Sparsamkeit nur die Schauseite marmorverkleidet gewesen, da das Gebäude zu seiner Erbauungszeit noch die Nordgrenze der Stadt markierte. Mit der City Hall entstanden nach und nach weitere Wohn- und Geschäftshäuser rund um den Park.

Die Park Row an der Ostseite des Parks ist als „Newspaper Row" berühmt geworden, weil hier im späten 19. Jh. zahlreiche Tageszeitungen ihren Standort hatten. Im Westen begrenzt der Broadway den Park und jenseits davon breitet sich das Viertel **TriBeCa** (Triangle Below Canal Street) aus. Dort sind in viele der alten Lagerhäuser Läden, Restaurants und Wohnungen eingezogen.

Das **Woolworth Building** markiert die Südwestspitze des City Hall Park. 1913 hatte sich der Kaufmann Frank

W. Woolworth diesen „Wolkenkratzer" von dem damals führenden Architekten Cass Gilbert als Sitz seines Handelsimperiums errichten lassen. Bis in die 1930er-Jahre blieb es mit 242 m das höchste Gebäude New Yorks. Kuriose Fassadendetails wie Fledermäuse und anderes Getier, Zinnen und Pfeiler sowie vier Türme und ein pyramidales Dach ziehen Blicke auf sich. Die Lobby mit ihren edlen Hölzern, Reliefs, Wandbildern und Mosaiken kann während Touren besichtigt werden. In den oberen Stockwerken befinden sich Wohnungen und Büros.

❯ **City Hall,** Touren ab Infokiosk City Hall, Broadway/Park Row, Gratistouren meist Mi. 12 Uhr, Details unter: www1.nyc.gov/site/designcommission/public-programs/tours/city-hall.page, außerdem Wochenmarkt und Konzerte im City Hall Park, Subway: City Hall

❯ **Woolworth Building,** 233 Broadway/Barclay St., Subway: City Hall, https://woolworthtours.com

⑬ Lower East Side (LES) ★★ [E20]

Little Italy, Chinatown und die **Bowery** sind Teile der Lower East Side und diese erstreckt sich etwa zwischen Broadway und East River sowie Canal und 14th Street.

Eine Hauptachse der LES besteht aus der Delancey Street und ihrem Umfeld – besonders der Orchard Street – mit zahlreichen Billigshops und Lokalen. Hier spürt man deutlichsten den Wandel vom einstigen Armeleute- zum In-Viertel: Schicke Shops, Lokale und Bars haben sich dazwischen gemogelt und sorgen mittlerweile – besonders an Wochenenden – für reges Nachtleben und Einkaufserlebnisse. Zudem ziehen vermehrt junge New Yorker in die alten, renovierten Wohnblöcke oder neue Apartmentbauten.

Rings um den beliebten Essex Street Market (s. S. 89, „Essex Crossing") herrscht derzeit rege Bautätigkeit (der Markt selbst soll ebenfalls umziehen) und auch an der Houston St. mit riesigem Whole-Foods-Biomarkt verändert sich gerade viel. Weitere beherrschende Achsen sind Broadway und Canal Street; beide gleichen bunten Straßenmärkten mit viel Ramsch.

Von den 1880er-Jahren an war die LES Anlaufpunkt für viele arme jüdische Einwanderer aus Osteuropa. Erst mit der Einweihung der Williamsburg Bridge im Jahr 1903 zogen viele über den „Jewish Highway" aus den beengten und schmutzigen Verhältnissen nach Brooklyn um. Nur ein paar Tausend sind in der LES heute übrig, dazu eine Handvoll typisch jüdischer Läden und Lokale.

Ehe sich gehäuft jüdische Familien in der LES ansiedelten, war das Viertel zweigeteilt: Einerseits gab es bis Anfang des 20. Jh., als ein Ausflugsschiffsunglück zahlreichen deutschstämmigen Bewohnern das Leben kostete, im Umfeld der Bowery „Klein Deutschland", zum anderen war der Bereich westlich davon das Siedlungszentrum irischer Einwanderer, die ein Vergnügungsviertel mit Tanzhallen, Schießbuden, Lotterieständen und der „Säufermeile" – Skid Row – aus dem Boden gestampft hatten.

Den Deutschen, Iren und Juden folgten die Asiaten. Der Kern des seit dem späten 19. Jh. entstandenen **Chinatown** befindet sich am Südzipfel der LES, zwischen Canal Street, Broadway und Bowery, mit Mott und Grand Street als Lebensadern und dem Columbus Park als Zentrum. Hier fühlt man sich nach China versetzt, Nachtigallenkäfige hängen in Parkbäumen, es wird chinesisch gesprochen und asiatische Schriftzeichen weisen auf die Angebote in den Läden und die Spezialitäten in den Lokalen hin. Es handelt sich mit rund 125.000 bis 150.000 Menschen – „ABC" (American Born Chinese) oder „Bananas" genannt – um das größte Chinatown Nordamerikas.

Die kleinste, zunehmend im Schwinden begriffene Enklave in der LES bildet **Little Italy** mit seinem Kern um die touristische Mulberry Street. Ab dem späten 19. Jh. hatten sich hier v.a. Süditaliener niedergelassen und einst verteilten sich rund 40.000 Menschen auf nur 17 Straßenblöcke. Hier von den Asiaten verdrängt, sind mittlerweile große Italienerviertel in der Bronx (Arthur Ave.) und in Brooklyn (Bensonhurst, Carroll Gardens) entstanden. Das Dolce Vita kulminiert in Manhattan immerhin noch einmal jährlich – Mitte September – während des „Feast of San Gennaro" (s. S. 96).

❯ Subway: Canal Street (Linien J, M, N, Q, 5, R, 6)

⓴ New Museum ★ [E20]

Ein Zeichen des Wandels in der LES, speziell in der Bowery, wo einst Obdachlosenasyle und Suppenküchen das Bild prägten, ist das **New Museum**. Zum 30-jährigen Jubiläum ist diese Institution Ende 2007 aus SoHo in die Bowery umgezogen und konnte sich mittlerweile als eines der führenden Museen für zeitgenössische Kunst etablieren. Das zeigt allein der ungewöhnliche Bau der japanischen Architekturfirma SANAA: fensterlose, kistenartig aufeinandergeschachtelte, blendend weiße Kuben lassen ihn aus dem Umfeld der alten Backsteinbauten herausstechen. Obwohl das Innere architektonisch weniger spektakulär ist, sind die wechselnden Ausstellungen ebenso lohnend wie der Blick von der Dachterrasse („Sky Room"), die an Wochenenden geöffnet ist.

❯ **New Museum (of Contemporary Art)**, 235 Bowery, www.newmuseum.org, Mi./Fr.–So. 11–18, Do. bis 21 Uhr, $ 16, Do. 19–21 Uhr freier Eintritt, Subway: Bowery

„Shalom!" – das jüdische New York

*In der „Diamond Row", der 47th Street, dominieren Bärte, Kippas, hohe Hüte und schwarze Mäntel und längst hat die **jiddische Sprache** mit Begriffen wie „mazel tov" (viel Glück), „meshugeh" (verrückt), „Schlamassel", „Mischpoche" (Verwandtschaft), „chutzpah" (Nerven haben), „malochen" oder „zocken" Einzug in den allgemeinen Wortschatz, auch den New Yorker Dialekt, gehalten. **Klezmermusik** ist weltweit beliebt und Musiker wie die Klezmatics, Giora Feidman oder der jüdische Rap/Reggae/Rock-Musiker Matisyahu sind heute ebenso bekannt wie die jüdisch-amerikanischen Autoren Isaac Bashevis Singer, J. D. Salinger oder Jonathan Safran Foer.*

*Auch die berühmten New Yorker „delis" sind eine „Erfindung" jüdischer Stadtbewohner, die koschere Lebensmittel nach **jüdischen Speisegesetzen** (Kaschruth) zubereiten und **typische Gerichte** wie Bagels, Pastrami (geräuchertes mariniertes Rindfleisch in dünnen Scheiben), Hering und Pickles (Essiggurken), gehackte Leber oder*

⓯ Lower East Side Tenement Museum ★★ [E20]

Im Lower East Side Tenement Museum erhält man einen guten Eindruck von der **Wohnsituation im späten 19. Jh.**, von den horrenden hygienischen Zuständen und der drückenden Enge, die einst in den Mietskasernen dieses armen Stadtteils herrschten. Ein Miethaus aus den 1860er-Jahren wurde renoviert und einzelne Wohnungen zum Museum umgestaltet. Sie legen eindrucksvoll Zeugnis von der Geschichte und Lebensweise der Einwanderer – deutsche und osteuropäische Juden sowie Iren und Italiener – in New York um 1879 ab. In organisierten Gruppentouren sind z. B. verschiedene Wohnungen zu besichtigen. Alle Touren beginnen im nahe gelegenen Visitor Center, wo es vielerlei Infor-

---

Kreplach (gefüllte Teigtaschen), Kosher Franks oder Knockwurst (Würste) anbieten. Ebenfalls typisch sind Knish (Kartoffelpüreetaschen, mit Senf, Ketchup und/oder Honig gegessen), Gefilte Fish, Blintzes (Crêpes), Latkes (Kartoffelpuffer) oder Matzeknödel (aus Crackerbröseln, matzo). An Backwerk gibt es neben Bagels auch Bialys (Hefebrötchen mit Zwiebel- oder Knoblauchfüllung), Rugelach (süß gefülltes Gebäck), Challah (Hefezopf), verschiedene Strudel sowie Halvah (Sesammasse mit Honig).

*Mit rund zwei Millionen Mitgliedern lebt in New York die **größte jüdische Gemeinde außerhalb Israels**. Die ersten (sephardischen) Juden betraten bereits im September 1654 New Yorker (bzw. New Amsterdamer) Boden, eine große Welle schwappte dann um 1880 über: osteuropäische Juden (Aschkenasim), die v. a. aus dem zaristischen Russland, aus der Ukraine und Polen geflohen waren. Diese „Frommen" (hebr. „Chassidim") waren es auch, die marxistische Ideen in Amerika einführten. Der nächste große Zustrom aus dem Osten Europas folgte nach dem Ersten Weltkrieg bzw. der Oktoberrevolution in Russland, weitere kamen nach der nationalsozialistischen Machtergreifung in Deutschland 1933. Viele siedelten damals in Washington Heights in Upper Manhattan, das auch das „Vierte Reich" hieß.*

Heute gibt es in New York etwa zehn chassidische (streng-orthodoxe) Gemeinden, als bekannteste die der Lubawitscher (Crown Heights/Brooklyn), deren Gemeinde um 1750 in der weißrussischen Stadt Lubawitsch gegründet wurde, und die Satmar (Williamsburg/Brooklyn), die aus einer Region an der ungarisch-rumänischen Grenze kommen. Es sollen derzeit etwa 50.000 Chassidim in New York, allein 40.000 in Brooklyn, leben, mit steigender Tendenz, da kinderreiche Familien die Regel sind. Auch wenn die „Gottergebenen" sich streng an Traditionen, an Thora und Talmud, halten und optisch sehr archaisch wirken, sind sie es, die die Unterhaltungselektronikbranche und v. a. den Diamanthandel beherrschen.

› ***Jewish Chassidic Walking Tours**, Tel. 718 9535244, https://jewishtours.com, So.-Fr. 10-13 Uhr, $ 50. Touren durch Brooklyns jüdisches Viertel Crown Heights inkl. kosherem Lunch, ab Chassidic Discovery Welcome Center (305 Kingston Ave.).*

Downtown Manhattan

mationen, einen Film und einen Shop gibt. Ab 2017 sollen auch dort Wohnungen verschiedener Immigrantengruppen zu besichtigen sein.

> **Lower East Side Tenement Museum,** Visitor Center: 103 Orchard/Delancey St., www.tenement.org, tgl. 10–18.30, Do bis 20.30 Uhr, verschiedenen Haus-Führungen und Walking-Touren durchs Viertel sowie Abendveranstaltungen, Subway: Essex St./Delancey St.

16 SoHo (Cast Iron District) ★★ [D20]

SoHo bedeutet „**S**outh **o**f **Ho**uston" und bezeichnet die geografische Ausdehnung des Viertels zwischen Houston (N) – gesprochen „Hauston" – und Canal Street (S) sowie Broadway (O) und Hudson River (W). In der zweiten Hälfte des 19. Jh. expandierte hier die Textilindustrie mit *sweat shops,* großen Nähsälen, in denen im Akkord gearbeitet wurde.

Für diese Zwecke bot sich die um 1850 entwickelte Eisenbauweise an und so entstanden die bis heute prägenden **Cast Iron Buildings** in Gusseisenskelettbauweise. Nachdem man in den 1960er-Jahren den Abriss vieler der teils aufgelassenen, teils zu Lagern und Werkstätten umfunktionierten Hallen verhindern konnte, schaffte SoHo als denkmalgeschützter **Cast Iron District** die Kurve zum Vorzeigeviertel. Ateliers, Werkstätten und Galerien siedelten sich an und das **Loft** als neue Form des Wohnens ohne feste Raumgrenzen war geboren. SoHo entwickelte sich zum Stadtteil der Künstler und Aussteiger und gehört inzwischen zu den **In-Vierteln** New Yorks mit ausgefallenen Shops und Lokalen. Besonders der Abschnitt zwischen Broadway und West Broadway sowie Broome und Prince Street ist ideal zum Bummeln, allein wegen der rund 50 Cast Iron Buildings aus der Zeit zwischen 1869 und 1895, aber auch wegen der Shops. Als Ausgangs- und Endpunkt eines Rundgangs empfiehlt sich die Subway-Station Prince Street/Ecke Broadway (Linien N, R).

Ein für Viertel und Entstehungszeit typischer Bau ist das **Singer Building** (561–563 Broadway), 1904 als Büro- und Lagerhaus des gleichnamigen Nähmaschinenfabrikanten erbaut. Hierbei handelt es sich nur um das „kleine" Singer Building, der 40-stöckige Hauptbau am unteren Broadway wurde 1967 abgerissen.

Das nahe **St. Nicholas Hotel** (509 Broadway) zählte im 19. Jahrhundert zu den feinsten Luxushotels der Stadt. Ein paar Schritte südwärts schließen sich, architektonisch gleichermaßen sehenswert, das **New Era Building** (495 Broadway) und das **Haughwout Building** (488–492 Broadway) an. Letzteres sorgte im Jahre 1857 wegen des ersten dampfbetriebenen Fahrstuhls für Schlagzeilen.

◁ *Soho Architecture*

🔞 The Village ★★★ [B19/E19]

„Greenwich Village ist wie Schwabing plus Montmartre im Quadrat", meinte der deutschstämmige Schriftsteller Hermann Kesten. In der Tat hat sich das Village, wie das Areal zwischen Houston und 14th Street genannt wird, vom Dorf über ein Künstler- und Aussteiger- zum Trendviertel entwickelt. Es steht für die „Nouveaux Riches" und die Boheme, für Künstler, aber auch für junge Leute, Studenten und Nonkonformisten aller Art.

Die Hauptachsen des **Greenwich Village** (gesprochen „Gränntitsch") heißen **Bleecker** und **Christopher Street**, wobei letztere als Zentrum der New Yorker Homosexuellenszene gilt. Östlich des Broadway schließt sich in Richtung East River das **East Village** an, das heute die Avantgarderolle übernommen hat. Beide Teile des Village bieten eine vielseitige Kneipen- und Klubszene, aber auch sehenswerte Architektur, vorwiegend aus der Zeit zwischen 1871 und 1890, und konzentriert im **St. Mark's Historic District**.

Vor der Skyline Manhattans hat sich das Village die Atmosphäre einer Kleinstadt bewahrt – ohne dass Weltstadtflair fehlen würde. Der **Astor Place** an der Subway-Station „8th Street" am Broadway (Linien N, R) ist idealer Ausgangspunkt für einen Spaziergang. Hier verschmelzen Greenwich und East Village miteinander, hier ballen sich Läden, Cafés, *delis* und Lokale jeglicher Couleur.

Der geschichtsträchtige **Washington Square** wird durch ein mächtiges, 1895 nach dem Vorbild römischer Triumphbögen erbautes Tor. Aus dem Friedhof, Duell- und Hinrichtungs- sowie Drogenumschlagplatz früherer Zeiten, ist mittlerweile ein schöner Platz und beliebter Treff der Studenten der nahen New York University (NYU) geworden. Am Wochenende ist von Konzerten bis hin zu Straßenkünstlern für allerlei Unterhaltung gesorgt.

Der **Sheridan Square** ist das Herz von Greenwich Village. Er markiert den Kreuzpunkt von sieben Straßen und wurde nach dem Bürgerkriegsgeneral Philip Sheridan (1831–1888) benannt. Rings um den Sheridan Square reihen sich Kneipen, Restaurants, Bars und Klubs auf, darunter das Stonewall Inn (s. S. 126) oder The Monster (s. S. 126). In die Schlagzeilen geriet der Platz 1969 durch die „**Stonewall Riots**". Damals verteidigten sich Gäste der Homosexuellenbar Stonewall Inn zum ersten Mal gegen die schon seit Längerem brutal gegen die Homosexuellenszene vorgehende Polizei, die sich während der handgreiflichen Auseinandersetzung in der Bar verschanzte. In der Folge kam es zu zahlreichen Demonstrationen und Protestmärschen, die die Position der Homosexuellen in New York und damit in ganz Amerika stärkten und aus denen sich der jeden Sommer weltweit gefeierte **Christopher Street Day** entwickelte (PrideWeek, s. S. 95).

Im **East Village** sollte man sich einfach treiben lassen, vorbei an teils kuriosen Shops, an einladenden Straßencafés und ausgefallenen Galerien und Boutiquen, die sich zwischen 6th/7th Street und 2nd/3rd Avenue konzentrieren. Noch immer ist das East Village die beste (und preiswerteste) Adresse für avantgardistisches Theater und für *bar-hopping* bei Nacht. Zwischen Astor Place und Tompkins Square, entlang St. Mark's Place, pulsiert das Leben.

› Möglicher Ausgangspunkt für Greenwich und East Village ist die Subway-Station W 4th Street/Washington Sq. (Linien A, C, E, B, D)

Downtown Manhattan

ⓘ Union Square ★ [D18]

Die 14th Street trennt das Village von **Chelsea**, dem Wohnviertel der weißen Mittelschicht, sowie vom exklusiveren **Gramercy**. Die 5th Avenue bildet wiederum die Trennlinie zwischen Gramercy im Osten und Chelsea im Westen.

Am Schnittpunkt beider Viertel liegt der **Union Square**, der von den Reiterstandbildern George Washingtons und General Lafayettes dominiert wird. Der Platz bzw. Park war 1839 angelegt worden und gilt seither als beliebter Demonstrationsort und Treff. In den 1980er-Jahren war er zum Zentrum der Drogenszene verkommen und wurde gemieden, heute gilt der sanierte Union Square wieder als beliebte Platzanlage, auf der zudem einer der größten und best sortierten Bauernmärkte (*greenmarkets*, s. S. 88) der Stadt stattfindet.

❱ Subway: Union Sq./14th St.

☐ *Das Whitney Museum ist nicht nur innen sehenswert, sondern bietet von seinen Terrassen auch einen grandiosen Ausblick*

> **EXTRATIPP**
>
> **Mekka für Leseratten**
>
> Nur wenige Schritte vom Union Square entfernt, befindet sich mit **Strand Books** (s. S. 91) ein legendärer – und noch unabhängiger – Buchladen, 1927 gegründet. Über mehrere Stockwerke finden sich prall gefüllte Bücherregale und vieles wird, v. a. vor dem Laden und im Untergeschoss, zu Sonderpreisen verkauft.

ⓘ Whitney Museum of American Art ★★ [B18]

Das Whitney Museum of American Art widmet sich der **Kunst der Moderne** und geht auf den Whitney Studio Club in Greenwich Village zurück, der 1918 von Gertrude Vanderbilt Whitney ins Leben gerufen worden war. Sie gab amerikanischen Künstlern erstmals Gelegenheit, ihre Werke zu präsentieren, und rief 1931 im Village ein Museum ins Leben, nachdem das Metropolitan Museum ㉟ ihre Sammlung abgelehnt hatte. Ab 1966 befand sich die Sammlung in einem architektonisch wegweisenden Gebäude von Marcel Breuer und Hamilton Smith in der Upper East Side.

Downtown Manhattan 45

2015 eröffnete im Meatpacking District ein **Neubau** nach Plänen des italienischen Architekten Renzo Piano, der architektonisch durch die verschiedenen Aussichtsterrassen auffällt, von denen sich ein grandioser Ausblick auf Manhattan, den Hudson River und die High Line ⓴ bietet. Die Innenraumgestaltung ist vergleichsweise funktional und schlicht.

Die **Sammlung** widmet sich der amerikanischen Kunst des 20. und 21. Jh.: Gemälde, Skulpturen, Drucke, Fotos, Videos und neue Medien von bedeutenden Künstlern wie Jackson Pollock, Jasper Johns, Franz Kline, Roy Lichtenstein, Andy Warhol, Georgia O'Keeffe, Edward Hopper oder Alexander Calder. Berühmt sind auch das „Film & Video Programm" des Museums und die Fotosammlung. Im Rahmen des Whitney Biennial werden alle zwei Jahre im Frühjahr junge Künstler eingeladen.

› **Whitney Museum of American Art,** 99 Gansevoort St., tgl. 10.30–18 Uhr, Eintritt: $ 25, online $ 22, http://whitney.org, Subway-Station: 14th St./8th Ave., mit zwei Lokalen und Shop

⓴ High Line Park ★★ [B17]

Im **Meatpacking District**, dem einstigen Schlachthofviertel zwischen Chelsea und Village, am Hudson River, beginnt der High Line Park. Dabei handelt es sich um eine ungewöhnliche **Promenade** auf einer 1929 bis 1934 als Stahlviadukt erbauten **Hochbahntrasse**, die seit ihrer Vollendung im September 2014 auf rund 2,5 km mehrere Stadtviertel quert und bis zur 34th Street (Javits Convention Center) reicht. Bänke und Liegen, Aussichtspunkte und Kunstinstallationen sowie eine Bepflanzung mit Stauden und Gräsern machen das Projekt einmalig.

EXTRATIPP: Hudson River Park

Parks, Liege- und Spielwiesen, Skaterbahnen, Sportflächen, Restaurants und Bars sowie Bootsanleger gehören zum neu gestalteten Uferstreifen am Hudson River. Mit über 7 km Länge ist der (noch unvollendete) Hudson River Park der zweitgrößte Park Manhattans nach dem Central Park. **Pier 40** in Greenwich Village war eines der ersten und größten Projekte. Jetzt spielen hier u. a. die New York Knights Rugby. Ein Stück weiter nördlich lädt der **Christopher Street Pier** mit ausgedehnten Grünflächen zum Sonnenbaden ein. Im Meatpacking District wird zurzeit an **Pier 55** (Bloomfield–14th St.) gebaut, an der W 15th St. entsteht auf **Pier 57** der sogenannte „Super Pier" mit Markthalle von Spitzenkoch Anthony Bourdain. Die Piers 59 bis 62 sind Sitz des **Chelsea Piers Sports & Entertainment Complex** und auch die folgenden Piers dienen der Erholung und Freizeitgestaltung. An den Piers 79, 81, 83 und 84 legen Ausflugsboote und Fähren an und ab, während die Piers 88 bis 92 als New York Passenger Ship Terminal dienen.

› **Infos:** www.hudsonriverpark.org (auch zu Events), versch. Subway-Stationen entlang dem Ufer

An der 34th Street entsteht derzeit ein architektonisch spannendes neues Viertel: die **Hudson Yards** (Wohnungen, Büros, Shops und Lokale, www.hudsonyardsnewyork.com). Am Ende der High Line befindet sich ein neuer U-Bahnhof: „34 St-Hudson Yards" (Linie 7).

In dem trendigen Viertel um Gansevoort und Washington Street haben Boutiquen und Galerien, Lokale, Ca-

Downtown Manhattan

fés und Bars sowie Boutiquehotels wie das Gansevoort Hotel oder das **Standard Hotel** (s. S. 133) eröffnet und entlang der Trasse entstand und entsteht sehenswerte Architektur. Am Beginn der High Line befindet sich das **Whitney Museum** ⓳ und ein Stückchen weiter nördlich lädt der Chelsea Market (s. S. 91) in einer ehemaligen Keksfabrik der National Biscuit Company zum Picknick ein.

❯ High Line Park, www.thehighline.org, Subway: 14th St./8th Ave. oder 34th St., mehrere Zugänge (Treppen und Aufzüge), 7 – mind. 19 Uhr, Events und Verkaufsstände. Infos zum Viertel: www.meatpacking-district.com.

㉑ Flatiron Building ★★ [D17]

Entlang der **Ladies' Mile** (5th St./Broadway zwischen Union und Madison Sq.) prominieren heute wie früher die „Damen der Gesellschaft". Die Hauptattraktion des Viertels steht an der Südwestecke des Madison Square, im Dreieck zwischen 5th Ave., Broadway und 23rd St.: das **Flatiron Building**. Es entstand nach Plänen des Chicagoer Architekten Daniel H. Burnham, der mit seiner neuen Stahlgerüstkonstruktion die moderne Hochhausarchitektur entscheidend vorangetrieben hatte.

1902 eröffnet, zählte das „Bügeleisen" mit 87 m zu den damals höchsten Gebäuden, war ein Meilenstein in Sachen Hochhausbau und ein Wahrzeichen der Stadt. Die New Yorker nannten den Bau auch „Burnham's Folly", da sie den Baumeister anfangs für ziemlich verrückt hielten. Dabei war der Bau durchaus kein Unikum: Schon 1892 war in Toronto mit dem Gooderham Building ein Bau selben Grundrisses entstanden, ein etwas kleineres „Flatiron Building" folgte 1897 in Atlanta. Auf einem kleinen verkehrsberuhigten Platz am Broadway sitzend kann man das Hochhaus, das auch als Kulisse der „Spider-Man"-Filme diente, in Ruhe betrachten.

❯ **Flatiron Building**, 175 5th Ave., Subway: 23rd St.
❯ **Historic Flatiron District Walking Tour**, www.flatirondistrict.nyc/free-walking-tour, Gratistouren So. 11 Uhr ab Süd-West-Ecke Madison Square Park (23rd St./Broadway)

◹ *Das Flatiron Building ist zwar kein Unikat, aber dennoch auffällig*

Midtown Manhattan

㉒ Empire State Building ★★★ [C16]

Das Empire State Building wurde nach seiner Eröffnung scherzhaft „Empty State Building" genannt – kein Wunder, war es doch zwischen 1929 und 1931, mitten in der Weltwirtschaftskrise, erbaut worden und stand deshalb lange leer. Andere Beinamen wie „Achtes Weltwunder" oder „Cathedral of the Skies" bezogen sich vor allem auf die imposanten Ausmaße.

Von 1931 bis 1973 galt der 110-stöckige Bau mit 448 m (ohne Antennen 381 m) als höchstes Gebäude der Welt. Im *86th floor*, auf 320 m, befindet sich das erste Aussichtsdeck mit Snackbar, im *102nd floor* ein weiteres, überragt von einem Anlegemast für Zeppeline und einer Antenne. Vom Empire State Building, das über eine **eigene Postleitzahl** verfügt, reicht der Blick nordwärts bis zur Bronx, im Süden bis zum Battery Park und nach Staten Island, im Westen nach New Jersey und im Osten nach Queens und Brooklyn – bei optimalen Bedingungen über 100 km weit!

Das einst welthöchste Gebäude spielte in vielen **Filmen** eine Rolle, z. B. im berühmten „King Kong" von 1933. Die oberen 30 Stockwerke sind nachts je nach Event, Feiertag oder Ereignis in verschiedenen Farben **beleuchtet**: z. B. grün am St. Patrick's Day oder schwarz-rot-gold am 3. Oktober, dem „German Reunification Day". **73 Hochgeschwindigkeitsaufzüge** bringen Besucher nach oben, das Treppenhaus mit seinen insgesamt 1860 Stufen benutzen ausschließlich Langstreckenläufer, und zwar einmal im Jahr (Anfang Februar) beim „ESB Run-up". Dann erklimmen sie die 1576 Stufen bis zum *86th floor* – und das in gut 10 Minuten. In der marmornen Lobby, die erst 1963 gebaut wurde, befinden sich die „Wonders of the World" – Wandbilder der sieben klassischen Weltwunder und des Empire State Building als achtem.

› **Empire State Building**, 350 5th Ave./ 34th St., www.esbnyc.com, tgl. 8–1.15 Uhr, $ 34 (Aussichtsplateau 86th floor) bzw. $ 54 (86th und 102nd floor), auch teurere Expressaufzüge und Kombitickets (s. www.esbnyc.com/buy-tickets, auch im CityPass enthalten), Subway: 34th St.-Herald Sq.

⌑ Weltbekannt: das Empire State Building

Midtown Manhattan

> **EXTRATIPP**
>
> **Verschnaufen im Bryant Park**
> Zu den schönsten Plätzen in Midtown gehört der **Bryant Park [C15]**, der sich hinter der **New York Public Library** (1911 im Beaux-Arts-Stil erbaut) erstreckt. Unter Bäumen kann man hier gut sitzen (und dank WLAN surfen) oder sich auf der Wiese ausstrecken. Kleine Café-/Bar-Pavillons wie **'wichcraft** (42nd St./6th Ave.) sind vorhanden, es gibt eine Großleinwand für Freiluftkino und eine Konzertebühne. Im Sommer finden kostenlose Veranstaltungen wie „Broadway in Bryant Park" oder ein Filmfestival, aber auch Lesungen, Schach- oder Boule-Turniere und Yoga-/Tai-Chi-Kurse statt und im Winter gibt es einen Weihnachtsmarkt und eine Eislaufbahn. Gerahmt wird der Park von der 42nd Street mit ihren Wolkenkratzern. Architektonisch herausragend sind das **Bank of America Building** (42nd St./6th Ave.), ein „grüner" Bau, oder das **Grace Building** (42nd St.) mit markant schräger Sockelzone.

❷❸ Madison Square Garden ★ [B16]

Der **Madison Square Garden** gilt als der legendärste Sportpalast der Welt. 1968 war die Halle, die einem verglasten Betonzylinder gleicht, neu über der Pennsylvania Station – noch heute der Fernbahnhof New Yorks – errichtet worden. „World's Most Famous Arena" fasst je nach Event 18.000 bis 20.000 Zuschauer und ist Heimat mehrerer Profisportteams: der Rangers (Eishockey), der Knicks (Basketball) und der Liberty (Frauenbasketball). Doch es finden hier auch große Konzerte, Boxkämpfe, Zirkus (Ringling Bros., Barnum & Bailey Circus), Eisshows, Rodeo und Bull Riding statt. 2014 wurde die Halle nach aufwendiger Modernisierung neu eröffnet.

› **Madison Square Garden**, 4 Pennsylvania Plaza (33rd St./7th Ave.), Tel. 212 4656000, www.thegarden.com, Touren tgl. 9.30–15 Uhr, $ 26,95 im MSG Tour Shop (Online-Tickets preiswerter: www.thegarden.com/allaccesstour), Subway: 34th St.-Penn Station

❷❹ The Morgan Library and Museum ★ [D16]

Die Morgan Library basiert auf der Privatsammlung des **Bankiers J. Pierpont Morgan** (1837–1913). Er sammelte seltene Bücher und Manuskripte, Inkunabeln, Zeichnungen, Drucke und Gemälde, darunter Gutenberg-Bibeln, Manuskripte aus Mittelalter und Renaissance, Zeichnungen und Drucke von Blake, Degas, Dürer, Rubens oder Watteau. Aufzeichnungen und Briefe von Thomas Jefferson, Jane Austen, Albert Einstein, Abraham Lincoln, John Steinbeck oder Voltaire sind hier ebenso zu finden wie Originalnotenblätter großer Komponisten.

1902 bis 1906 war angrenzend an die Privatwohnung Morgans ein Bibliotheksbau im Stil eines Renaissancepalastes errichtet worden. Ihn machte Morgans Sohn 1924 öffentlich zugänglich. Im Laufe der Zeit kamen weitere Anbauten hinzu, zuletzt 2006 von Renzo Piano. 2010 wurden die historischen McKim Rooms restauriert wiedereröffnet.

› **The Morgan Library and Museum**, 225 Madison Ave., www.themorgan.org, Di.–Do. 10.30–17, Fr. 10.30–21, Sa. 10–18, So. 11–18 Uhr, $ 20 (Fr. 19–21 Uhr frei), Di. 15–17, Fr. 19–21 und So. 16–18 Uhr McKim Rooms Eintritt frei, mit Café, Lokal und Shop, Subway: 33rd St.

Midtown Manhattan 49

㉕ Times Square – Theater District ★★★ [C15]

Als „Summe und Krönung aller Marktplätze und Tingeltangelstraßen in Amerika" beschrieb einmal Jack Kerouac, Schriftsteller und Mitbegründer der Beat Generation, den Times Square. Genau genommen handelt es sich um einen Doppel-Platz: Im Zwickel zwischen 7th Ave. und Broadway, zwischen 43rd und 47th Street, liegt eine lang gestreckte Platzanlage. Der Südteil heißt Times Square, der im Norden Duffy Square.

Mit etwa 35 Mio. Besuchern jährlich zählt der Platz zu den meistbesuchten Attraktionen der Welt und ist rund um die Uhr belebt. Seinen Namen erhielt er 1904, als hier die New York Times ihr Büro eröffnete. Inzwischen ist die Zeitung in einen spektakulären, umweltfreundlichen Bau von Renzo Piano an der Ecke 42nd St./8th Ave. umgezogen, das **New York Times Building**.

Richtig bekannt wurde der Platz erst 1928, als die Zeitung ein großes Nachrichtendisplay am Hochhaus installierte. Zudem fällt hier seit 1907 pünktlich zum Jahreswechsel ein Leuchtball aus 43 m Höhe an einem Seil herab. Gegenwärtig handelt es sich um einen Aluminiumball von 3,70 m Durchmesser, der computergesteuert illuminiert und mit über 2600 Waterford-Kristallen bestückt ist.

Seit dem Jahr 1883, als an der Ecke Broadway/40th Street die Metropolitan Opera eröffnete, erstreckt sich der **Theater District** um den Times Square. Am Broadway und im Bereich zwischen 7th und 9th Avenue sowie 42nd und 57th Street folgte Theater auf Theater und es entstand ein Vergnügungsviertel mit Shows und Varietés. Auch die ersten überdimensionalen Leuchtreklamen, die den Broadway zum „Great White Way" machten, stammen aus jener Zeit. In der Nachkriegszeit verblasste, mitverursacht durch das Aufkommen des Fernsehens, der Glanz und das Areal um den Times Square wurde zum verrufenen Sex-and-Crime-District degradiert. Dazu machte in den 1980er-Jahren ein großes Theatersterben vielen Büh-

☐ *Der Times Square gehört zu den meistbesuchten Attraktionen der Welt*

nen den Garaus. In den letzten Jahren verzeichneten die Broadwaytheater wieder Rekordzahlen und ein Revival des Viertels, besonders an der bunten „New 42nd Street" zwischen 7th und 8th Avenue, ist unübersehbar.

Im Sommer 2009 wurde zwischen 42nd und 47th Street der Broadway zur **Fußgängerzone** umgestaltet. Stühle, Liegen, Pflanzkübel und der auffällig rote, bühnenartige Bau des Ticketoffice TKTS (s. S. 82) am Duffy Square haben das Areal vor dem Times Square zu einer Art Ruheinsel mitten im geschäftigen Midtown werden lassen.

› Subway: Times Sq./42nd St.

26 Intrepid Sea, Air & Space Museum ★ [A15]

An Pier 86 liegt ein monumentaler, 280 m langer Flugzeugträger aus dem Zweiten Weltkrieg vor Anker, die **USS Intrepid**. Sie ist Kernstück des Sea, Air & Space Museum, zu dem außerdem ein **U-Boot**, der **Zerstörer Edison**, an die 30 **Flugzeuge** – darunter eine ausgemusterte Concord der British Airways –, das **Space Shuttle Enterprise** und diverse Ausstellungen an Bord der Intrepid gehören. Neueste Zufügung ist der **Space Shuttle Pavilion**, in dem es um das gleichnamige Raumschiff, aber auch allgemein um die NASA und ihre Raumfahrtprogramme geht.

› Intrepid Sea, Air & Space Museum, Pier 86, W 46th St./12th Ave., www.intrepidmuseum.org, tgl. 10–17, 1.4.–31.10. Mo.–Fr. 10–17, Sa./So. bis 18 Uhr, $26, mit Space Shuttle Pavilion $33, Subway: 42nd St.-Port Authority Bus Terminal)

27 Grand Central Terminal ★★ [D15]

Eines der sehenswertesten Bahnhofsgebäude der Welt ist der Grand Central Terminal, der 1913 als repräsentativer Überlandbahnhof gebaut wurde. Heute dient er zwar nur noch als Nahverkehrsknotenpunkt, dennoch wird er täglich von rund einer halben Million Pendler frequentiert. Im Bahnhofsgebäude fühlt man sich fast an die Blütezeit der Eisenbahn in den 1920er- und 1930er-Jahren erinnert.

Seit seiner umfassenden Renovierung im Jahr 1998 erstrahlt das an eine Kathedrale erinnernde Schmuckstück des Eisenbahnzeitalters in altem Glanz. Außer der altehrwürdigen Oyster Bar im Untergeschoss laden auf den Balkonen weitere Lokale sowie an der Ostseite des Bahnhofs der **Grand Central Market**, eine Ladenstraße mit Imbisslokalen, zum Bummeln und Einkaufen ein. In die renovierte **Vanderbilt Hall**, ein ehemaliger Wartesaal, ist die **Great Northern Food Hall** (skandinavische Gastronomie) eingezogen. Im Westteil befindet sich zudem ein Ausstellungssaal des **New York Transit Museum** (s. S. 74).

Direkt hinter dem Bahnhof erhebt sich unübersehbar das **MetLife Building**, das einst der Fluggesellschaft PanAm als Zentrale diente. Der 1963 fertiggestellte Wolkenkratzer stammt vom Reißbrett des großen Bauhausarchitekten Walter Gropius und gilt längst als Architekturdenkmal.

› **Grand Central Terminal**, 42nd St./Park Ave., www.grandcentralterminal.com, Touren ab GCT-Tour-Schalter im Main Concourse (9–18 Uhr), z. B. Audio-Touren (auch auf Deutsch) für $ 9, geführte Tour tgl. 12.30 Uhr, $ 25, Infos: www.grand centralterminal.com/info/tours, Subway: Grand Central/42nd St.

㉘ Chrysler Building ★★ [D15]

Das Chrysler Building zählt zu den schönsten Wolkenkratzern der Stadt New York und gilt zugleich als Musterbeispiel für den **Art-déco-Stil**. Bei genauerer Betrachtung fallen zahlreiche Details ins Auge, die mit Autos zu tun haben – kein Wunder, war doch der Auftraggeber kein Geringerer als Walter P. Chrysler (1875–1940). Er erteilte 1928 William van Alen den Auftrag, ein Gebäude zu planen, das das „Golden Age" des Autos symbolisieren sollte.

Der Turm wurde aus dem gleichen rostfreien Stahl wie ein **Autokühler** gebaut, die Mauervorsprünge als **Kühlerhauben** konzipiert und **stilisierte Autos und Räder** sowie Wasserspeier in Gestalt von **Kühlerfiguren** an den Wänden angebracht.

Bei seiner Eröffnung 1930 war das Chrysler Building mit seinen 76 Stockwerken und 319 m kurzzeitig das höchste Gebäude der Welt, ein Jahr später wurde es vom Empire State Building ㉒ überholt.

› **Chrysler Building**, 405 Lexington Ave., Subway: Grand Central/42nd St.

EXTRATIPP

UN-Komplex

Der Komplex der Vereinten Nationen setzt sich aus mehreren Gebäuden und Plätzen entlang der 1st Ave. (42nd–48th St.) zusammen und ist eigentlich eine eigene kleine Stadt. Sie gehört formal nicht zu New York, sondern befindet sich im **Besitz der Staatengemeinschaft.** 1945 war die UNO in San Francisco gegründet worden, vier Jahre später begannen in New York am East River auf einem von John D. Rockefeller gestifteten Gelände unter Leitung der Architekten Oscar Niemeyer (Brasilien) und Le Corbusier (Schweiz) die Bauarbeiten.

1952 fertiggestellt, besteht der mehrteilige Komplex aus Bauten wie dem hohen, verspiegelten Sekretariatsgebäude, einem Konferenzgebäude mit drei großen Tagungssälen. Das General Assembly Building dient als Sitzungssaal der UNO-Vollversammlung. Entlang einer Längsseite dieses Gebäudes sind die Flaggen der Mitgliedsstaaten aufgereiht, außerdem ist der Komplex von Gärten umgeben, in denen, wie im Innenbereich, Kunstwerke stehen – Geschenke verschiedener Mitgliedsstaaten oder einzelner Stifter.

› **UNO – General Assembly Building**, 1st Ave./46th St., Subway: Grand Central/42nd St., http://visit. un.org, Visitors-Check-in: 801 1st Ave./45th St., gegenüber General Assembly Bldg., Ausweis nötig. Touren: Mo.–Fr. 9–16.30, Sa./ So. ab 10 Uhr, Jan./Febr. Wochenende geschlossen, $ 20, Onlinetickets im Voraus bestellen!

◁ *Musterbeispiel der Art-déco-Architektur: das Chrysler Building*

㉙ Waldorf=Astoria Hotel ★ [D14]

Das Waldorf=Astoria ist eines der legendärsten Hotels New Yorks und ein Blick in die **prächtige Lobby** lohnt sich. Der erste Bau war an der Stelle des heutigen Empire State Building ㉒ 1893 unter der Ägide von **William Waldorf Astor**, dem Sohn des schwerreichen Händlers Johann Jacob Astor, eröffnet worden. Daneben errichtete vier Jahre später sein Vetter **John Jacob Astor IV.** sein „Astoria Hotel". Erst nur durch einen **Korridor** verbunden – daher der **doppelte Bindestrich** im Namen – schlossen sich beide Hotels schließlich zusammen, mussten jedoch 1929 dem Empire State Building weichen. 1931 entstand an der Park Avenue ein neuer Art-déco-Bau. Der Bindestrich war so berühmt, dass er gern als Slogan benutzt wurde: „Meet me at the Hyphen!"

> Waldorf=Astoria Hotel, 301 Park Ave., www.waldorfnewyork.com, Subway: 51st St. u. a. mit Peacock Alley Restaurant. Ab März 2017 wegen Besitzerwechsels für bis zu drei Jahre wegen Renovierung geschlossen.

㉚ Rockefeller Center ★★ [C14]

1928 hatte John D. Rockefeller Jr. den hier gelegenen Botanischen Garten der Columbia University mit der Absicht erworben, ein Opernhaus bauen zu lassen. Doch während der Weltwirtschaftskrise wurde eine Arbeitsbeschaffungsmaßnahme daraus und der Multimillionär finanzierte aus eigener Tasche einen bis dato einmaligen **Vielzweckkomplex mit eigener Postleitzahl**. Allein bis 1940 entstanden 14 Einzelbauten, weitere folgten.

Eine der Attraktionen des Rockefeller Center ist in den Wintermonaten der **Eislaufplatz** auf der **Sunken Plaza**. Er macht im Sommer einem Café Platz. Die angrenzende Ladenpromenade führt zur 5th Avenue, wo die viel fotografierte, überdimensionierte **Atlas-Figur** – das Wahrzeichen des Rockefeller Center – den Globus schultert. Ein wahrer *eyecatcher*, allein wegen der rund 26.000 elektrischen Kerzen, ist in der Vorweihnachtszeit der hinter dem Eislaufplatz aufgestellte über 20 m hohe **Christbaum**.

Viele amerikanische Besucher pilgern auch zum General Electric Building, um sich vor den Fenstern der **NBC Studios** (an der 49th St./Rockefeller Plaza) die Nasen platt zu drücken und während der „NBC Today Show" am Morgen ihre Transparente medienwirksam zu schwenken. Oben in diesem Bau befindet sich der lange geschlossene, 2014 als

---

EXTRATIPP

Top of the Rock

Top of the Rock, die offene Aussichtsplattform im 70th floor auf dem **General Electric Building** (30 Rockefeller Plaza), sorgte bereits bei der Eröffnung 1933 für Aufsehen, da es dem Oberdeck eines Kreuzfahrtschiffes im Art-déco-Stil nachempfunden ist. Im 67th/69th floor, in rund 260 m Höhe – schnell mit dem „Sky Shuttle", einem topmodernen Aufzug, erreicht – steht man hinter Glas im Grand Viewing Room.

> **Top of the Rock,** Zugang: W 50th St., 5th–6th Ave., Subway: 47th-50th St./Rockefeller Center, www.topoftherocknyc.com, zeitgebundene Tickets $ 32, Onlinereservierung möglich, tgl. 8–24 Uhr (letzter Aufzug: 23.15 Uhr), auch im CityPass enthalten und Kombipässe mit Rockefeller Center oder MoMA: www.topoftherocknyc.com/special-offers/combo-tickets

„Bar Sixty Five" wieder in Betrieb genommene **Rainbow Room**, ein 1934 eröffneter, legendärer *supper club* (Restaurant/Nachtklub) mit rotierendem Tanzboden.

An der Nordwestecke des Centers steht die berühmte, 1999 komplett renovierte **Radio City Music Hall** (s. S. 86). Sie wurde 1932 als größte Bühne der Welt mit fast 6000 Plätzen eröffnet, 1979 geschlossen und eröffnete nach wechselvoller Geschichte 1999 aufwendig renoviert in altem Art-déco-Glanz und mit denkmalgeschützter hydraulischer Bühne neu. Legendär ist die hier seit 1925 aufgeführte 90-minütige Weihnachtsrevue „Christmas Spectacular" mit den Rockettes, einer 80-köpfigen Tanztruppe, deren „Slow Motion Fall" während der Show berühmt ist.

› **Rockefeller Center/NBC Studios,**
30 Rockefeller Plaza, www.rockefellercenter.com und www.nbcstudiotour.com, Subway: 47th–50th St./Rockefeller Center, Rockefeller-Center-Tour ab Top of the Rock Box Office, 50th St./5th–6th Ave., tgl. stündl. ab 10 Uhr, $ 17, Kombiticket „Rock Pass" inkl. Aussichtsplattform $ 40. Ende Mai–Anf. Sept. freitagmorgens NBC Today Show Concert Series: kostenlose Livekonzerte auf der Rockefeller Center Stage (49th St.).

㉛ Museum of Modern Art ★★★ [C14]

Der japanische Architekt Yoshio Taniguchi stand vor keiner leichten Aufgabe, als er den Auftrag erhielt, einen Anbau für das Museum of Modern Art, das sogenannte MoMA, zu konzipieren. Obwohl dieses sich der Kunst von den 1880er-Jahren (Impressionismus) bis zur Gegenwart widmet, ist es eine altehrwürdige Institution.

Die Wurzeln reichen zurück in die Zeit der Weltwirtschaftskrise – ins Jahr 1929, als zehn Tage nach dem Börsenkrach hier die erste Ausstellung stattfand. 1939 zog die Sammlung in den Neubau um, den 1953 Philip Johnson erneut erweiterte und um den beliebten **Skulpturengarten** bereicherte. 1984 verdoppelte dann der Architekt Cesar Pelli die Ausstellungsfläche. Als im November 2004 Taniguchis Anbau aus tiefschwarzem Granit, Alu und Glas eröffnet wurde, fiel er weniger durch spektakuläre Architektur als vielmehr durch Zweckmäßigkeit und vornehme Zurückhaltung auf.

Eine geräumige Lobby und ein hohes Atrium lassen das **David and Peggy Rockefeller Gallery Building** hell und luftig wirken und verleihen den ausgestellten Kunstwerken – verteilt auf sechs Ebenen und die Abteilungen „Malerei und Skulptur", „Zeichnungen", „Druckgrafik und Buchillustration", „Architektur und Design", „Fotografie", „Moderne Medien" und „Film und Theater" – den passenden Rahmen.

Neben Werken Picassos gehören Klassiker der Moderne zum Bestand, so Vincent van Goghs „Sternennacht", Claude Monets „Seerosen" oder „Der Tanz" von Henri Matisse, aber auch Werke von Henri Toulouse-Lautrec, kubistische Gemälde, bedeutende Arbeiten der russischen Avantgarde (Malewitsch, Lissitzky), der Surrealisten (Dalí, Miro, Ernst) oder der Moderne (Bacon, Pollock, de Kooning, Rothko, Johns, Rauschenberg, Lichtenstein, Warhol, Oldenburg oder Beuys).

2007 legte der französische Architekt Jean Nouvel einen Entwurf für einen neuerlichen Erweiterungsbau vor. Mittlerweile heißt das Projekt „53W53" und ist als Apartmentgebäu-

Midtown Manhattan

EXTRATIPP

Carnegie Hall
Die Carnegie Hall (s. S. 86) wurde ab 1887 auf Anregung des Dirigenten **Walter Damrosch** gebaut, dessen Freund **Andrew Carnegie** Geld zur Verfügung stellte. Damals sprach noch niemand vom Theater District, sondern das Viertel hieß schlicht **Goat Hill** („Ziegenhügel").

Das sollte sich schlagartig ändern, als die Carnegie Hall im Italian-Renaissance-Stil nach Plänen von William Burnet Tuthill 1891 fertiggestellt war. Seither fanden und finden regelmäßig Auftritte großer Stars statt, u. a. gastierten hier schon Liza Minelli, Luciano Pavarotti, Woody Guthrie, Pete Seeger, Bob Dylan oder die Beatles.

---

de in Bau. Die Vergrößerung des Museums obliegt jetzt dem Büro Diller, Scofidio & Renfro. Geplant ist, die unteren Etagen des neuen Hochhauses zu nutzen und einen Glasbau auf dem Gelände des dafür abgerissenen American Folk Art Museums hinzuzufügen.

Absolut sehenswert ist das sich in nächster Nähe befindliche **Austrian Cultural Forum** (11 E 52nd St., 5th–Madison Ave.), wo Raimund Abraham 2002 auf einem nur 7,5 m breiten Grundstück ein architektonischer Geniestreich mit 24 Stockwerken gelang.

› **Museum of Modern Art (MoMA)**, 11 W 53rd St., 5th–6th Ave., www.moma.org, So.–Do. und Sa. 10.30–17.30, Fr. 10.30–20 Uhr, Do. im Juli/Aug. bis 20 Uhr, $ 25 (Fr. 16–20 Uhr freier Eintritt), auch Kombiticket mit Top of the Rock für $ 45 (nur im Rockefeller Center ㉚, Box Office 50th St., 5th–6th Ave., erhältlich), Subway: 5th Ave./53rd St.

㉜ St. Patrick's Cathedral ★★ [D14]

Die St. Patrick's Cathedral wirkt zwischen all den modernen Wolkenkratzern fast wie ein Zwerg, und dabei handelt es sich doch um die **größte katholische Kathedrale der USA** mit rund 2500 Sitzplätzen. 1850 hatte Erzbischof John Hughes James Renwick den Bauauftrag erteilt, die Kirche konnte aufgrund des Bürgerkriegs jedoch erst 1879 eingeweiht werden. Im Laufe der Jahre kamen die 101 m hohen Türme (1885–1888) mit 19 Glocken und die Lady Chapel (1906) dazu. Der Bau wurde kostbar ausgestattet, u. a. mit einer Fassade aus weißem Marmor, massiven Bronzetüren, einer Pietà in der Lady Chapel, einem Baldachin über dem Hochaltar aus Bronze und Kreuzwegstationen mit holländischen Reliefs.

› **St. Patrick's Cathedral**, 5th Ave./50th St., www.saintpatrickscathedral.org, tgl. 6.30–20.45 Uhr, Subway: 5th Ave/53rd St. Täglich mehrere Gottesdienste, außerdem regelmäßig Konzerte und Touren, Geschenkartikelladen 51st St.

㉝ Fifth Avenue ★★ [C14]

Upper Midtown, das Areal zwischen Rockefeller Center ㉚ und Central Park ㉞, ist das viel bevölkerte Touristenzentrum der Stadt. Hier konzentrieren sich die meisten und exklusivsten Geschäfte, dazu einige Restaurants und Cafés. Gerade die Fifth Avenue genießt seit Langem den

▷ *St. Patrick's, die größte Kathedrale der USA, vor dem Olympic Tower*

Uptown Manhattan 55

Uptown Manhattan

34 Central Park ★★★ [C10]

Nicht nur an Sonntagen, wenn die meisten Straßen durch den Central Park gesperrt sind, fungiert diese Grünanlage als die „gute Stube" der Stadt. Hier treibt man Sport, malt, musiziert, meditiert, trifft sich zum Picknick oder zum Konzert, liest oder genießt einfach die Sonne. Im Sommer lockt der 340 ha große Stadtpark als kühle Oase im brodelnd-heißen Wolkenkratzerdschungel, im Winter, in weiße Schneepracht getaucht, fühlt man sich hier meilenweit von der hektischen Stadt entfernt.

Bereits 1844 hatte William Cullen Bryant, der Herausgeber der New York Post, einen öffentlichen Park gefordert. In Angriff genommen wurde das Projekt dann Ende der 1850er-Jahre nach Plänen der berühmten Landschaftsarchitekten **Frederick Law Olmsted** und **Calvert Vaux**. Viehweiden wurden planiert, Sumpfland musste trockengelegt und ein ganzes afroamerikanisches Dorf namens Seneca Village umgesiedelt werden, ehe **1873** der berühmteste Stadtpark der Welt **eröffnet** werden konnte.

Er ist kaum kleiner als der Englische Garten in München – mit 373 ha die größte innerstädtische Parkanlage – und erstreckt sich über rund 4 km zwischen der 59th und der 110th Street bzw. misst zwischen 5th und 8th Ave. (Central Park West) etwa 1 km. Durch die grüne Insel im Häusermeer schlängeln sich rund 50 km an Fuß-, Jogging- und Radwegen. Mehrere sogenannte *transverse roads* dienen der verkehrstechnischen Verbindung von Upper East und Upper West Side.

Jahr für Jahr tummeln sich über 25 Mio. Menschen im Park, wobei der

Ruf, die **Luxusmeile** der Welt und der Treffpunkt der Reichen und Schönen zu sein. Schon Ende des 19. Jh. residierte hier der schwerreiche **William Henry Vanderbilt** (5th/51st St.) und heute gehört beispielsweise **Donald Trump** zu den illustren Anwohnern.

Auf Höhe der St. Patrick's Cathedral 32 beginnt der luxuriöseste und meist gefilmte Abschnitt der Fifth Avenue mit exklusiven Läden à la Gucci, Rodier, Saks Fifth Avenue oder **Tiffany & Co.** Letztgenannter Schmuckladen wurde 1837 gegründet und durch Truman Capotes „Frühstück bei Tiffany" weltberühmt. Das Spielzeugparadies FAO Schwarz – jetzt im Besitz von Toys „R" Us –, der unterirdische Apple Store mit seinem gläsernen Zugangswürfel, der NBA Store oder der Trump Tower, eine exklusive Shoppingmall rings um ein glitzerndes Atrium aus Marmor und Gold, verspiegelt und mit Wasserfall – all diese Konsumtempel fordern geradezu zum Geldausgeben auf!

› http://visit5thavenue.com,
 Subway: 5th Ave. (Linien E, V)

Uptown Manhattan

> **EXTRATIPP**
>
> ### Veranstaltungen im Central Park
> Viele Konzerte und Theateraufführungen finden in den Sommermonaten – oft gratis – an verschiedenen Punkten im Central Park statt (Details auf den oben angegebenen Websites). Die wichtigsten sind:
> - **Central Park Summer Stage** at the Rumsey Playfield, E 72nd St./5th Ave., www.cityparksfoundation.org/summerstage. Kulturprogramm unterschiedlicher Sparten von Ende Juli bis Ende August, außerdem **GMA Concert Series**, Ende Mai–Ende Aug. 7–9 Uhr auf dem Rumsey Playfield (http://gma.yahoo.com/music).
> - **Harlem Meer Performance Festival**, Central Park Conservancy/Charles A. Dana Discovery Center, 110th St., 5th St.–Lenox Ave., Mitte Juni–Anf. Sept. So. 14–16 Uhr Gratiskonzerte, www.centralparknyc.org/events
> - **Naumburg Orchestral Concerts**, Naumburg Bandshell, 66th–72nd St., www.naumburgconcerts.org. Kostenlose Klassikkonzerte im Sommer.
> - **Shakespeare In The Park,** Delacorte Theater, auf Höhe 79th St., Infos und Gratistickets: http://publictheater.org/en/Programs--Events/Shakespeare-in-the-Park

Südabschnitt bis etwa auf Höhe des Metropolitan Museum ㉟ der meistbesuchte Teil ist. Hier befinden sich auch wichtige Anlaufpunkte wie **The Dairy** (E 65th St.), wo einst Milch an bedürftige Kinder und heute Informationsmaterial an interessierte Besucher verteilt wird. Eine nahe gelegene Sehenswürdigkeit für Familien ist der **Central Park Zoo** (E 64th St., tgl. mind. 10–16.30 Uhr, $ 20, www.centralparkzoo.com).

Wer sich sportlich betätigen möchte, dem steht im Winter der **Wollman Rink** zum Schlittschuhlaufen oder im Sommer der Heckscher Playground mit allerlei Spielfeldern zur Verfügung. Auch Grünflächen wie **Sheep Meadow** (W 65th St.) animieren dazu, sich Bälle, Frisbeescheiben oder Bumerangs zuzuwerfen. Das Lokal **Tavern on the Green** (W 67th St.) lädt als einziges Restaurant im Park zum Essen ein. Zu den **Strawberry Fields** pilgern Tag für Tag Fans der Beatles, um ihrem Idol John Lennon zu gedenken, der 1980 vor dem nahen Dakota Building ㊴, in dem er wohnte, erschossen wurde.

Das **Hallett Nature Sanctuary** ist ein Naturareal im Park, das lange als Vogelschutzgebiet unzugänglich war. Seit Mai 2016 darf die „Promontory" (Landzunge) wieder besucht werden (Zeiten: www.centralparknyc.org/things-to-see-and-do/attractions/hallett-nature-sanctuary.html). Das Stück Land ist ein ideales Beispiel, wie die Insel Manhattan einst ausgesehen hat, und dazu ein Beleg, dass ohne menschliche Eingriffe im urbanen Umfeld Wildnis möglich ist.

Nördlich des **Lake**, wo sich Freizeitkapitäne mit Bootsmodellen oder in Ruderbooten vor beeindruckender Kulisse tummeln, kommen Kunstfreunde im **Delacorte Theater** (W 81st St.), im **Shakespeare Garden** oder auf dem nördlich anschließenden **Great Lawn** auf ihre Kosten. Hier und im weiter südlich gelegenen **Naumburg Bandshell** (70th St.) finden während der Sommermonate regelmäßig Freiluftkonzerte oder Theateraufführungen statt. Ebenfalls in diesem Teil befindet sich das viktorianische **Belvedere Castle** mit Aussichtsturm und naturkundlichen Ausstellungen.

Nördlich des Great Lawn schließt sich das große **Jacqueline Kennedy Onassis Reservoir** an, ein Teil der Wasserversorgung Manhattans. Weiter nordwärts folgen dann v. a. Spielfelder und Sporteinrichtungen, **The Great Hill** (W 106th St.) und das **Harlem Meer** (Nordostecke), das besonders den Bewohnern Harlems als „Gemeinschaftsgarten", Spielwiese und Erholungsoase dient. Am Nordufer des Harlem Meer steht das **Charles A. Dana Discovery Center**, wo Sommerkonzerte stattfinden, im Südosten befindet sich der **Conservatory Garden** – drei symmetrisch angelegte Gärten, die man durch ein mächtiges Schmiedeeisentor betritt.

› **Subway:** 59th St./Columbus Circle und 81st St. (mehrere Linien)
› **Dairy Visitor Info Center,** Central Park/65th St., Di.–So. 10–17 Uhr
› **Infos:** www.centralpark.com/events, www.centralparknyc.org/events
› Verschiedene Touren per Fahrrad, zu Fuß oder in der Pferdekutsche, auch Fahrradverleih, bietet **Central Park Sightseeing** (www.centralparksightseeing.com).
› **Bootsverleih:** Harlem Meer (E 106th St.), Loeb Boathouse (East Dr./74th St.)
› **Kutschfahrten:** ab der Südostecke des Parks (nahe Plaza Hotel), $ 50/20 Min.

㉟ Metropolitan Museum of Art (The Met Fifth Avenue) ★★★ [C11]

Das Metropolitan Museum of Art, jetzt The Met Fifth Avenue genannt, ist ein Museum der Superlativen, ein weltweit einzigartiger Musentempel. Streng symmetrisch gegliedert und mit ausladender Fassade, beherbergt der Komplex, der als einziger innerhalb der Grenzen des Central Park steht, die größte Kunstsammlung der westlichen Welt.

Die Basis für den heute mehrteiligen Komplex wurde 1870 von einer Gruppe amerikanischer Geschäftsleute und Intellektueller gelegt und be-

> **EXTRATIPP**
>
> ### Abstecher nach Little Germany und Roosevelt Island
>
> **Yorkville,** begrenzt durch E 79th und 96th St., East River und Lexington Ave., galt Anfang des 20. Jh. als **Little Germany,** die 86th St. als „German Broadway". Vereinzelt stößt man noch auf Relikte dieser Zeit: das Restaurant Heidelberg (1648 2nd Ave.) oder die Metzgerei Schaller & Weber (1654 2nd Ave.), die deutsche Produkte führt (Subway: 86th St. Linien 4, 5, 6).
>
> Schon wegen des Ausblicks von der Seilbahn (Tramway) aus sollte man **Roosevelt Island** (Tramway ab 59th St./2nd Ave. bzw. Subway F) besuchen. Rege Bautätigkeit macht die einstige Gefängnis- und Quarantäne-Insel zu beliebten Wohnadresse. Für Besucher lohnt v. a. der neue Franklin D. Roosevelt Four Freedoms Park an der Südspitze, von wo der Blick auf das Panorama von Manhattan und Queens am Ufer des East River grandios ist.

findet sich seit 1880 an der jetzigen Stelle. Das „Met" ist derart überwältigend und quillt von Kunstwerken aller Genres, Zeiten und Provenienzen so sehr über, dass man Prioritäten setzen muss. Die Schätze verteilen sich auf **drei Etagen** und auf **mehrere Anbauten** unterschiedlicher Entstehungszeit. Es gibt insgesamt 19 Abteilungen für Dauerausstellungen und eigene Galerien für Sonderschauen.

Ganze Bauten, wie der ägyptische Tempel der Dendur aus augusteischer Zeit, wurden hier komplett rekonstruiert. Sehenswert arrangiert sind z. B. die Abteilung „19th Century European Paintings and Sculpture Galleries" und die „Galleries for Oceanic Art and Art of North America".

Für europäische Besucher besonders sehenswert ist der **American Wing** mit einem unvergleichlichen

EXTRATIPPS

The Met Breuer
Im März 2016 zog The Met Breuer (s. S. 74), eine **Dependance des Metropolitan Museum**, in den ehemaligen Sitz des Whitney Museums ein. 1963 bis 1966 war das architektonisch aufsehenerregende Gebäude des berühmten Bauhaus-Architekten Marcel Breuer entstanden, heute nutzt es The Met für sein modernes und zeitgenössisches Kunstprogramm und Ausstellungen.

Museen an der Museum Mile
An der 5th Ave. zwischen Frick Collection und Museo del Barrio finden sich an der „Museumsmeile" u. a.:
- **Frick Collection** (s. S. 72). Vielseitige Kunstsammlung des Stahlmagnaten Henry Clay Frick (1849–1919) im luxuriösen Stadtpalais.
- **Neue Galerie, Museum for German and Austrian Art** (s. S. 74). Kunst und Design von 1890 bis 1940 in einem Beaux-Arts-Gebäude aus dem Jahr 1914.
- **Cooper-Hewitt National Design Museum** (s. S. 72). Multimediale Dauerausstellung zu grafischem und industriellem Design, zu Architektur und Designgeschichte, dazu sehenswerte Wechselausstellungen und Designshop.
- **Jewish Museum** (s. S. 73). Weltgrößte Sammlung von Judaica, gegründet 1904 in der Privatwohnung eines Bankiers.
- **Museum of the City of New York** (s. S. 73). Interessantes zu fast vier Jahrhunderten Stadtgeschichte.
- **Museo del Barrio** (s. S. 73). Ausstellung lateinamerikanischer, puertorikanischer und karibischer Kunst und Kultur.

Querschnitt von Meisterwerken amerikanischer Künstler. Daneben gibt es umfangreiche Sammlungen asiatischer, europäischer, afrikanischer, ägyptischer, islamischer und japanischer Kunst. Berühmt und ebenfalls besonders sehenswert sind die **Sammlung griechischer und römischer Antiken** sowie die **Mittelalterabteilung**. Neben Gemälden, Skulpturen und dekorativer Kunst gehören Waffen, Drucke, Fotos, Musikinstrumente, Möbel, Kostüme oder kuriose Stücke wie mehr als 200.000 Baseball-Sammelkarten zum Bestand.

2014 eröffnete an der 5th Ave. die **David H. Koch Plaza** mit Brunnen und Beleuchtung, Begrünung und Sitzbereichen. Mehr als 100 Bäume sorgen für Schatten und Düsen, die Wasserspiele erzeugen, für Abkühlung.
- **Metropolitan Museum of Art**, 5th Ave./82nd St., www.metmuseum.org, So.–Do. 10–17.30, Fr./Sa. 10–21 Uhr, $ 25 (inkl. The Met Breuer, s. links, und The Met Cloisters, s. S. 63, im CityPass enthalten.), Subway: 86th oder 77th St. bzw. Bus M1, 2, 3 oder 4

❸❻ Solomon R. Guggenheim Museum ★★★ [D10]

Das Guggenheim Museum ist insofern ungewöhnlich, als es eine selten erreichte Einheit von Architektur und Kunst darstellt. 1943 begann Frank Lloyd Wright im Auftrag von Salomon R. Guggenheim mit der Planung des „Schneckenhauses", die Bauarbeiten starteten jedoch erst 1956 und die Eröffnung im Jahr 1959 erlebten dann weder der Bauherr noch der berühmte Architekt. Den Kern des Gebäudes bildet eine Art Spirale, die man im Inneren über eine Rampe erkundet.

1937 war die Solomon R. Guggenheim Foundation gegründet worden,

Uptown Manhattan 59

wobei die Werke des Millionärs und Privatsammlers Guggenheim (1861–1949) erst in seinem Privatapartment im Plaza Hotel und ab 1939 dann im **Museum of Non-Objective Painting** – in einem ehemaligen Autohaus an der E 54th Street – ausgestellt wurden. 1943 beauftragte Guggenheim mit Frank Lloyd Wright (1867–1959) den damals bedeutendsten amerikanischen Architekten mit einem adäquaten Neubau, 1992 wurde dieser durch Gwathmey Siegel & Ass. Architects um einen Turm erweitert, basierend auf Originalplänen Wrights.

Die wirklich exzellente **Sammlung von moderner und auch zeitgenössischer Kunst** (19./20. Jh.) war ab den späten 1920er-Jahren von Guggenheim zusammengetragen und im Laufe der Jahre durch Stiftungen und Ankäufe vergrößert worden. 1976 kamen mit der Stiftung des Münchner Kunsthändlers Justin K. Thannhauser viele Kunstwerke der Jahrhundertwende und von Picasso dazu, 1990 vergrößerten sich die Bestände des Museums durch den Neuerwerb der Sammlung Panza di Biumo – v. a. Werke amerikanischer Minimalisten und Konzeptualisten der 1960-/70er-Jahre – und ab 1992 durch eine Schenkung der Robert Mapplethorpe Foundation. Die Ausstellungsstücke werden aufgrund der Menge der Bestände in Rotation gezeigt und zusätzlich gibt es spektakuläre Wechselausstellungen. Guggenheim-„Filialen" existieren in Venedig und Bilbao, geplant ist eine weitere in Abu Dhabi.

› Guggenheim Museum, 1071 5th Ave./89th St., www.guggenheim.org, Fr./So.–Mi. 10–17.45, Sa. 10–19.45 Uhr, $ 25 (inkl. Audiotour, auch auf Deutsch), Sa. 17.45–19.45 Uhr Höhe des Eintritts selbst bestimmbar, mit Restaurant, Subway: 86th oder Bus M1, 2, 3 oder 4

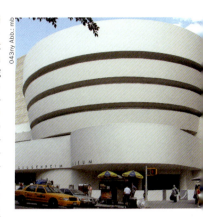

㊲ Columbus Circle ★ [B13]

Der verkehrsumtoste **Columbus Circle**, wo die Wasserspiele der Brunnen den Lärm ringsum übertönen, wird an der Nordostecke durch einen hohlen, versilberten Erdball markiert und von zahlreichen Hochhausbauten gerahmt. Direkt hinter der Kugel ragt das **Trump International Hotel & Tower** von 1997 auf, augenfällig ist auch das vom Architekturbüro SOM geplante zweitürmige Hochhaus **Time Warner Center** – ein Komplex mit **The Shops at Columbus Circle** (z. B. Bio-Supermarkt Whole Foods), Restaurants, dem Mandarin Oriental Hotel, Wohnungen, Büros und den Time Warner World Headquarters/CNN-TV-Studios. Jazz at **Lincoln Center** (s. S. 86) ist ebenfalls hier eingezogen und bespielt drei Bühnen: Rose Theater, Allen Room und die Bar Dizzy's Club Coca-Cola.

Etwas zurückversetzt an der 8th Avenue (56th–57th St.) tritt ein von

△ *Das Guggenheim, ungewöhnliche Einheit von Architektur und Kunst*

Sir Norman Foster 2006 vollendeter und 2008 mit dem „International Highrise Award" ausgezeichneter Wolkenkratzer aus auffälligen Kuben und weißen Verstrebungen ins Blickfeld: der **Hearst Tower**. Das Besondere an dem Bau sind weder Höhe noch Architektur, sondern die Tatsache, dass es sich um das erste „grüne Gebäude" in New York handelt (s. S. 107).

Das **Museum of Arts & Design** (s. S. 73) residiert in einem auffälligen, von Allied Works Architecture komplett umgestalteten Bau am Columbus Circle/W 53rd Street. Auf einer Fläche von 5000 m² und auf sechs Etagen wird in heller, luftiger Atmosphäre die Verbindung von **Handwerk, Kunst und Design** höchst attraktiv und anschaulich thematisiert. Im Umkreis (v. a. an der W 57th St., Nr. 111, 157, 217, 220), entstehen gerade mehrere, meist bleistiftschlanke Wolkenkratzer von bekannten Architekten.

› **Columbus Circle,** Subway: 59th St.-Columbus Circle

❸❽ Lincoln Center for the Performing Arts ★ [B13]

Im Lincoln Center for the Performing Arts residieren seit seiner Eröffnung im Jahr 1966 mit der berühmten Metropolitan Opera und der New York Philharmony rund ein Dutzend verschiedene Musik- und Kulturinstitutionen.

Die Anlage gruppiert sich um einen Platz (Josie Robertson Plaza) mit einem Brunnen, dem Revson Fountain von Philip Johnson, und der „Reclining Figure" von Henry Moore. Am Kopfende befindet sich das **Metropolitan Opera House**, die berühmte Met, südlich grenzt der Damrosch Park an, wo die Open-Air-Bühne **Guggenheim Bandshell** während der regelmäßig veranstalteten Freiluftkonzerte Besucher anzieht. Die Met bietet außerdem im Juli in verschiedenen Parks Gratisaufführungen.

Den südlichen Flügel des Platzes nimmt das **David H. Koch Theater** ein, Heimat des New York City Ballet. Die 1962 erbaute **David Geffen Hall** an der Nordflanke ist die Heimat des **New York Philharmonic Orchestra**, 1842 gegründet und damit das älteste Orchester der USA. An der Nordwestecke des Komplexes schließt sich das **Lincoln Center Theater** mit dem Vivian Beaumont und dem Mitzi E. Newhouse Theater an. Zwischen diesem und der Met erhebt sich die **New York Public Library for the Performing Arts**, in der auch Ausstellungen gezeigt werden.

Die **Alice Tully Hall** (65th St./Broadway) wurde vor ein paar Jahren mit Plaza und Tribüne, dem „Credit Suisse Information Grandstand", versehen. An sie schließen sich die **Juillard School** und das **Samuel B. & David Rose Building** mit dem Walter Reade Theater an. Das **David Rubenstein Atrium** ist der erste Anlaufpunkt für Besucher (Tickets, Infos, Veranstaltungen). Entlang der Columbus Ave. entstand außerdem die **Grand Promenade** und es wurde auch mehr Grün geschaffen.

In nächster Nähe (Columbus Ave./66th St.) befindet sich das **American Folk Art Museum** (s. S. 72).

› **Lincoln Center,** 70 Lincoln Center Plaza (Columbus–Amsterdam Ave./W 62nd–65th St.), Tel. 212 7216500 (Tickets), www.lincolncenter.org, Subway: 66th St.-Lincoln Center

› **David Rubenstein Atrium,** Broadway/62nd St., Mo.–Fr. 8–22, Sa./So. 9–22 Uhr, http://atrium.lincolncenter.org

Uptown Manhattan 61

Sitzgelegenheit und Café, Gratis-WLAN, Startpunkt von Lincoln-Center-Touren, Discount-Tickets (Zucker Box Office) sowie Do. Gratiskonzerte.

❸❾ Dakota Building ★ [B12]

An der **Central Park West**, der den Central Park flankierenden Avenue, stehen die wohl legendärsten Apartmenthäuser der Stadt. Eines davon ist das **Dakota Building** (1 W 72nd St.), das als erster Luxuswohnblock 1884 in damals noch recht „gewöhnlicher" Umgebung erbaut worden war. Sehenswert ist v. a. der Eingang mit seinen Reliefs, durch den schon Prominente wie Leonard Bernstein, Roberta Flack, Judy Garland oder Kim Basinger schritten, um in eine der 65 Luxussuiten zu gelangen. Bekanntester Mieter war Beatle **John Lennon**, der vor dem Haus ermordet wurde; seine Frau, Yoko Ono, lebt noch hier. An den Rockstar erinnert auch der nur wenige Schritte entfernte Strawberry-Fields-Garten im Central Park ❸❹.

Auch in anderen Luxusresidenzen entlang Central Park West waren bzw. sind Prominente zu Hause: James Dean (19 W 68th St.), Madonna (1 W 64th St.) und in 300 Central Park W, dem **Eldorado**, Marilyn Monroe.

Schön anzusehen ist auch der Art-déco-Klassiker mit der Hausnummer 115, das **Majestic**. Das **San Remo** (Central Park W/74th–75th St.), ein mächtiger Bau mit kathedralartigen Zwillingstürmen, wurde ein Jahr früher (1929–1931) errichtet. Die riesigen Wohnungen sind seit jeher beliebt und werden/wurden von Steven Spielberg, Demi Moore, Dustin Hoffman, Steve Martin, Bruce Willis und vielen anderen Stars bewohnt.

› **Dakota Building**, 1 W 72nd St., Subway: 72nd St.

❹⓿ American Museum of Natural History ★★ [B11]

Das American Museum of Natural History zählt zu den größten Naturkundemuseen weltweit und ist daher nicht nur ein Muss für Familien, sondern für jeden Besucher der Stadt. In den rund 40 Ausstellungshallen auf vier Ebenen und mit Filmen und Vorführungen wird keinem so schnell langweilig.

Außer über Dinosaurier – die hier in beeindruckender Originalgröße rekonstruiert sind – lernt man viel über Säugetiere, den Menschen (Hall of Human Biology and Evolution), über Meeressäuger und Vögel, Reptilien und Amphibien, aber auch über Meteoriten und Mineralien. Besonders sehenswert ist die Hall of Northwest Coast Indians aus dem Jahr 1888. Ausgestellt ist hier u. a. ein etwa 20 m langes Boot der Nordwestküstenindianer, gefertigt aus einem einzigen Zedernstamm.

△ *Das Dakota Building*

Die einzelnen Ausstellungsbereiche sind riesig und es gilt auszuwählen. Je nach Interessenlage lohnen außer den Cultural Halls die Fossil Halls oder auch die Räume zu Biodiversity oder Ocean Life. Neuester „Eyecatcher" ist ein 2014 gefundener **Barosaurus** (Titanosaurus) aus Patagonien, einer der größten je entdeckten Dinosaurier.

Das Museum wurde 1877 eröffnet und unter anderem von Calvert Vaux geplant, demselben Architekten, der an der Planung des Central Park ㉞ beteiligt war. Angeschlossen ist neben einem IMAX-Kino das **Hayden Planetarium**, untergebracht in dem spektakulären Glaskubus des **Rose Center of Earth & Space**. Rund um die „schwebende" Planetariumskugel wird der Besucher – z. B. in der Hall of the Universe oder auf dem Heilbrunn Cosmic Pathway – multimedial und höchst informativ durch die verschiedenen Phasen der Entstehung und Expansion des Universums geführt.

› **American Museum of Natural History**, Central Park W/79th St., www.amnh.org, tgl. 10–17.45 Uhr, inkl. Rose Center $ 22, IMAX, Space Shows und Sonderausstellungen kosten extra, Subway: 81st St.-Museum of Natural History

EXTRATIPP

New-York Historical Society
Neben dem Museum of Natural History bietet das Museum der New-York Historical Society (s. S. 74) Kontrastprogramm. Das älteste Museum der Stadt (1803) informiert über die **Geschichte New Yorks.** Besonders sehenswert ist das als Schaubereich angelegte Magazin, das Henry Luce III. Center for the Study of American Culture, aber auch das neue Center for the Study of Women's History und das DiMenna Children's Museum.

Upper Manhattan

㊶ Harlem ★ [C6]

Harlem, ein von niederländischen Siedlern um 1658 gegründeter Ort, war lange ein ländliches Idyll, das von den New Yorkern als Ausflugsziel geschätzt wurde. Da es Arbeit und Wohnungen gab, siedelten sich hier ab den 1920er-Jahren mehr und mehr Afroamerikaner aus den Südstaaten an. Es entstanden Klubs und Kneipen und es formierte sich eine kulturelle Bewegung, die als **Harlem Renaissance** unter den Afroamerikanern ein neues Selbstbewusstsein förderte. Ihr gehörten Literaten wie z. B. Zora Neal Hurston oder Langston Hughes ebenso an wie große Jazzmusiker. In den legendären „Roaring Twenties" entwickelte sich die **125th Street** zur Amüsiermeile und Duke Ellington machte Harlem mit seinem Song „Take the A-Train" berühmt. Im legendären **Apollo Theater** von 1914 traten die Größen des Blues und Jazz auf: Louis Armstrong, Count Basie, Duke Ellington, Josephine Baker, Dizzie Gillespie, Charlie Parker, Miles Davis, Ella Fitzgerald, Ray Charles, James Brown, Aretha Franklin oder Sam Cooke.

Nach Jahren des Verfalls und Niedergangs erlebt Harlem seit den späten 1990er-Jahren eine Renaissance. Die Bewohner identifizieren sich zunehmend mit ihrem Viertel und für viele New Yorker ist Harlem zur guten Adresse geworden. Hauptschlagader ist immer noch die 125th Street, der „Martin Luther King Jr. Boulevard". An der Straße reihen sich Verkaufsstände (v. a. Imitate bekannter Parfüms), Shops und Imbissbuden bzw. vermehrt auch die Filialen großer Imbissketten sowie Shops und Boutiquen bekannter Firmen aneinander.

Man muss aufpassen, dass man die äußerlich wenig auffälligen Bauten von **Apollo Theater** (s. S. 86) und **Studio Museum of Harlem** (s. S. 74) nicht übersieht. Über die Geschichte des Viertels und seine Bevölkerung informiert das **Schomburg Center for Research in Black Culture** (s. S. 74), das größte Forschungszentrum für afroamerikanische und afrikanische Kultur in den USA.

Viele Besucher kommen wegen der Gospelmessen nach Harlem – es gibt sie sogar als Bestandteil organisierter Touren. Wer jedoch das „ungeschminkte" Harlem erleben möchte, sollte auf eigene Faust einen Sonntagsgottesdienst besuchen – von Anfang bis Ende, was gute zwei Stunden dauern kann. Gelegenheit dazu gibt es nicht nur in der berühmt gewordenen **Abyssinian Baptist Church** (138th St.), der ältesten „schwarzen Kirche" New Yorks aus dem Jahr 1908, sondern an jeder Ecke, denn Gotteshäuser sind in Harlem reichlich vorhanden. Berühmt ist Harlem für sein *soul food,* die typisch afroamerikanische Küche wie sie noch Sylvia's (328 Lenox/W 126th St.) kredenzt. Wie schon in den 1920/30er-Jahren gelten inzwischen die Klubs in Harlem wie Cotton Club (s. S. 84) oder SHRINE (s. S. 85) wieder als Geheimtipps für Jazz- und Bluesfans.
> Subway: 125th St. (mehrere Linien)

EXTRATIPP

The Met Cloisters
Alles andere als ein „normales" Museum ist The Met Cloisters (s. S. 74), hoch oben im Norden Manhattans im Fort Tryon Park gelegen. Kaum hat man den Bau betreten, fühlt man sich in ein altes **Kloster** irgendwo in Spanien, Italien oder Frankreich versetzt. In der Tat wurde der Bau in den 1930er-Jahren – erneut dank des großzügigen John D. Rockefeller – aus **mittelalterlichen Originalbauteilen** verschiedenster Provenienz konstruiert und um Nachbildungen ergänzt. Form und Inhalt verschmelzen dabei derart, dass der Eindruck eines echten mittelalterlichen Klosters entsteht. In dieses Ambiente ist die beeindruckende Abteilung für **Mittelalterkunst** – v. a. Architektur vom 9. bis 15. Jh. – des Metropolitan Museum of Art ㊟ eingezogen. Die Innenhöfe sind grüne Oasen der Ruhe und Meditation, in denen man Zeit und Raum vergisst. Zudem hat man von der an der Nordostecke angegliederten Terrasse einen traumhaften Blick über den Hudson River und auf die George Washington Bridge.

205ny Abb.: NYC&Co© Christopher Postlewaite

> *The Cloisters ist eine Zweigstelle des Metropolitan Museum of Art* ㊟ *und beherbergt die Abteilung für Mittelalterkunst*

㊷ Cathedral of St. John the Divine ★ [B7]

Die Kirche gehört zu den **ungewöhnlichsten Baudenkmälern New Yorks**. 1892 war der Grundstein gelegt worden und seither wird – mit Unterbrechungen – konstant an dem riesigen Gotteshaus gebaut. Die Absicht, Monumentalität, Geist und Handwerkskunst der **Gotik** wieder aufleben zu lassen, und die Finanzierung durch Spendengelder erklärt die Bauzeit. Soweit möglich, kommen **mittelalterliche Konstruktionsmethoden** zum Einsatz und Fachleute aus verschiedenen Ländern, die die alten Techniken noch beherrschen, wurden engagiert.

Man sollte sich aber nicht nur den Ausmaßen, sondern auch den kunstvollen **Details** zuwenden, z. B. der 1933 fertiggestellten Fensterrosette, den Nachbildungen mittelalterlicher Skulpturen am Westportal oder kuriosen Einzelheiten wie der New Yorker Skyline an einem Kapitell im Mittelschiff. Die 150 Buntglasfenster befassen sich mit verschiedenen Themen, von der Schaffung Davids durch Michelangelo bis hin zur Unterzeichnung der Unabhängigkeitserklärung.

Heute fehlen noch Teile des Südturms und der Nordturm, der Vierungsturm und das Querschiff, doch man schätzt, dass der Bau in rund 50 Jahren fertig sein könnte. Bei Maßen von ca. 200 m Länge und 42 m Höhe würde hier selbst die Statue of Liberty Platz finden! Schon heute bietet die Kirche rund 10.000 Besuchern Platz. Außer Gottesdiensten gibt es Konzerte und Kunstausstellungen.

> **Cathedral of St. John the Divine**, 1047 Amsterdam Ave./110–112th St., www.stjohndivine.org, tgl. 7.30–18, Touren und regelmäßig Konzerte (s. Website), Subway: Cathedral Parkway-110th St.

Entdeckungen außerhalb Manhattans

1898 war ein einschneidendes Jahr für New York: Damals wurden die Bronx, Queens, Brooklyn und Richmond (1975 in Staten Island umbenannt) in die vormals nur aus Manhattan bestehende New York City eingemeindet. Zugegeben, Manhattan sorgt für ein volles Besichtigungsprogramm, doch ohne einen Abstecher in einen der anderen „boroughs" wäre eine New-York-Reise unvollständig.

㊸ Brooklyn Bridge und Brooklyn Heights Promenade (Brooklyn) ★★★ [F23]

Ein Muss für jeden New-York-Besucher ist der Sonnenuntergang an der Brooklyn Heights Promenade und ein Spaziergang über die Brooklyn Bridge. Als Letztere im Jahr 1883 eröffnet wurde, war sie die erste Hängebrücke aus Stahl – und ein viel bestauntes technisches Wunderwerk, das die beiden damals noch unabhängigen Städte Manhattan und Brooklyn verband.

Mit dem Zusammenschluss von Bronx, Queens, Brooklyn, Staten Island und Manhattan zu „Greater New York" im Jahr 1898 wuchs die infrastrukturelle Bedeutung der Brücke und in der Folgezeit kamen weitere Brücken dazu. Sie alle trugen wesentlich zum Funktionieren der neuen Weltmetropole bei.

Der aus Thüringen stammende Ingenieur und Erfinder des Drahtseils **Johann August Röbling** hatte das

> *Mit dem Brooklyn Bridge Park wurde Brooklyns Waterfront aufgewertet*

Entdeckungen außerhalb Manhattans

Bauwerk konstruiert, sein Sohn **Washington** führte es fort, da der Vater bereits drei Wochen nach Baubeginn starb – an Wundstarrkrampf in Folge einer Fußquetschung durch ein anlegendes Fährschiff. Doch auch der Sohn konnte das Werk nicht vollenden. Er erkrankte 1872 bei Arbeiten in einem der Senkkästen, die für die Errichtung der Pfeilerfundamente nötig waren, an der Dekompressionskrankheit (Taucherkrankheit) und war daraufhin gelähmt. Seine Frau Emily übernahm fortan die Bauaufsicht.

Bei der Eröffnung am 24. Mai 1883 war das technische Wunderwerk für manchen ein „Werk des Teufels" und es nützte wenig, dass Künstler und Fotografen die Brücke in höchsten Tönen lobten. Bereits im Vorfeld hatte beispielsweise der Schriftsteller Walt Whitman Reklame für die Brücke gemacht, indem er behauptete, ein Gang über die Brücke sei die „beste und wirkungsvollste Medizin, die meine Seele bisher genossen hat". Dem ist nichts hinzuzufügen.

Der Spaziergang über die Brücke dauert mit Fotostopps 30 bis 45 Minuten. Vom Endpunkt in Brooklyn sind es weitere 10 bis 15 Minuten zur **Promenade**. Der Weg führt durch **Brooklyn Heights**, in dem nach Einrichtung einer Fährverbindung mit Manhattan im Jahre 1814 elegante Brownstone-Reihenhäuser entstanden, die zum Großteil noch erhalten sind. 1965 wurde das Areal zum ersten „Historic District" New Yorks erklärt. An der Uferpromenade rückt am anderen Ufer die Hochhauskulisse Lower Manhattans höchst fotogen ins Blickfeld, am beeindruckendsten bei Sonnenuntergang, wenn die Sonne hinter der Statue of Liberty ❺ verschwindet und langsam die Lichter der Metropole aufleuchten.

› **Brooklyn Bridge:** Zugang zum Fußweg in Manhattan ab City Hall ⓬, Park Row, Subway: Brooklyn Bridge/City Hall

› **Rückfahrt:** Zurück nach Manhattan fährt man von der Brooklyn Bridge mit den Subway-Linien A und C ab Station High St.; von der Promenade mit den Subway-Linien 2 und 3 ab Station Clark St.

㊹ Brooklyn Bridge Park ★★ [F23]

Ein attraktives Revitalisierungsprojekt stellen die **Piers** um die und südlich der Brooklyn Bridge ㊸ dar. **Pier 1**, der südlich von Brücke und Fulton Ferry Landing liegt, wurde bereits im März 2010 als Parkanlage mit Post-

Entdeckungen außerhalb Manhattans

kartenausblick auf Manhattan am East River und Fähranlegestelle eröffnet und ergänzt Fulton Ferry Landing in DUMBO, am Fuße der Old Fulton St. zwischen Brooklyn und Manhattan Bridge. In diesem ältesten Parkabschnitt wurde ein historisches Karussell aus Philadelphia (**Jane's Carousel** von 1922) aufgestellt.

Nach Nordosten, Richtung Manhattan Bridge, schließen sich die Parks Empire Fulton Ferry und Main Street an. Von **Pier 1** führt landeinwärts die **Squibb Bridge** über die Stadtautobahn (BQE) zum Squibb Park und von dort hinauf nach Brooklyn Heights.

Der sich südwärts anschließende **Pier 2** widmet sich dem Freizeitsport. Vor der Skyline Manhattans kann man auf einer Eis- oder Skaterbahn Runden drehen, im Pool schwimmen oder sich beim Basketball austoben.

Pier 3 und **Pier 4** mit Strand dienen v. a. im Sommer der Erholung, während **Pier 5** neben einem Picknickareal auch über ein Fußballfeld verfügt.

Pier 6, am Fuß der Atlantic Ave., weist bereits einen Fähranleger (Governors Island), Beachvolleyballfelder, Spielplätze und ein Lokal auf.

An einem Jachthafen, einer Aussichtsplattform (Pier 6), an den sogenannten Uplands von Pier 5 und an der Brooklyn Bridge Plaza **wird noch gearbeitet**, doch sind schon jetzt die gut 2 km von der Manhattan Bridge bis zur Atlantic Avenue durch eine attraktive **Promenade** miteinander verbunden, die Menschen anlockt: V. a. um Pier 1 und 6 entstehen derzeit viele Neubauten.

› www.brooklynbridgepark.org,
  Subway: High St. bzw. Clark St.,
  tgl. 6–1 Uhr, großteils Gratis-WLAN,
  verschiedene Veranstaltungen wie Open-Air-Kino

㊺ Brooklyn Museum of Art (Brooklyn) ★★ [ck]

Kunstfreunde sollten einen Besuch im Brooklyn Museum of Art, am Nordostrand des **Prospect Park** – der grünen Lunge Brooklyns – gelegen, einplanen. Immerhin ist das Museum nicht nur das zweitgrößte Kunstmuseum New Yorks, sondern umfasst auch ein ungewöhnlich breites Spektrum von ägyptischer bis zeitgenössischer Kunst in attraktiver Präsentation.

Besonders interessant ist das Luce Center for American Art. Es dient nicht nur als Forschungszentrum, sondern ist ein öffentlich zugängliches Magazin, das Einblick in die sonst nicht ausgestellten Schätze des Museums gewährt. 1879 war das Museum erbaut worden, im April 2004 wurde es – viel diskutiert – um einen Glaspavillon und einen neu gestalteten Vorplatz mit Brunnen und Fontänen erweitert, neu eröffnet.

Für Naturfreunde bietet sich gleich nebenan der **Brooklyn Botanic Garden** an, 1910 von den Olmsted-Brüdern angelegt.

› **Brooklyn Museum of Art,** 200 Eastern Parkway, www.brooklynmuseum.org, Mi./Fr.–So. 11–18, Do 11–22 Uhr, $ 16 (1. Sa. im Monat 11–23 Uhr, Eintritt frei), Kombiticket mit Botanic Garden: $ 23
› **Brooklyn Botanic Garden,** 990 Washington Ave./Eastern Parkway und 150 Eastern Parkway, www.bbg.org, Di.–Fr. 8–18, Sa./So. 10–18 Uhr, Nov.–Feb. verkürzt, $ 12, Di. ganztags und Sa. 10–12 Uhr frei
› **Prospect Park Bandshell,** www.prospect park.org, Celebrate Brooklyn, Anfang Juni–Anfang Aug. Gratiskonzerte
› **Anfahrt:** Subway-Linien 2 und 3 bis Eastern Pkwy./Brooklyn Museum

Entdeckungen außerhalb Manhattans

EXTRAINFO

Ein Stück Brooklyn entdecken
Dom Gervasi gewährt bei seinen **"Made in Brooklyn"-Walkingtouren** (s. S. 130) Besuchern Einblick in Teile seiner Stadt – wahlweise in die Viertel DUMBO, Red Hook, Williamsburg, Gowanus oder Bensonhurst. Dabei werden Unternehmen vorgestellt, die in Brooklyn Waren herstellen – Wein, Kaffee, Schokolade, Glas, Kleidung, Möbel oder Keramik. Der Treffpunkt ist immer günstig mit dem öffentlichem Nahverkehr erreichbar. Gervasi ist auch Herausgeber der **"Maker Maps"**, eines Guides zu Shops, Unternehmen und Organisationen mit Gütesiegel "Made in Brooklyn". Es gibt den Guide als Printversion mit QR-Code zu jedem Punkt und als Download unter www.makermaps.org.

46 Coney Island (Brooklyn) ★★

New Yorks "Sommerfrische" Coney Island, eine Halbinsel am Südzipfel Brooklyns, befindet sich nach Jahrzehnten des Verfalls wieder im Aufschwung. Strand und Boardwalk sind sauber, zu einigen erhaltenen historischen Attraktionen haben sich moderne Vergnügungsparks gesellt.

Die **Subway-Endstation** an der Stillwell Avenue mit Laden- und Büroflächen – angeblich flächenmäßig die größte U-Bahn-Station der Welt – und der **MCU Park**, ein kleines Baseballstadion, in dem die **Brooklyn Cyclones**, das *farm team* (die Nachwuchsmannschaft) der Mets, zu Hause sind, machen die Revitalisierung offensichtlich. Das meiste spielt sich entlang dem rund 4 km langen **Riegelmann Boardwalk** ab, einer hölzernen Strandpromenade, auf der sich Einheimische und Besucher "ergehen" und wo offensichtlich wird, dass New York traditionell ein "Badeort" ist. **Nathan's**,

Brooklyns „neighborhoods"

In den späten 1990er-Jahren wurde Brooklyn von einer bis heute ungebremsten Aufbruchstimmung erfasst, die den einstigen „Hinterhof New Yorks" zur trendigen Adresse machte. „Brooklyn's back. It's hip. It's hot."

*Eine Schlüsselrolle spielte dabei **Brooklyn Heights**, das historische Stadtviertel direkt am East River. Inzwischen erfreuen sich auch andere Viertel regen Zuspruchs: **DUMBO**, direkt unterhalb der Brooklyn Bridge, und **Williamsburg**, das in der hippen Szene längst bekannt ist. Als „up & coming" gelten **Bushwick** und **Downtown** um die Sporthalle Barclays Center und das Areal weiter nordwestlich Richtung Borough Hall mit der Fulton Street Mall.*

*Das einstige Hafenviertel **Red Hook** in South Brooklyn ist derzeit ebenso „heiß" wie die Navy Yards und **Park Slope** sowie **Prospect Heights** ziehen vermehrt junge New Yorker an.*

*Brooklyn hat mehr echte ethnische Viertel zu bieten als Manhattan: jüdische (**Crown Heights, Boro Park** oder **Williamsburg**) und Italienerviertel (**Bensonhurst**), das russische „Little Odessa" (**Brighton Beach**), die orientalisch-anmutende **Atlantic Avenue**, die afroamerikanischen „neighborhoods" **Fort Greene** und **Bedford Stuyvesant** oder das chinesische **Sunset Park**. Brooklyn ist auch gut für Überraschungen wie das „Fischerdorf" **Sheepshead Bay** oder die **Brooklyn Academy of Music** (s. S. 86), die als Kulturinstitution inzwischen Weltruf genießt.*

Entdeckungen außerhalb Manhattans

wo 1900 der Hotdog – das amerikanische Nationalgericht – erfunden worden sein soll, gilt als Relikt aus dem frühen 20. Jh., als Coney Island noch als „Sodom by the Sea" verrufen war. Heute fungiert es nicht nur als Tummelplatz und Strand, sondern zugleich als leicht erreichbarer **Erholungsort in traumhafter Lage** am Atlantik.

Seit den 1920er-Jahren erlaubte die Subway, dass alle New Yorker unkompliziert zum Vergnügen an den Strand gelangten. Mit steigender Beliebtheit machte das von den Niederländern als „Koenen Eyland" bezeichnete Stück Land eine ungeahnte Entwicklung durch: Es entstand ein riesiger **Freizeitspark**, eine Art Vorläufer von Disneyworld, mit Nachbauten von Canale Grande und Pompeji, mit Astronauten- und Kuriositätenshows, riesigen Fantasiebauten wie dem Beacon Tower und mehreren *roller coasters* („Achterbahnen"). „Überlebt" haben im 2010 neu eröffneten **Luna Park** z.B. der legendäre **Cyclone Rollercoaster**, eine Holz-Achterbahn aus dem nicht mehr existenten Astroland Amusement Park (im Sommer mit Ausstellung zu Coney Island und dem ehemaligen Park) oder **Deno's Wonder Wheel Amusement Park** mit Riesenrad. Der Fallschirmturm der Weltausstellung 1940, der **Parachute Jump**, markiert das Gelände und ist zum Wahrzeichen Coney Islands geworden.

Entlang der Strandpromenade geht es zur einzigen größeren Attraktion, dem **New York Aquarium**, das in den 1950er-Jahren hierher zog. Neueste Attraktion ist „Ocean Wonders: Sharks!", wo ab 2018 Haie aus aller Welt zu bewundern sind.

Von dort ist es nur noch ein Katzensprung nach **Brighton Beach**, am östlichen Strandende. „Little Odessa By The Sea" verkörpert eine völlig andere Welt: laut, dicht bevölkert, etwas chaotisch und bunt. Seit den 1970er-Jahren ist hier die russisch-ukrainische Gemeinde New Yorks zu Hause, es gibt entsprechende Läden, Bäckereien und Restaurants, in denen oft Englisch weder gesprochen noch geschrieben wird.

› **Anfahrt:** Subway-Linien D, F, N und Q bis Coney Island/Stillwell Ave. oder Linien B und Q bis Brighton Beach
› **Infos:** www.coneyisland.com und http://coneyislandfunguide.com
› **Coney Island Museum,** 1208 Surf/W 12th Ave., www.coneyisland.com/programs/coney-island-museum, im Sommer Mi.–Sa. 12–18, So. 14–18 Uhr, sonst nur an Wochenenden, $ 5. Kleines Privatmuseum mit Memorabilien, Fotos und Kuriositäten zum „wilden Strandleben" von einst

Coney Island – Strand und Vergnügungspark

Entdeckungen außerhalb Manhattans

› **New York Aquarium,** Surf Ave./W 8th St., www.nyaquarium.com, tgl. 10–mind. 16.30 Uhr, $ 11,95
› **Brooklyn Cyclones,** MCU Park, Surf Ave./Boardwalk (www.brooklyncyclones.com)

47 Yankee Stadium (Bronx) ★★ [C2]

Der ideale Anlass, das Stadion zu besuchen, wäre ein Spiel der New York Yankees, der berühmtesten Baseballmannschaft der Welt – es ist nur nicht leicht, an Tickets zu kommem. Eine Alternative, um doch ein wenig der Atmosphäre zu schnuppern, ist, sich einer Besichtigungstour anzuschließen.

Seit Anfang April 2009 ersetzt das „neue" Yankee Stadium den 1923 eröffneten alten *ballpark,* in dem die legendären **Bronx Bombers** und deren Stars – Babe Ruth, Lou Gehrig, Joe DiMaggio, Yogi Berra, Reggie Jackson oder Joe Torre – Baseballgeschichte schrieben. Die alte Arena wurde abgerissen und in einen Park namens „Heritage Field" umgestaltet.

Das Stadium präsentiert sich – wie das **CitiField** des Lokalrivalen **New York Mets** – im beliebten Retro- oder **postmodernen Stil.** Erinnert die Ziegelfassade des CitiField an das legendäre Ebbets Field der 1957 nach Los Angeles umgezogenen Brooklyn Dodgers, greift die schlichte, von mächtigen Pfeilern gegliederte Fassade des Yankee Stadium Elemente des historischen Vorgängers auf. Während im CitiField die Fans zunächst in eine große Rotunde, die Jackie Robinson Rotunda, gelangen, die an den ersten afroamerikanischen Spieler der Baseballliga erinnern, führt der Hauptzugang des Yankee Stadium an der Babe Ruth Plaza in einen lichten und geräumigen Umgang zwischen Fassade und dem eigentlichen Stadion, die

EXTRATIPP: Für Familien und mit Ausblick

Für einen Ausflug in den Bronx Zoo sollte man einen halben Tag einplanen. 1899 wurde der Tierpark gegründet, der als größter der Welt innerhalb eines Stadtgebietes gilt.

● 1 **Bronx Zoo,** 2300 Southern Blvd., www.bronxzoo.com, geöffnet: mind. 10–16.30 Uhr, $ 19,95 (Mi. nach eigenem Ermessen), auch diverse Kombitickets inkl. Karussells/Bahnen und Attraktionen, Parken $ 16, Subway-Linie 2 bis Pelham Parkway

Schon wegen des Ausblicks, aber auch wegen der Grünanlagen und des Kulturangebots, lohnt Wave Hill.
● 2 **Wave Hill,** 675 W 252nd St., www.wavehill.org (mit Anfahrtsbeschreibung), Di.–So. 9.–16.30 Uhr, $ 8

sogenannte **Great Hall.** Hier finden sich nicht nur Imbissbuden, sondern auch Fahnen mit den Abbildungen legendärer Yankee-Spieler.

Nicht nur in der Great Hall wird an die legendären Stars und die bislang 27(!) Meistermannschaften erinnert. Es gibt eine Art Galerie, einen *memorabilia store* und ein eigenes **Yankee Museum,** mit Ausstellungsstücken zu Meistermannschaften und legendären Stars der Yankees wie z.B. dem „Sultan of Swat", dem deutschstämmigen George Herman „Babe" Ruth.

› **New Yankee Stadium,** E 161st St./River Ave., http://newyork.yankees.mlb.com, Touren (vorab reservieren!) tgl. mind. 11–13.40 Uhr, $ 20 (online, sonst $ 23), großer Souvenirshop, vergünstigte Game-Tickets bei Modell's (s. S. 90)
› **Anfahrt:** Subway-Linien 4, B und D bis 161st St./Yankee Stadium

⓭ Little Italy in the Bronx ★

Durch den Bronx Park führt die East Fordham Road und auf Höhe der Fordham University beginnt die Arthur Ave., die Hauptachse von „Little Italy in the Bronx". Italienische Cafés, Konditoreien, Lebensmittelgeschäfte, Bäckereien und Restaurants reihen sich auf, das Herz schlägt jedoch im Arthur Avenue Market mit seinen Verkaufs- und Imbissständen mit italienischen Spezialitäten.

❭ **Little Italy in the Bronx**, Arthur Ave., E 181st–188th St., www.arthuravenue bronx.com und www.bronxlittleitaly.com, Subway (B, D): Fordham Rd.

🔒3 **Arthur Avenue Market,** 2344 Arthur Ave., www.arthuravenue.com, Mo.–Sa. 6–19 Uhr. In der Markthalle werden Backwaren und Lebensmittel angeboten, außerdem gibt es die Bronx Beer Hall (Biere lokaler Kleinbrauereien).

❭ **Gratistouren durch die Bronx** gibt es am 1. Mittwoch im Monat (Bronx Culture Trolley) und am 1. Freitag (Bronx Seaside Trolley). Sehr interessant sind zudem die „Urban Farms Trolley Tours". Infos gibt es unter www.ilovethebronx.com/index. php/tours.

„Play Ball!"

*Baseball und New York – zwei Dinge, die zusammengehören. 1845 wurde mit dem **Knickerbocker Club of New York** der erste nachgewiesene Baseballklub gegründet, doch es dauerte einige Zeit, bis ein geregelter Spielbetrieb zustande kam. 1876 wurde die **National League** (NL) ins Leben gerufen, die heute mit der 1900 ins Leben gerufenen **American League** (AL) die **Major League Baseball (MLB)**, die übergeordnete Profiorganisation der Sportart, bildet. Während die Yankees Mitglied der AL sind, gehören die Mets der NL an. Zum Glück stehen seit einigen Jahren einige Partien zwischen Teams der verschiedenen Ligen auf dem Kalender. In New York heißen sie **„Subway Series"** – dann stehen sich die beiden New Yorker Mannschaften an zwei Wochenenden im Jahr gegenüber. Höhepunkt war bisher aber das Jahr 2000, als Mets und Yankees zum einzigen Male im Finale aufeinandertrafen.*

*Dass selbst Baseball-Laien die **New York Yankees** kennen, liegt an deren mittlerweile 27 Meistertiteln. Zuletzt holte sich das 1901 in Baltimore gegründete und 1903 nach New York umgezogene Team im Jahr 2009 den Titel. Legendär waren die 1930er- bis 1960er-Jahre. Damals lieferten sich die Yankees mit anderen New York Teams wie den **Giants** und den **Brooklyn Dodgers** – die beide 1957 ins sonnige Kalifornien umzogen – heiße Lokalderbys. Damals waren Spieler wie Babe Ruth, Lou Gehrig, Joe DiMaggio oder Yogi Berra in aller Munde. Während die traditionsreichen Yankees Rekordmeister sind, konnten die 1962 gegründeten **Mets** immerhin zweimal die Meisterschaft holen – 1969 und 1986 – und wurden einmal Vize. Sichtbares Zeichen dafür, dass New York (neben Chicago) das **„Capital of Baseball"** ist, sind die beiden Baseballstadien, das **CitiField** in Queens, Heimat der Mets, und das **Yankee Stadium** ⓬.*

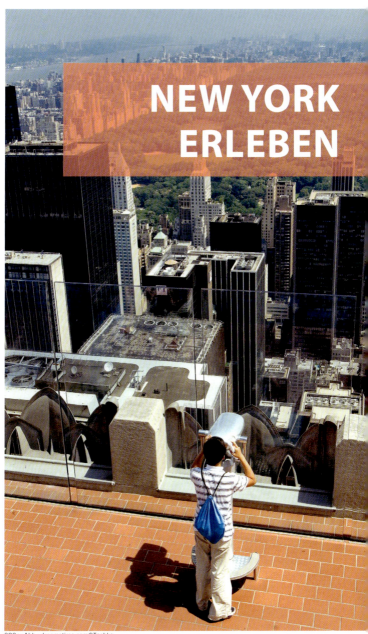

NEW YORK ERLEBEN

080ny Abb.: dreamstime.com©Tashka

New York für Kunst- und Museumsfreunde

In New York existieren mehr als 150 Museen, vier Botanische Gärten und sechs Zoos, über 100 „historic districts" und mehr als tausend „landmark buildings" – wer das alles vollständig sehen möchte, wäre Jahre beschäftigt! Deshalb gilt es auszuwählen, zum Beispiel aus der nachfolgenden kommentierten Liste der bedeutendsten Attraktionen.

Den Ruf als Kunstmetropole verdankt New York seinen weltbekannten großen Museen wie dem Metropolitan Museum, das mit über 6 Mio. Besuchern an der Spitze der Attraktionen steht, dem Guggenheim oder dem Natural History Museum. Allerdings lohnen auch die kleineren, stärker spezialisierten Museen und sie bieten zudem oft interessante und sehenswerte Wechselausstellungen. Viele haben auch keinen obligatorischen Eintritt, sondern „suggested donations", d. h. Empfehlungen, wieviel jeder Besucher zahlen *sollte*.

Während der **NYC Attractions Week** gibt es ab Mitte Januar für gut zwei Wochen „two-for-one admission" für Touren, Aufführungen und Museumseintritte. Infos unter: www.nycgo.com/attractions-week.

Im Oktober können bei der Veranstaltung **OHNY (openhousenewyork)** rund 200 Sehenswürdigkeiten, die normalerweise nicht zugänglich sind, meist kostenlos besichtigt werden (www.ohny.org).

> *Neuerdings mit vielen mutimedialen Inhalten: das Cooper Hewitt National Design Museum*

< *Vorseite: Blick vom Top of the Rock (s. S. 52) auf den Central Park* ❸

Museen

❶ [C22] **9/11 Memorial and Museum.** Berührende Ausstellung zu den Geschehnissen am 11.9.2001 (s. S. 28).

🅼5 [D22] **9/11 Tribute Center,** 120 Liberty St., www.tributewtc.org, Mo.-Sa. 10-18, So. 10-17 Uhr, $15, mit Tour $25. Ausstellung zu den Anschlägen auf das World Trade Center und empfehlenswerte Walking Touren.

🅼6 [B13] **American Folk Art Museum,** 2 Lincoln Sq., Columbus Ave./66th St., www.folkartmuseum.org, Di.-Do./Sa. 11.30-19, Fr. 12-19.30, So. 12-18 Uhr, Eintritt frei. Volkskunst und Kunsthandwerk vom 18. Jh. bis heute. Mit Shop und u. a. Mi. 14 Uhr Livemusik.

❹ [B11] **American Museum of Natural History.** Eines der größten Naturwissenschaftsmuseen mit IMAX-Kino, Hayden Planetarium, Rose Center for Earth and Space, mehreren Restaurants und Museumsläden für jedes Alter (s. S. 61).

🅼7 [D10] **Cooper-Hewitt National Design Museum,** 2 E 91st St./5th Ave., http://cooperhewitt.org, tgl. 10-18, Sa. bis 21 Uhr, $18 (online preiswerter). Multimediales Museum zur Designgeschichte, mit Café und Shop sowie Arthur Ross Terrace & Garden (frei zugängl.).

❻ [B25] **Ellis Island.** Im Immigration Museum auf Ellis Island wird auf einem multimedialen Rundgang die Geschichte der 1892 bis 1954 betriebenen Einwanderungsstation lebendig (s. S. 34).

🅼8 [D12] **Frick Collection,** 1 E 70th St., www.frick.org, Di.-Sa. 10-18, So. 11-17 Uhr, $20 (So. 11-13 Uhr beliebiges Eintrittsgeld). Hochkarätige europäische Kunst des 14. bis 19. Jh. in edlem historischen Villenambiente.

㉖ [A15] **Intrepid Sea, Air & Space Museum.** See- und Luftfahrtmuseum auf einem alten Flugzeugträger (s. S. 50).

New York für Kunst- und Museumsfreunde 73

🏛9 [D10] **Jewish Museum,** 1109 5th Ave./92nd St., www.thejewishmuseum.org, tgl. außer Mi. 11–17.45 Uhr, $ 15. (Sa. 11–17.45 Uhr Eintritt frei, doch Shop und Café geschlossen, Do. 17–20 Uhr beliebiger Eintritt). Weltgrößte Sammlung von Judaika.

🔴 [E20] **Lower East Side Tenement Museum.** Touren durch die Wohnungen von europäischen Einwanderern aus dem späten 19. Jh. und durchs Viertel (s. S. 41).

🔴 [C11] **Metropolitan Museum of Art (The Met Fifth Avenue).** Ein riesiger „Kulturtempel" mit verschiedenen Abteilungen. Mehrere Restaurants/Cafés, Shops und Veranstaltungen (s. S. 57). Filialen: The Met Cloisters und The Met Breuer.

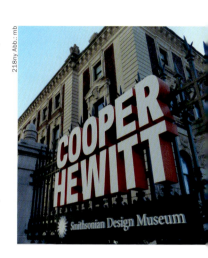

🏛10 [D8] **Museo del Barrio,** 1230 5th Ave./104th St., www.elmuseo.org, Di.–Sa. 11–18, So. 12–17 Uhr, $ 9, jeden 3. Sa. im Monat frei. Lateinamerikanische, puertorikanische und karibische Kunst und Kultur, mit Theater, Shop und Café.

🔴 [D23] **Museum of American Finance.** Multimediales „Finanzmuseum" in historischem Bankgebäude (s. S. 37).

🏛11 [B13] **Museum of Arts & Design,** 2 Columbus Circle, www.madmuseum.org, Di.–So. 10–18, Do./Fr. bis 21 Uhr, $ 16 (Do./Fr. 18–21 Uhr beliebiger Eintritt). Museum zu Kunsthandwerk und Designgeschichte, mit Laden und Café.

🏛12 [D20] **Museum of Chinese in America (MoCA),** 215 Centre St., www.mocanyc.org, Di.–So. 11–18, Do. bis 21 Uhr, $ 10 (1. Do. im Monat frei). Multimediales Museum zur asiatischen Einwanderungsgeschichte in einem Bau von Maya Lin.

🏛13 [C23] **Museum of Jewish Heritage – A Living Memorial to the Holocaust,** Edmond J. Safra Plaza/36 Battery Pl., www.mjhnyc.org, So.–Di./Do. 10–17.45, Mi. 10–20 Uhr (16–20 Uhr frei), Fr. 10–17 Uhr (im Winter und vor jüd. Feiertagen nur bis 15 Uhr), an jüdischen Feiertagen geschlossen, $ 12, mit Shop und Deli LOX sowie Garden of Stones. Multimediales Museum zur Kultur der Juden und zur Geschichte ihrer Verfolgung.

🔴 [C14] **Museum of Modern Art (MoMA).** Bedeutendes Museum moderner Kunst mit Klassikern ebenso wie mit zeitgenössischer Kunst und Skulpturengarten, dazu ein Lokal mit Bar und Shops (s. S. 53).

🏛14 [D17] **Museum of Sex,** 233 5th Ave/27th St., www.museumofsex.com, So.–Do. 10–20, Fr./Sa. bis 21 Uhr, $ 21. Dauer- und Wechselausstellungen in einem ungewöhnlichen Museum, aber etwas teuer – man will ja nicht mit einem Sexshop verwechselt werden.

🏛15 [E19] **Museum of the American Gangster,** 80 St. Mark's Pl., http://museumoftheamericangangster.org, tgl. 13–18 Uhr, $ 20. Im Theater im UG befand sich einst ein Speakeasy, ein Zentrum der organisierten Kriminalität um den bayerisch-amerikanischen Gangster Frank Hoffmann.

🏛16 [D8] **Museum of the City of New York,** 1220 5th Ave./103rd St., www.mcny.

New York für Kunst- und Museumsfreunde

org, tgl. 10-18 Uhr, $ 14. Sehenswertes Museum zur Stadtgeschichte, neben der eigenen Sammlung auch sehenswerte Wechselausstellungen.

17 [C6] **National Jazz Museum Harlem,** 58 W 129th St., Mo.-Fr. 11-17 Uhr, $ 10, Subway: 125th St. Zur Smithsonian Institution gehöriges Jazzmuseum mit Hörproben und Ausstellungsstücken sowie Veranstaltungen und Konzerten.

18 [D23] **National Museum of the American Indian,** George Gustav Heye Center, 1 Bowling Green, http://nmai.si.edu/visit/newyork, tgl. 10-17, Do. bis 20 Uhr, frei. Filiale der Smithsonian Institution (Washington), Wechselausstellungen über und von Indianern im historischen Zollhaus.

19 [D10] **Neue Galerie, Museum for German and Austrian Art,** 1048 5th Ave./86th St., www.neuegalerie.org, Do.-Mo. 11-18 Uhr, $ 20, 1. Fr. im Monat 18-20 Uhr frei. Kunst und Design des frühen 20. Jh. aus Deutschland und Österreich in edlem Ambiente, mit Café.

14 [E20] **New Museum.** Wegweisendes Museum für zeitgenössische Kunst in der Bowery. Café und Laden sowie Dachterrasse (an Wochenenden, s. S. 40).

20 [B11] **New-York Historical Society,** 170 Central Park W (76th-77th St.), www.nyhistory.org, Di.-Sa. 10-18, Fr. 10-20, So. 11-17 Uhr, $ 20 (Fr. 18-20 Uhr freiwilliger Eintritt). Interessante Ausstellung zur Geschichte New Yorks.

› **New York Transit Museum Gallery Annex,** im Grand Central Terminal **27**, Mo.-Fr. 8-20, Sa./So. 10-18 Uhr, http://web.mta.info/mta/museum, Eintritt frei, auch Spezialtouren („Calendar of Events").

21 [C5] **Schomburg Center for Research in Black Culture,** 515 Malcolm X Blvd./135th St., www.nypl.org/locations/schomburg, Mo.-Sa. 10-18 Uhr, Eintritt frei, Subway: 135th St. Ausstellungen zu verschiedenen Aspekten afroamerikanischer Kultur.

22 [C23] **Skyscraper Museum,** 39 Battery Place, www.skyscraper.org, Mi.-So. 12-18 Uhr, $ 5. Ein Architekturmuseum, in dem interessante Ausstellungen zu aktuellen Themen gezeigt werden.

36 [D10] **Solomon R. Guggenheim Museum.** Sammlung moderner und zeitgenössischer Kunst in sehenswertem Bau. Museumscafé sowie Laden, Veranstaltungen und Konzerte (s. S. 58).

11 [E22] **South Street Seaport Museum.** Schifffahrtsmuseum mit Dauer- und Wechselausstellungen. Außerdem historische Schiffe, die besichtigt werden können (s. S. 37).

23 [C6] **Studio Museum of Harlem,** 144 W 125th, www.studiomuseum.org, Do./Fr. 12-21, Sa. 10-18, So 12-18 Uhr, $ 7 (So. frei), Subway: 125th St. Wechselausstellungen zu afroamerikanischer Geschichte, Kultur und Kunst.

24 [D12] **The Met Breuer,** 945 Madison Ave., Subway: 77th St., www.metmuseum.org/visit/the-met-breuer, Di./Mi./Sa./So. 10-17.30, Do./Fr. 10-21 Uhr, $ 25 (inkl. The Met 5th Avenue **35** und The Met Cloisters), mit Café und Lokal. Im Gebäude des ehemaligen Whitney Museum eröffnete Met-Dependance für moderne und zeitgenössische Kunst.

25 **The Met Cloisters,** 99 Margaret Corbin Dr., Fort Tryon Park, www.metmuseum.org/de/de/visit/visit-the-cloisters, Subway: 190th St. oder Bus M4, geöffnet tgl. 10-17 Uhr, $ 25 (inkl. The Met 5th Avenue **35** und The Met Breuer). Sehenswerte Filiale des Metropolitan Museum of Art im Norden Manhattans in Gestalt eines Klosters. Ausstellungen zu Kunst und Architektur des Mittelalters.

24 [D16] **The Morgan Library and Museum.** Palazzo des Finanziers Pierpont Morgan von 1906 mit modernem

New York für Kunst- und Museumsfreunde

Anbau, Theater und Café. Hier findet sich eine einmalige Sammlung seltener Bücher und alter Manuskripte, Gemälde und Zeichnungen (s. S. 48).

🏛**26** [C14] **The Paley Center for Media** (Museum of Television & Radio), 25 W 52nd St./5th Ave.–Ave. of the Americas, www.paleycenter.org, Mi.–So. 12–18, Do. bis 20 Uhr, $ 10. 75 Jahre Radio und TV-Geschichte mit über 100.000 archivierten Programmen.

19 [B18] **Whitney Museum of American Art.** Wechsel- und Dauerausstellungen moderner Kunst. Alle zwei Jahre im Frühjahr große zeitgenössische Kunstschau „Whitney Biennial" (s. S. 44).

Galerien

In New York gibt es über 400 Galerien, die sich auf bestimmte Areale verteilen. Für jeden Kunstliebhaber ist etwas dabei. Dazu gibt es immer wieder Großauktionen bei **Sotheby's** (1334 York Ave./72nd) und **Christie's** (502 Park Ave./59th).

27 [C13] **Galerie Marian Goodman**, 24 W 57th St. Werke bedeutender Künstler wie Lichtenstein, Oldenburg, Warhol, Beuys oder Richter.

28 [C13] **Hirschl & Adler**, 730 5th Ave. Amerikanische Kunst.

29 [D13] **Pace Gallery**, 32 E 57th St. Drucke und moderne Kunst.

Schwerpunktmäßig moderne und zeitgenössische Kunst findet man zum Beispiel bei:

30 [D11] **Leo Castelli**, 18 E. 77th St. Entdeckte u. a. Jasper Johns oder Roy Lichtenstein.

Die alteingesessene Sonnabend Gallery beschäftigt sich vor allem mit jungen und progressiven Künstlern:

31 [C20] **Sonnabend Gallery**, 420 W Broadway

EXTRATIPP: Für Museumsfreunde

> Für einen Besuch von z. B. MoMA, Metropolitan oder Natural History Museum ist es empfehlenswert, **Tickets vorher online** zu kaufen.
> Der **New York CityPass** (http://de.citypass.com/new-york, u. a. erhältlich in den Touristeninformationen, s. S. 119) gewährt neun Tage lang freien Zutritt zu Empire State Building, American Museum of Natural History, Metropolitan Museum, Top of the Rock oder Guggenheim Museum, Freiheitsstatue und Ellis Island oder Bootsrundfahrt mit Circle Line, 9/11 Memorial & Museum oder Intrepid Sea, Air & Space Museum. Er kostet derzeit $ 116 (Kinder $ 92).
> **Explorer Pass** (www.smartdestinations.com): Zutritt zu 3, 5, 7 oder 10 beliebige Attraktionen/Touren aus einer langen Liste, ab $ 85
> Der **New York Pass** (www.newyorkpass.com) ist gut für kostenlosen Eintritt in über 30 Attraktionen/Museen. Er gilt für 1, 2, 3 oder 7 Tage (online ab $ 89), lohnt sich aber nur bei längerer Aufenthaltsdauer.
> **Downtown Cultural Pass**, gültig für 12 Museen/Attraktionen in Lower Manhattan an drei Tagen, $ 25. Infos und Bestellung unter: www.downtownculturepass.org.

Antiquitätenkaufhäuser

32 [C14] **An American Craftsman Galleries**, 790 7th Ave./52nd St. Antiquitäten, Kunsthandwerk aller Art von mehr als 900 amerikanischen Künstlern.

33 [E14] **The Manhattan Art & Antiques Center**, 1050 2nd Ave./55th St., http://the-maac.com. Kunst aus aller Welt.

New York für Genießer

Es gibt keinen geeigneteren Ort in den USA als New York, um seine Vorurteile gegenüber der amerikanischen Küche abzulegen. In dieser Weltmetropole ist das ganze Spektrum – von Hamburgern, Hotdogs, Cola und Bud über ethnische Spezialitäten wie Dim Sum, Pizza, Korean BBQ oder jüdische Küche bis hin zu Haute Cuisine mit erlesenen Weinen – zu finden. Die ganze Welt ist auf engstem Raum vertreten und so bieten sich für jeden Geschmack und Geldbeutel Alternativen.

Zwar ist Dinieren in einem der besseren Restaurants relativ teuer, dafür sind Service und Qualität des Essens auf höchstem Niveau. Der durchschnittliche Preis pro Menü liegt bei gut $40, wobei zum Preis auf der Speisekarte in New York insgesamt noch gut 25% für *tax* (Mehrwehrtsteuer) und *tip* (Trinkgeld) dazuaddiert werden müssen. Günstig sind oft mehrgängige Menüs zu Fixpreisen und generell ist Lunch preiswerter als Dinner.

Für Sparsamere und den kleinen Hunger bieten sich in New York **delis** (kalte und/oder warme Theken), **Imbisslokale**, **Schnellrestaurants** und **Garküchen**, **Märkte** oder **Supermärkte** mit Imbissabteilungen wie Whole Foods (s. S. 92) an. Die Luxusversion der **pushcarts** mit Hotdogs oder Pretzels heißt **Gourmet (Food) Truck.** Diese Kleinlaster/-busse bieten kreative Küche an wechselnden Standorten:

› http://nyctruckfood.com
› www.findnycfoodtrucks.com
› http://streetvendor.org
› Lesetipp: „New York Street Food" (s. S. 120)
› Tourtipp: Turnstile Food Cart Tours, http://turnstiletours.com/category/tour-pages/food-cart-tours

Restaurants

Haute Cuisine

Es gibt viele Toplokale – allein sechs Dreisternelokale – und weltberühmte Köche in New York. In Spitzenrestaurants ist meist langfristige Reservierung nötig. Eine kleine Auswahl:

34 [C15] **Aureole** $$$$, One Bryant Park, 135 W 42nd St., Bank of America Tower, Tel. 212 3191660. Mit elegantem Dining und relaxtem Bar Room. Mittags Dreigangmenü zum Festpreis, außerdem ist eine riesige Weinauswahl vorhanden!

35 [C21] **Bouley** $$$$, 163 Duane/Hudson St., Tel. 212 9642525. Hier kocht der Starkoch David Bouley. Preiswertere Filialen in der Stadt sind Bouley TK (88 W Broadway) und brushstroke (30 Hudson St.).

36 [D17] **Gramercy Tavern** $$$, 42 E 20th St./Broadway–Park Ave. S, Tel. 212 4770777. Amerikanische Küche mit exotischem Touch, gute Weinliste.

37 [C19] **Piora** $$$$, 430 Hudson St., Tel. 212 9603801, www.pioranyc.com, tgl. Dinner ab 17.30 Uhr, Reservierung sinnvoll. Dieses winzige Lokal mit Michelin-Stern im West Village wird von dem gebürtigen Koreaner Simon Kim betrieben, Partner Christopher Cipollone steht in der Küche. Auf den Tisch kommt eine Symbiose aus koreanischen und italienischen Aromen, Techniken und Zutaten, z. B. Pasta mit Chilipaste und Krabbensud oder asiatischen Pilze und Trüffel. Es gibt ein (saisonal wechselndes) 3-Gänge-Menü zum Festpreis. Highlight ist die Bar mit japanisch inspirierten Cocktails.

38 [D18] **Tocqueville** $$$, 1 E 15th St., Tel. 212 6471515. Elegantes Lokal nahe dem Union Square. Französisch-amerikanische Kreationen mit saisonal wechselnden frischen Zutaten vom Markt. Gute Weinkarte!

New York für Genießer

Gastro- und Nightlife-Areale
Bläulich hervorgehobene Bereiche in den Karten kennzeichnen Gebiete mit einem dichten Angebot an Restaurants, Bars, Klubs, Discos etc.

Preiskategorien
Annäherungswert für ein Hauptgericht ohne Getränk, tax und Trinkgeld.

$	unter $ 15
$$	$ 15–25
$$$	$ 25–50
$$$$	über $ 50

Amerikanische Küche
🅒39 [D20] **Back Forty West** $$, 70 Prince/Crosby St. Kleines Lokal mit Bar, bekannt für amerikanische Standards wie Burger, Sandwiches, Salate, Chicken, aber auch kreative „Weltgerichte" aus biologischen Produkten. Sa./So. Brunch.

🅒40 [B11] **Barley & Grain** $$-$$$, 421 Amsterdam Ave./80th St., Tel. 646 3603231, tgl. Dinner, Sa/So. 10–16 Uhr Brunch. Gemütliches Ecklokal in der gediegenen Upper West Side mit hervorragend sortierter Bar. Kategorien „Quick & Easy", „Greens & Grains" und „Land & Sea" – Vorspeisen/kleine Gerichte, Vegetarisches und Hauptgerichte –, alles überaus kreativ und schmackhaft.

🅒41 [D19] **DBGB** $$-$$$, 299 Bowery, Houston–1st St., Tel. 212 9335300. Starkoch Daniel Boulud's „normales" Lokal, Mischung aus französischer Brasserie und amerikanischer Taverne. Günstiger Freitagslunch und Happy Hour.

🅒42 [C18] **Good Restaurant** $$$, 89 Greenwich Ave., Tel. 212 6918080. Gesunde Küche aus lokalen Produkten.

🅒43 [H20] **Peter Luger Steak House** $$$$, 178 Broadway, Brooklyn (Subway: Marcy Ave., Linien J/M/Z), Tel. 718 3787400.

EXTRAINFO

Hinweise zum Essengehen

› **Essenszeiten:** Mittagessen (lunch) wird im Allgemeinen zwischen 12 und 14 Uhr, Abendessen (dinner) von circa 18 bis 22 Uhr serviert.

› **Reservierung:** Abends und an Wochenenden sollte man in besseren bzw. beliebten Restaurants einen Tisch reservieren, ansonsten muss man Schlangen und Wartezeiten in Kauf nehmen.

› Nach dem Prinzip „**wait to be seated**" wird einem am Eingang ein eigener Tisch zugewiesen, die Bedienung (server/waiter) stellt sich vor und der busboy („Hilfskellner") schenkt Wasser ein.

› Die **Menüzusammensetzung** ist flexibel und mehrere Beilagen, Salatdressings und Zubereitungsarten, oft auch Portionsgrößen und Kombinationsmöglichkeiten stehen zur Wahl. Auf den appetizer (Vorspeise) folgen das entrée (Hauptgericht) und das dessert (Nachtisch) oder/und Kaffee. Anschließend bekommt man unaufgefordert die Rechnung, dazu kommt ein Trinkgeld (tip, gratuity) von 20 %.

› **Einpacken von Essensresten** for to go in ein doggy bag ist selbst in einem Feinschmeckerrestaurant üblich.

› Während der **NYC Restaurant Week** im Sommer und im Winter bieten manche Restaurants Menüs zum Festpreis (Infos: www.nycgo.com/restaurant-week).

Folgende Websites helfen bei der **Suche nach bestimmten Lokalen:**
› http://nymag.com/restaurants
› http://newyork.citysearch.com/guide/newyork-ny-metro/restaurants.html
› www.timeout.com/newyork/restaurants
› www.nyc.com/restaurants
› ww.chowhound.com//tag/manhattan (preiswerte Spots, Blogs, News, Rezepte)
› http://ny.eater.com (Was tut sich in der Restaurantszene?)

New York für Genießer

Für ein Steak in dieser 1887 gegründeten Institution nehmen New Yorker trotz Reservierung Wartezeiten in Kauf.

44 [B11] **Tangled Vine** $$, 434 Amsterdam Ave., Tel. 646 8633896., tgl. Dinner, Sa./So. auch Lunch. Ausgezeichnete Weinbar mit kreativer amerikanischer Küche, spanisch-mediterran angehaucht, dazu riesige Weinkarte und Happy Hour.

45 [B14] **Zora's Cafe** $$, 712 9th Ave. Kleines Familienlokal in Hell's Kitchen mit Hausmacherküche *(soul food)* in „gesunder" Abwandlung, z. B. Hühnchen, Catfish, Mac & Cheese und Veganes.

Mediterrane Küche

46 [ci] **Faro** $$-$$$, 436 Jefferson St., Brooklyn, Tel. 718 3818201, tgl. Dinner. Gerade mit einem Michelin-Stern versehen: Lokal in Bushwick mit Fokus auf hausgemachter Pasta und Bioprodukten – Seafood, Fleisch, Gemüse und Milchprodukten aus regionaler Produktion. Saisonale Karte und ausgewählte Weine.

47 [B8] **Isola on Columbus** $-$$, 994 Columbus Ave./190th St., Tel. 212

6652970, tgl. 11–23 Uhr. Geräumiges Restaurant mit Bar. Bekannt für dünne Pizzen und Panini mit unterschiedlichen Belägen und überbackene Pasta-Gerichte, alles aus dem Holzofen!

48 [bj] **LaRina Pastificio & Vino** $$, 387 Myrtle Ave., Fort Greene/Brooklyn, Tel. 718 8520001, tgl. Dinner, Sa./So. Brunch, Mi.–Fr. auch Lunch. Frische, hausgemachte Pasta in ungewöhnlichen Zubereitungsweisen zum Kaufen an der Theke, vor allem aber zum Genießen im gemütlichen Lokal. Ausgewählte Bioweine, Wermut und Amaros (Liköre).

Asiatische Küche

49 [D21] **Big Wong King** $, 67 Mott St. Kantonesische Küche, unprätentiös, preiswert und sehr schmackhaft. Eher Imbiss als Restaurant.

50 [E21] **Fung Tu** $$-$$$, 22 Orchard St., Tel. 212 2198785. Neues Lokal in der Lower East Side, in dem Chefkoch Jonathan Wu kreative amerikanisch-chinesische Küche bietet. Er setzt auf lokale Produkte und ungewöhnliche Gewürze und schafft einzigartige Kreationen wie „Pork Belly Egg Roll", „Smoked & Fried Dates" oder „Chinese Spatzle". Di.–Sa. Dinner, erlesene Weinliste sowie Cocktails von der Bar.

51 [D18] **Ippudo** $$, 65 4th Ave., 9th–10th St., Tel. 212 3880088, Mo.–Sa. 11–15.30 und 17 bis mind. 23.30, So. 11–17 Uhr. Schickes und immer volles Lokal im East Village mit offener Küche, in der die Nudeln gemacht werden. Bekannt für Ramen (Nudelsuppen) in allen Variationen.

52 [E21] **Jing Fong** $-$$, 20 Elizabeth/Canal St. Bekannt für Dim Sum und anderes Asiatisches, immer voll.

53 [E21] **Joe's Shanghai** $, 9 Pell St. Preiswerter Chinaimbiss mit gefüllten Teigtaschen *(dumplings)*, asiatischen Fleischgerichten u. a. Filiale in Midtown (24 W 56 St.).

Ein mediterraner Salat, wie er im Green Fig (s. S. 81) serviert wird

New York für Genießer

Für Vegetarier

In New York bietet jedes Restaurant eine mehr oder weniger breite Palette an fleischlosen Gerichten, daher ist man nicht unbedingt auf rein vegetarische Lokale angewiesen, dennoch hier ein paar Empfehlungen:

- **54** [B15] **Blossom du Jour** $$-$$$, 617 9th Ave. Vegane Küche, kreative Curry- und Satay-Gerichte, Salate u. a. Filialen: Chelsea, Union Square, Upper West Side und Columbus Circle.
- **55** [E21] **Buddha Bodai** $, 5 Mott St., Tel. 212 5668388. Vegetarisch-koschere asiatische Küche mit vielerlei Dim Sum und günstigem Mittagsmenü.
- **56** [C19] **Gobo** $$-$$$, 401 6th Ave., Waverly Pl.–W 8th St., Tel. 212 2553902. Eine weitere Filiale befindet sich 1426 3rd Ave. (Tel. 212 2885099). Angenehmes Ambiente, viel Gemüse und Salate sowie Saftbar.
- **57** [D16] **Hangawi** $$-$$$, 12 E 32nd St. Koreanisch inspirierte vegetarische Küche.
- **58** [E11] **V-Note** $$-$$$, 1522 1st Ave. Ein „Ableger" von Blossom. „Organic wine bar & vegan bistro" in der Upper East Side.

Für den späten Hunger

Vor allem in Midtown, um Times Square und Broadway, findet man *delis*, Lokale und Bars, die rund um die Uhr Essen servieren.

- **59** [C19] **Buvette** $$, 42 Grove St., Bleecker–Bedford St., tgl. 8–2 Uhr. Französisches Bistro mit gut sortierter Bar.
- **60** [E19] **Cooper's Craft & Kitchen** $$, 87 2nd Ave./E 5th St., tgl. 11–2/3 Uhr. Rustikale Bar mit guter Bierauswahl und handfestem Essen, außerdem Brunch.
- **61** [A7] **Tom's Restaurant** $$, 2880 Broadway/112th St., So.–Mi. 6–1.30 Uhr, Do.–Sa. 24 Std. Von Suzanne Vega besungener Diner.

Lokale mit Aussicht

- › **Hudson Eats@Brookfield Place,** Food Court im früheren World Financial Center ❸ mit Blick auf den Hudson River.
- **62** [H23] **Kimoto Rooftop Beer Garden** $$$, 216 Duffield St., Tel. 718 8588940. Asiatischer Dach-Biergarten mit Ausblick auf Downtown Brooklyn. Chefkoch Brian Tsao hat sich auf kreative Abwandlungen amerikanischer Klassiker spezialisiert und in der Küche fließen amerikanische, chinesische, koreanische, japanische u. a. asiatische Einflüsse zusammen.
- **63** [C14] **R Lounge at Two Times Square Restaurant & Lounge** $$$, 714 7th Ave./47th–48th St., Tel. 212 2615200. Blick auf den Times Square.
- **64** [F22] **The River Café** $$$, 1 Water St. (Brooklyn), Tel. 718 5225200. Wohl bester Ausblick auf Manhattans Skyline. Nicht billig, aber Lunch oder ein Drink an der Bar sind preiswerte Varianten.
- **65** [E16] **Water Club** $$$, 29th–32nd St., Tel. 212 6833333. Das Pendant zum River Café auf der Manhattan-Seite auf einem Schiff auf dem East River.

Dinner for one

Allein zu essen ist in New York kein Problem. Gemütlich sind v. a. die Lokale in den *ethnic neighborhoods*, z. B. im East Village, um Tompkins Sq. und St. Mark's Place, in SoHo oder im Meatpacking District.

- › Die **Plaza Food Hall** im Plaza Hotel an der Grand Army Plaza, **Eataly** (s. S. 91) und andere Foodhalls (s. S. 81) sind gut geeignet, um allein essen zu gehen.
- **66** [E19] **Café Orlin** $$, 41 St. Marks Pl. Burger, Salate, Falafel, guter Kaffee und kostenloses WLAN, Sa./So. Brunch.
- › **Weitere Tipps** gibt es unter http://nymag.com („Restaurants"/„Restaurant Search"/„Features"/„Singles Scene").

67 [C17] **Mira Sushi & Izakaya** $-$$, 46 W 22nd St. (5th–6th Ave.), www.mirasushi.com, Mo.–Sa. Lunch und Dinner, Sa. Brunch. Gerichte, wie sie in japanischen Kneipen (Izakaya) serviert werden, dazu asiatisches Streetfood und Sushi der Extraklasse. In Chelsea, preiswert (v. a. Lunch Specials).

68 [E18] **Momofuku Ssäm Bar** $$-$$$, 207 2nd Ave., Tel. 212 7777773. Asien vermischt mit Amerika, fleischbetont, aber auch *raw bar* (rohe Schalentiere wie Austern) und günstiger Wochenend-Brunch.

69 [D21] **Tasty Dumpling** $, 42 Mulberry St. Chinesische Teigtaschen mit unterschiedlichen Füllungen, gut und billig.

Lateinamerikanische Küche

70 [E19] **Caracas Arepa Bar** $, 91 E 7th St. Kleines Lokal, das für traditionelle venezolanische Areperas (gefüllte Maisfladen) bekannt ist – unkompliziert und preiswert.

Reuben, Hotdog, Knish und Bagel – New York kulinarisch

Eine Besonderheit der Stadt sind die **pushcarts***, die „Fresswägelchen", die unterschiedliche Snacks anbieten: von Bagels, Muffins, Donuts und Kaffee über Säfte und Obstsalat bis zu Hotdogs und Knishes, Pretzels, Kebob und andere Spezialitäten aus aller Welt. Ein Trend sind* **Gourmetkaffees** *und* **Cupcakes***, wie man sie an Straßenständen,* **Food Trucks** *und Cafés wie Baked by Melissa (529 Broadway u. a. Filialen) oder am Little Cupcake Bakeshop (30 Prince St.) in vielerlei Variationen bekommt.* **Delis** *sind ebenfalls typisch New York. Sie kamen Anfang des 20. Jh. mit den jüdischen Immigranten in die Stadt, heute gibt es hier heiße und kalte Theken mit Fertiggerichten aller Art, vor allem Suppen und Salate. Sandwiches oder Bagels werden nach Wunsch belegt, es gibt Brathähnchen oder Pasta. Auch sonst spielt die koschere jüdische Küche eine besondere Rolle in New York (s. S. 40). Einige typische Gerichte sind:*

› *Hero - Baguette mit Spaghettisoße und Fleischklößchen*
› *Frank(furter) - weiches, gekochtes Rindfleischwürstchen („wiener"), oft „kosher" und meist als Hotdog in einer weichen länglichen Semmel („roll") serviert*
› *Pretzel - groß proportionierte, weiche Brezel, die warmgehalten und gerne mit Senf bestrichen wird*
› *Bagel - jüdisches Hefegebäck in Ringform, erst gekocht, dann gebacken. Es gibt sie pur („plain"), mit Mohn, Sesam, Rosinen, in der Vollkornversion, mit Zwiebelgeschmack etc., meist aufgeschnitten und klassisch mit „cream cheese" oder, luxuriöser, mit Käse und Lachs („lox bagel") angeboten.*
› *Corned-Beef- oder Pastrami-Sandwich, speziell mariniertes, dünn aufgeschnittenes Rindfleisch „on rye" (Roggen-), „wheat" (Weizentoast) oder „on club" (Brötchen), z. B. bei Katz's (s. S. 81).*
› *Reuben - Sandwich mit Sauerkraut, Remoulade, fein aufgeschnittenem Corned Beef, mit Emmentaler überbacken*
› *New York Cheesecake - Käsekuchen aus knusprigem Mürbeteigboden („pie") und cremigem Belag aus Frischkäse, Eiern und Crème fraîche, Vanille, Zitrone und Zucker*

New York für Genießer

71 [D19] **Hecho en Dumbo** $$, 354 Bowery, Tel. 212 9374245, tgl. Dinner, Sa./So. auch Brunch. Chefkoch Danny Mena verleiht in gemütlicher Atmosphäre mexikanischen Klassikern einen neuen kreativen Touch. Backwaren, Salsas und Käse sind hausgemacht, dazu passend: die Biere, Margaritas u. a. Cocktails.

72 [E19] **Mancora** $-$$, 99 1st Ave./6th St. Peruanisches Restaurant, Sa./So. ab 12 Uhr mit günstigem Brunch

Weltküche/Sonstiges

73 [D21] **Blaue Gans** $$, 139 Duane St./W Broadway–Church St., Tel. 212 5718880. Deutsch-österreichisch-amerikanische Küche. Günstiger Prix-Fixe-Lunch für $ 25.

74 [E19] **Café Mogador** $$, 101 St. Marks Pl., 1st–A Ave. Sunday Brunch, sonst gibt es leckere marokkanisch-mediterrane Gerichte wie Couscous, Tagines und Bastilla.

› **Green Fig** $$-$$$ (im YOTEL, s. S. 134), Tel. 646 4497790, tgl. Dinner, Sa./So. Brunch. Chefkoch Gabriel Israel aus Tel Aviv zaubert in sehenswertem Ambiente kreative Gerichte in ungewöhnlichen Kombinationen mit viel Gemüse. Es gibt Mezze vorweg, dann Hauptgerichte in den Rubriken Light, Medium und Hearty und dazu gute Cocktails sowie preiswerte Weine. Auf der schönen, angrenzenden (beheizbaren) Dachterrasse lädt Social Drink & Food zum Drink mit Ausblick ein.

75 [D22] **Racines NY** $$$, 94 Chambers St. (Broadway–Church St.), Tel. 212 2273400, Mo.–Sa. Dinner. Moderne französische Küche von Chef Frédéric Duca. Saisonale Menüs und raffinierte Zubereitungsweisen. Dazu ausgewählte Weine und Happy Hour.

76 [E19] **Timna** $$$, 109 St. Marks Place, Tel. 646 9645181, Dinner tgl. außer Mo., Sa./So. Brunch. Aromatische Nahostküche – israelische und orientalische Gerichte wie Oxtail Ragout mit Polenta und Pilzen oder Bedouin Octopus, Tintenfisch mit Kräutern und Auberginenpüree. Gut sortierte Bar.

> **EXTRATIPP**
>
> ## „Imbisshallen" – Food Halls
> Gourmetmärkte mit Imbissstationen werden immer beliebter. Im Grand Central Terminal ㉗ eröffnete z. B. in der Vanderbilt Hall die **Great Northern Food Hall** und im nahen Helmsley Building **Urbanspace Vanderbilt**. **Hudson Eats** und **Le District** sind im Brookfield Place ➌ zu finden, **Turnstyle Columbus Circle** in der Subway-Station Columbus Circle ㊲ und **The Pennsy** in der Penn Station [C16]. Neu ist auch der **Gansevoort Market** (353 W 14th St.) in Chelsea.

Imbiss

Delis (Feinkost)

77 [B10] **Barney Greengrass,** 541 Amsterdam Ave./86th St. Jüdischer *deli*, bekannt für Räucherfisch, Hering und Pickles, außerdem Bagels.

78 [E19] **Katz's Delicatessen,** 205 E Houston St. Seit 1888 existierender *deli*. Empfehlenswert sind die Pastrami-Sandwiches und Hotdogs. Nur Barzahlung.

79 [C18] **Murray's Bagels,** 500 6th Ave., 12–13th St. Bagels und gute Auswahl an Belägen/Aufstrichen wie Tofu, Hummus, Frischkäse, Lachs oder auch Mozzarella.

80 [C19] **Murray's Cheese,** 254 Bleecker St. Der Top-Käseladen der Stadt, auch im Grand Central Terminal ㉗.

81 [B11] **Sarabeth,** 423 Amsterda Ave. Seit 1981, bekannt geworden durch die zugehörige Bäckerei und die große Auswahl an Eingelegtem.

82 [D16] **Second Avenue Deli,** 162 E 33rd St./3rd Ave. *Deli,* der für Corned Beef, Pastrami, „Kugel" (Nudelauflauf) und gehackte Leber bekannt ist.

- **83** [A11] **Zabar's**, 2245 Broadway. Ein durch Woody Allen legendär gewordener *deli* mit einer wirklich gigantischen Auswahl und eigener Küchenzubehörabteilung.

Cafés, Bäckereien und Süßes
- **84** [E21] **Chinatown Icecream Factory**, 65 Bayard St. Black Sesame-, Green Tea- oder Cocos-Eis probieren!
- **85** [C20] **Dominique Ansel Bakery**, 189 Spring St. Konditorei, berühmt für ihre „Cronuts". Allerdings lohnen Breakfast Croissants, Tarts und Cakes (alles unter $ 6) mindestens ebenso.
- **86** [D20] **Ferrara Bakery & Café**, 195 Grand St. Historisches Café von 1892 mit italienischen Spezialitäten wie *cannoli*.
- **87** [E20] **Lucky King Bakery**, 280 Grant St. Bäckerei mit typisch asiatischen Backwaren zu günstigen Preisen.
- **88** [D21] **Lung Moon Bakery**, 83 Mulberry St. Preiswerte asiatische Bäckerei in Chinatown.
- **89** [C19] **popbar**, 5 Carmine St. Handgemachtes Eis am Stil mit verschiedenen *toppings* und *dippings*.
- **90** [D19] **Spot Dessert Bar**, 13 St. Mark's Place. Winziges Café mit kunstvoll angerichteten, japanisch inspirierten Desserts und Bubble Tea.

Burgers und Hotdogs
- **91** [C19] **Five Guys Burgers & Fries**, 296 Bleecker St. Bekannte Burgerkette mit mehreren Filialen in der Stadt.
- **92** [D10] **Papaya King**, 179 E 86th/3rd Ave. Bekannt für *frankfurters* und vor allem diverse Säfte.

▷ *Eine Weihnachtstradition – der Auftritt der Rockettes beim Radio City Christmas Spectacular*

EXTRAINFO

Ticketkauf
Man sollte Theaterkarten frühzeitig kaufen. Mo. ist meist spielfrei, Matineen finden Mi. und Sa. statt. Reguläre und Tickets zu ermäßigten Preisen für denselben Tag (bzw. Matineen am nächsten) gibt es direkt bei den Theatern oder bei:
- **93** [C15] **TKTS**, Times/Duffy Sq. (47th–Broadway), Tel. 212 9129770, www.tdf.org/tkts, Abendtickets: Mo.–So. 15–20 Uhr (Di. ab 14 Uhr), Matineen: Mi.–Sa. 10–14, So. 11–15 Uhr. Wer ein Ticket gekauft hat, kann innerhalb von 7 Tagen ohne Anstellen ein weiteres an Schalter 1 erwerben. Filialen: South Street Seaport (Front/John St.) oder in Downtown Brooklyn (1 Metrotech Center, Jay St./Myrtle Ave.).

Außerdem gibt es Tickets bei:
- **Ticketmaster:** Tel. 1 800 7453000 bzw. 1 866 4487849, www.ticketmaster.com. Verkaufsstände u. a. bei Macy's (s. S. 90), auch Internetbestellung
- **www.telecharge.com:** Tel. 212 2396200 oder 1800 4477400
- **Broadway-Discounts:** www.nytix.com, www.broadwaybox.com oder http://lunchtix.com
- Während der **NYC Broadway** und der **Off-Broadway Week** (zu Jahresanfang und im Herbst) gibt es verbilligte Tickets für Broadway-Shows. Infos unter: www.nycgo.com/broadway-week bzw. www.nycgo.com/off-broadway-week.
- **Broadway Collection:** www.broadwaycollection.com. Tickets für über 20 Topshows, Buchung vor der Reise bei vielen Reisebüros und -veranstaltern möglich.

New York am Abend

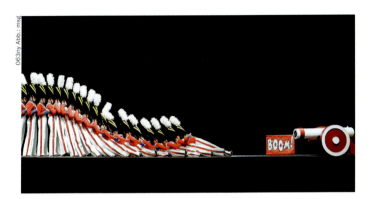

New York am Abend

Das New Yorker Nachtleben ist legendär – und verändert sich ständig. Es gibt über 300 Nightclubs, Discos und Livemusikbühnen. Ähnlich riesig ist das Angebot an Theatern und Konzerten, in den Sommermonaten vielfach open air. Auch die Zahl der Bars ist riesig und besonders im Village kann man mühelos mehrere Nächte mit „bar-hopping" verbringen.

Nachtleben

Gewisse Viertel sind für bestimmte Richtungen bekannt, z. B. dominieren in der **Lower East Side** Klubs und Discos, die sich auf Rock oder Grunge, daneben Folk und Jazz spezialisiert haben. Im **East Village** ist es mehr Folk, im **Greenwich Village** Jazz, gefolgt von Folk, Rock und Blues, in **Chelsea** und **TriBeCa** (steht für Triangle Below Canal Street) ist v. a. Avantgarde Jazz und Rock und in **Harlem** Gospel und Jazz zu hören.

Neuere und schicke *nightspots* befinden sich in **Chelsea** (W 27th St., 10th–11th Ave.) und im **Meatpacking District** sowie in der Region zwischen **Bowery** und **East Village**, um Houston St. und Lafayette Ave. sowie um Tompkins Square und 6th Street.

Cool und angesagt sind **Cocktailbars**, meist mit Türstehern oder getarnt als „speakeasies" (ursprünglich Bars mit versteckten Eingängen, die während der Prohibition aufgesucht wurden), die sich der „Mixology" verschrieben haben und mehrseitige Cocktailkarten bieten (ab ca. $ 15 pro Drink). Außerdem beliebt sind elegante Cocktailbars auf Wolkenkratzerdächern und in den oberen Etagen der angesagten Boutique-/Designhotels.

Mehr und mehr entdecken Nachteulen **Brooklyn** und dort vor allem Williamsburg (Bedford Ave.) und Greenpoint. In Queens lädt das PS1 (http://momaps1.org) im Sommer samstagnachmittags zum *warm up* mit Livemusik und Drinks ein.

Discos und Klubs

❶**94** [B18] **Avenue New York,** 116 10th Ave./17th St., Tel. 212 3370054, www.avenue-newyork.com, tgl. außer Mi. 23–4 Uhr. Gastro-Lounge und gehobener Nightclub in Chelsea mit wechselnden DJs. Das Motto heißt „sehen und gesehen werden".

Ausgehtipps

In Klubs sind ein Gedeckpreis *(cover)* und ein Getränkeminimum üblich, Alkohol wird erst ab 21 Jahren (Kontrolle!) ausgeschenkt, eingelassen wird man oft ab 18 Jahren. Manche Klubs öffnen nicht täglich, sondern nur an Wochenenden und zu Konzerten.
> Infos zum Nightlife: www.joonbug.com, www.clubplanet.com, www.nycgo.com/things-to-do/nightlife

Smoker's Guide

In Bars und Lokalen, aber auch in Discos, öffentlichen Verkehrsmitteln und Taxis, am Arbeitsplatz, auf Bahnhöfen und in anderen öffentlichen Gebäuden ist **Rauchen verboten**. In Stadien gibt es ausgewiesene Raucherzonen. Auch in Parks, Gärten und Fußgängerzonen wie am Times und Herald Square, an Stränden und auf öffentlichen Plätzen herrscht **Rauchverbot**. Lediglich in sogenannten **Tobacco** oder **Cigar Bars**, in Tabakgeschäften und privaten Klubs ist das Rauchen noch gestattet.

103 [C20] **SOHO Cigar Bar**, 32 Watts St., Thompson St.–6th Ave. Eine Midtown-Raucherbar mit Getränken, Speisen und Tabakwaren.

104 [D20] **Mulberry Street Cigars**, 140 Mulberry St. Ein sehr gut sortierter Tabakladen.

105 [D15] **Nat Sherman Townhouse**, 12 E 42nd St./5th Ave., Mo.–Sa. 10–19, So. 11–18 Uhr, http://natsherman.com. Tabakladen mit Museumscharakter, in dem man rauchen darf.

▷ *Im Sternelokal Piora (s. S. 76) gibt es auch gute Cocktails*

95 [B18] **Cielo**, 18 Little West 12th St., www.cieloclub.com, tgl. 22 Uhr Events. Schicker House-/Techno-Klub mit Top-DJs und großer Tanzfläche. Mehr und mehr Discos und Klubs eröffnen in Brooklyn (v.a. Williamsburg).

Livemusik

96 [C19] **55 Bar**, 55 Christopher St./7th Ave., Tel. 212 9299883, www.55bar.com. Tgl. Liveblues und -jazz (zwei Shows pro Abend) im Village, schon seit 1919. Daneben: das historische Stonewall Inn (s. S. 126).

97 [C19] **Arthur's Tavern**, 57 Grove St., www.arthurstavernnyc.com, Tel. 212 6756879. Gemütliche Village-Kneipe mit toller Stimmung und täglichem Livejazz oder -blues.

98 [B15] **Birdland**, 315 W 44th St./8th Ave., www.birdlandjazz.com, Tel. 212 5813080, Sets 20.30/23 Uhr. Ein Restaurant mit lateinamerikanischen Spezialitäten, das nach dem Saxofonisten Charlie „Bird" Parker benannt wurde.

99 [C19] **Blue Note**, 131 W 3rd St./MacDougal–6th Ave., Tel. 212 4758592, www.bluenote.net, mind. zwei Sets jeden Abend (20/22.30 Uhr) sowie Sunday Brunch. Legendärer Jazzklub, in dem u. a. Dizzy Gillespie, Ray Charles, B. B. King und Lionel Hampton aufgetreten sind; dazu R&B, Soul, Pop, Latin.

100 [A6] **Cotton Club**, 656 W 125th St., Tel. 212 6637980, www.cottonclub-newyork.com. Jazzshow mit Büffet, aber auch Blues und Swing. Hier begannen Lena Horne, Duke Ellington u. a. ihre Karrieren.

101 [B13] **Dizzy's Club Coca Cola**, 10 Columbus Circle, Tel. 212 2589800, www.jazz.org/dizzys. Perfekt für Livejazz zum Cocktail.

102 [C6] **Red Rooster Harlem**, 310 Lenox Ave./125th St., Tel. 212 7929001, http://redroosterharlem.com. Restaurant mit „Comfort Food", u. a. Fr. Soul und

New York am Abend

House, Sa. Groove, So. Gospelbrunch und Jazz.

106 [C5] **SHRINE Bar und Restaurant,** 2271 Adam Clayton Powell Jr. Blvd., Tel. 212 6907807, www.shrinenyc.com. Weltmusikbühne in Harlem mit mehreren Shows tgl., immer eng und voll, Bewirtschaftung und Freiplätze im Sommer.

107 [C19] **Smalls,** 183 W 10th St./7th Ave., www.smallsjazzclub.com. Kleine, gemütliche Jazzkneipe mit begrenztem Platz bei Livekonzerten (fast tgl. 16.30 bzw. 19.30–24 Uhr, $ 10/20).

Bars und Pubs

108 [C19] **Analogue,** 19 W 8th St. (5th–6th Ave.), West Village, Tel. 212 4320200, tgl. ab 17 Uhr, Mo.–Mi. Livemusik. Gemütliche Cocktail- und Whiskey Bar im Bistrostil mit Ledersesseln und tollen Cocktails sowie großer Whiskeykarte und Barfood.

109 [B7] **Bier international,** 2099 Douglass Blvd./W 113th St.. Harlems erster Biergarten mit Riesenauswahl. Im Herbst OKTOBERFEST, an Wochenenden 11.30–16 Uhr Beer Brunch.

110 [E19] **Crif Dogs,** 113 St. Marks Pl. Hotdog-Imbiss mit versteckter „Speakeasy-Bar" namens PDT („Please Don't Tell") (Zutritt durch die Telefonzelle links).

111 [E19] **Death & Co,** 433 E 6th St./Ave. A. Die besten Cocktails der Stadt, meist brechend voll. (Türsteher!).

112 [E19] **Mayahuel,** 304 E 6th St./1st Ave. Schicke Tequilabar im East Village, immer voll und laut.

113 [D19] **McSorley's Old Ale House,** 15 E 7th St./2nd–3rd Ave. Irischer Pub mit Tradition, Es gibt Bier vom Fass und Sandwiches.

114 [C14] **Salon de Ning,** 700 5th Ave. Rooftop-Bar auf dem Dach des Hotels Peninsula mit grandiosem Ausblick.

115 [E20] **Schiller's Liquor Bar,** 131 Rivington St. Schicke Bar in der Lower East Side. Hier gibt es alles, von Frühstück bis *late supper* (bis mind. 1 Uhr, an Wochenenden länger), außerdem Wein und Cocktails.

116 [E20] **Ten Bells,** 247 Broome St. Gemütliche kleine Weinbar in der LES mit guter (nicht zu teurer) Weinauswahl und kleinen Gerichten sowie Käseplatten.

117 [D23] **Vintry Whiskey & Wine,** 57 Stone St. Cocktail- und Weinbar, tolle Whiskeys und Weine meist kleiner Produzenten.

118 [E20] **Whiskey Ward,** 121 Essex/Rivington St., www.thewhiskeyward.com. Riesenauswahl an allen möglichen Whisk(e)ys, auch in Probiergrößen, außerdem Cocktails und Bier.

119 [B19] **White Horse Tavern,** 567 Hudson St./11th St. Legendäre Bar, in der schon Dylan Thomas Stammgast war.

Theater und Konzerte

Die meisten großen Theater konzentrieren sich um **Broadway** und **Times Square**, dazu kommen kleinere Off- und Off-off-Broadway-Theater – wobei sich „off" nicht auf die Nähe zum Broadway bezieht, sondern auf die Größe des Theaters – verteilt über die ganze Stadt. Bedeutende Veranstaltungsorte sind auch die Carnegie Hall, das Lincoln Center for the Performing Arts, Jazz at Lincoln Center im Time

New York am Abend

EXTRATIPPS

Gratiskonzerte
Im Sommer finden im Central Park kostenlose Events, v. a. Konzerte, statt (s. S. 56). Auch auf Plätzen und in Parks gibt es Gratiskonzerte.
> Infos: http://freeconcertsnyc.com, www.newyorkled.com/nyc_events_free_concerts.htm, www.nycgo.com/free oder auch www.nycgovparks.org/events/free_summer_concerts

Theaterprogramm im Internet
> www.broadway.com und http://broadway.org – Listen und Kommentare zu Shows, Tickets u. a.
> www.nytheatre.com – Hintergrund und Besprechungen von Stücken
> www.nytheatre-wire.com – Bühnen und Veranstaltungen, News, Besprechungen und Vorschau
> www.nycgo.com/broadway – Programm von NYC & Company
> www.playbill.com – magazinartig mit Artikeln und *latest news*
> www.theatermania.com – Reviews, News und Programme

Warner Center, der Madison Square Garden und die Radio City Music Hall.

Bühnen und Konzerthallen

⊕120 [B6] **Apollo Theater**, 253 W 125th St., www.apollotheater.org, Tel. 212 5315300. *Die* Institution für Konzerte in Harlem, Music Café und Touren. Mi. 19.30 Uhr „Amateur Night at the Apollo".

⊕121 [C14] **Carnegie Hall**, 57th St./7th Ave., www.carnegiehall.org, Tel. 212 2477800, Touren Mo.–Fr. 11.30, 12.30, 14 und 15, Sa. 11.30 und 12.30, So. 12.30 Uhr, $ 17, Rose Museum (Theatermemorabilien) tgl. 11–16.30 Uhr außer 1. Juli–1. Okt., Eintritt frei, Subway: 57th St. Älteste Konzerthalle der Stadt, drei Bühnen, Touren.

⊕122 [B13] **Jazz at Lincoln Center**, Broadway/60th St., im Time Warner Center, www.jazzatlincolncenter.org, Tel. 212 7216500. Drei Jazzbühnen: Allen Room, Rose Theater und Dizzy's Club mit Bar.

㊳ [B13] **Lincoln Center for the Performing Arts.** Größter Kulturkomplex der Welt, in dem mehr als zehn Ensembles zu Hause sind, darunter die Metropolitan Opera (www.metoperafamily.org) und das New York City Ballet (www.nycballet.com).

㉓ [B16] **Madison Square Garden.** Alles von Sportveranstaltungen über Zirkus bis zu großen Konzerten und Musicals.

⊕123 [C14] **Radio City Music Hall**, 1260 Ave. of the Americas (6th Ave.)/50th St., Tel. 212 2474777, www.radiocity.com, Führungen tgl. 11–15 Uhr, $ 27, Tickets im RC Avenue Store. Art-déco-Interieur und eine der größten Bühnen weltweit mit hydraulischem Aufzugsystem aus den 1930er-Jahren. Berühmt durch die Shows der Tanzgruppe Rockettes (www.radiocitychristmas.com bzw. www.rockettes.com).

⊕124 [bj] **The Brooklyn Academy of Music (BAM)**, 30 Lafayette Ave., Brooklyn, Tel. 718 6364100, www.bam.org. Seit 1861 Sitz des Brooklyn Philharmonic Orchestra, u. a. Okt.–Dez. „Next Wave Festival" (Film, Musik, Tanz, Schauspiel).

Theater

Abgesehen von rund 40 **Broadway-Bühnen** mit jeweils mehr als 500 Plätzen gibt es über 40 **Off-Broadway-** und mehr als 200 **Off-off-Broadway-Bühnen**. Letztere sind kleiner und eher dem experimentellen Theater zugewandt. Viele davon befinden sich im Village, die großen Bühnen findet man hingegen geballt zwischen Broadway (6th–8th Ave./42nd–53th St.) und um den Times Square.

- ◐125 [C15] **Booth Theater,** 222 W 45th, www.booth-theater.com
- ◐126 [C19] **Cherry Lane Theatre**, 38 Commerce St., www.cherrylanetheatre.org
- ◐127 [C19] **Lucille Lortel Theatre,** 121 Christopher St., www.lortel.org
- ◐128 [C15] **New Amsterdam Theatre,** 214 W 42nd St., www.newamsterdam theatre.net. Schönes Theater von 1902.
- ◐129 [E19] **Orpheum Theater,** 126 2nd Ave., www.orpheum-theater.com
- ◐130 [C19] **Players Theatre,** 115 MacDougal St./Minetta Lane, www.theplayerstheatre.com
- ◐131 [D19] **Public Theater**, 425 Lafayette St., www.publictheater.org
- ◐132 [B14] **Samuel J. Friedman Theatre**, 261 W 47th St., www.manhattantheatreclub.com
- ◐133 [B15] **Signature Theatre Company,** 480 W 42nd St., Tel. 212 2447529, www.signaturetheatre.org. Drei Bühnen in einem Neubau von Frank Gehry, dazu Café (Livemusik Di.–So. 18–21 Uhr).
- ◐134 [E18] **Theater for the New City,** 155 1st Ave./10th St., www.theaterforthenewcity.net

TV, Film und Kino

New York ist bekannt für seine **Filmfestivals**, z. B. das **New York Film Festival** (www.filmlinc.com/nyff, Ende Sept./Anfang Okt.) oder das **TriBeCa Film Festival** (http://tribecafilm.com/festival, zweite Aprilhälfte). **Open-Air-Kino** findet z. B. im Rahmen des HBO Bryant Park Summer Film Festival statt (www.bryantpark.org/plan-your-visit/filmfestival.html), bei **Movies With a View** (Pier 1 Brooklyn Brooklyn Bridge Park ❹, Do. 18 Uhr, www.brooklynbridgepark.org/event-series/movies-with-a-view), im Central Park ❸ oder auf der Intrepid ㉖. **Tickets für TV-Shows** müssen vorbestellt werden. Ohne Ticket kann man **als Zaungast** bei Shows wie „Good Morning America" (44th St./Broadway, tgl. 7–9 Uhr) oder der „Today Show" vor dem Rockefeller Center (Rockefeller Plaza/49th St., Mo.–Fr. 7–10 Uhr) dabei sein.

› **Infos:** www.nycgo.com/tv-show-tapings oder www.nytix.com/Links/TV.

Essen im Kino (bzw. im zugehörigen Lokal) kann man bei:
- ●**135** [ci] **Syndicated,** 40 Bogart St., Bushwick, Tel. 718 3863399, http://syndicatedbk.com. Zum Film werden passende Gerichte, Cocktails und lokale Biere serviert. V. a. Hollywood-Klassiker, aber auch Independent-Filme.

New York für Kauflustige

„Shop 'til you drop" – Einkaufen in New York ist ein beliebtes Freizeitvergnügen für Einheimische wie für Besucher. Große Shoppingmalls spielen hier eine untergeordnete Rolle, stattdessen sind es bestimmte Stadtviertel mit unzähligen kleinen und ausgefallenen Geschäften – teils exklusiv, teils preiswert, Ketten und Spezialläden.

Einkaufsregionen

Interessante Geschäfte verteilen sich über die ganze Stadt, doch lohnen sich ein paar Viertel ganz besonders:
› **SoHo**, v. a. entlang dem Broadway ab Canal St.: Boutiquen (in der Nähe der Canal St. v. a. preiswerte Shops), Kunstgalerien, Antiquitäten und Schnick-

Shoppingareale
Die wichtigsten Shoppingbereiche der Stadt sind im Kartenmaterial mit einer rötlichen Fläche markiert.

New York für Kauflustige

> **EXTRAINFO**
>
> **Mehrwertsteuer**
> Die **Sales Tax** (Mehrwertsteuer), bestehend aus City Tax (4,5 %), State Tax (4 %) sowie MCTD (Metropolitan Commuter Transportation District) Tax (0,375 %), beträgt in New York City derzeit 8,875 %. Für Kleidung und Schuhe gilt eine Sonderregelung: Unter $ 110 pro Kleidungsstück fällt keine Steuer an, darüber werden ebenso wie bei allen anderen Artikeln die vollen 8,875 % fällig.

schnack, Avantgardekleidung (www.sohonyc.com). Das anschließende **Nolita** (um Lafayette, Prince und Spring St.) lohnt ebenfalls.

- **Lower East Side/Bowery,** zwischen Canal und Delancey, Orchard und Essex St.: In der Orchard St. gibt es nördlich der Delancey St. Billigkleidung, Designeroutlets und Lederwaren, im südlichen Abschnitt dominieren dagegen Boutiquen und Lokale, einige jüdische Läden und Essex Street Market.
- **Chinatown,** zwischen Canal St., Broadway und Bowery, mit Mott St. und Grand St. als Hauptachsen: asiatische Lebensmittel und Lokale, Geschirr, und Haushaltswaren, Seidenkleidung, Jadeschmuck, Papier usw. (www.explorechinatown.com)
- **Greenwich Village,** zwischen Washington und Sheridan Sq., v.a. Bleeker St.: Boutiquen, Schuhläden, Galerien und Kurioses, aber auch Szenetreffs, Jazzklubs, Cafés und Off-Broadway-Bühnen (http://villagealliance.org)
- **East Village,** St. Mark's Place, Astor Place, Tompkins Sq. und Umfeld: Boutiquen, Secondhandläden, Designermode, Kuriosa, Galerien sowie nette Kneipen und Cafés
- **Chelsea/Meatpacking District:** Galerien und Boutiquen der eher gehobenen Kategorie, Cafés, Bars und Lokale (www.meatpacking-district.com).
- „**Ladies' Mile**" an der 5th Ave. (14th–23rd St.): Boutiquen (v. a. Kleidung)
- **Union Square** und an der 14th St.: Discountshops, Kitsch und Ramsch, Elektronikgeschäfte, günstige Kleidung, Straßenhändler (http://unionsquarenyc.org)
- **Herald Square:** Einkaufsstempel wie Macy's oder JC Penney (Manhattan Mall). Am Broadway (23rd–34th St.) gibt es ebenfalls preiswerte Läden.
- **New 42nd St./Times Sq.:** Billigwaren aller Art, Souvenirs, Times Building mit Shops (www.timessquarenyc.org)
- **5th Ave.** (51st–59th St.): Exklusive Shoppingmeile, u. a. mit Tiffany, Cartier, Chanel, Bergdorf, Apple (www.visit5thavenue.com)
- **Upper East Side:** Gourmetparadies (3rd Ave./70s Sts.), Antiquitäten (u. a. Sotheby's), Galerien, gehobene Boutiquen v. a. an Madison/Lexington Ave. (www.nyctourist.com/shopping_madisonave.htm)
- **Upper West Side** (Columbus Circle, Amsterdam Ave./Broadway zw. 84th–71st St.): Designerkleidung, Antiquitäten, Galerien, Mode, Geschenkartikel, *delis* mit Feinkost (z. B. Zabar's), „Shops at Columbus Circle" (ein Einkaufszentrum), Straßencafés und Restaurants

Greenmarkets – New Yorks Wochenmärkte

Im Sommer findet fast täglich irgendwo ein **farmers'** oder **greenmarket** statt (www.grownyc.org/ourmarkets). Bauern aus der Umgebung verkaufen ihre Produkte (vielfach aus biologischem Anbau), auch Backwaren, Honig, Eingemachtes, Käse und weitere Köstlichkeiten.

🚩**136** [D23] **Bowling Green,** Broadway/Battery Place (Lower Manhattan), ganzjährig, Di./Do. 8–17 Uhr

New York für Kauflustige

- **137** [D22] **City Hall Park**, Broadway-Chambers St.-Warren St. (City Hall), März-Dez., Di./Fr. 8-16 Uhr
- **138** [E20] **Essex Street Market**, 120 Essex/Delancey St., LES. Hier gibt es überdachtes Markttreiben (etwas exklusiver: **Chelsea Market**, s. S. 91).
- **139** [E22] **Fulton Stall Market**, 207A Front St. Überdachter Markt (tgl. nachmittags), während der Saison auch im Freien (So. 11-17 Uhr).
- **141** [C14] **Rockefeller Center**, Rockefeller Plaza, W 50th-51st St. (Midtown), Sept./Okt., Mi./Do./Fr. 8-17 Uhr
- **142** [H18] **Smorgasburg**, East River State Park, 90 Kent Ave./N 7th St., www.smorgasburg.com, April-Okt./Nov. Sa./So. 11-18 Uhr. Großer Gourmetmarkt in Williamsburg mit Imbissständen. Außerdem So. 11 bis 18 Uhr im Prospect Park (Breeze Hill) und saisonal Stände am South Street Seaport (11 Fulton St.). Anfang November bis Ende März Gourmet- und Flohmarkt im SkylightOne Hanson (Fort Greene), gegenüber Barclays Center.
- **143** [E19] **Tompkins Square**, Ave. A, 7th St.-St. Mark's Place (East Village), ganzjährig, So. 9-18 Uhr
- **144** [D18] **Union Square**, Broadway/E 17th St., Union Square Park (Chelsea), ganzjährig, Mo./Mi./Fr./Sa. 8-18 Uhr. Größter Markt in New York.

Konfektionsgrößen

Herren

Die deutsche Bekleidungsgröße (z. B. 50) minus 10 ergibt die amerikanische Größe (z. B. 40)

> Herrenhemden

D	36	37	38	39	40/41	42	43
USA	14	14,5	15	15,5	16	16,5	17

> Herrenschuhe

D	39	40	41	42	43	44	45
USA	7	7,5	8	8,5/9	9,5/10	10,5	11,5

Damen

D	36	38	40	42	44	46
USA	6	8	10	12	14	16

> Damenschuhe

D	36	37	38	39	40	41	42
USA	6	6,5/7	7,5/8	8,5	9	9,5	10

Kinder

D	98	104	110	116	122
USA	3	4	5	6	6x

> Kinderschuhe

D	23	24	25	26	27	28	29	30	31	32	33
USA	6,5	7,5	8,5	9,5	10,5	11,5	12,5	13	1	1,5/2	2,5

New York für Kauflustige

219/ny Abb.: mb

Kaufhäuser und Shoppingmalls

- 145 [D13] **Bloomingdale's,** 1000 3rd Ave./59-60th St., tgl. ab 10, So. 11 bis mind. 19 Uhr. Ein Kaufhaus mit Tradition und Namen. Weitere Filiale in Soho, 504 Broadway.
- 146 [D22] **Century 21 Department Store,** 22 Cortland St. Kleidung, Haushaltswaren, Schuhe, Taschen u. v. m. zu sagenhaften Preisen.
- 147 [C16] **Macy's,** Herald Sq., 151 West 34th St. (Broadway-7th Ave.), Mo.-Fr. 9-21.30, Sa. 10-21.30, So. 11-20.30 Uhr. Weltgrößtes Kaufhaus über mehrere Etagen.
- 148 [C16] **Manhattan Mall,** 100 W 33rd St./Broadway, Mo.-Sa. 9-21.30, So. 10-20.30 Uhr. Größeres Einkaufszentrum in Manhattan mit JC Penney.
- 149 [B13] **The Shops at Columbus Circle,** Time Warner Center/Columbus Circle, größtteils Mo.-Sa. 10-21, So. 11-19 Uhr. Mit Biosupermarkt Whole Foods.
- 150 [D22] **Westfield World Trade Center,** 185 Greenwich St., www.westfield.com/westfieldworldtradecenter. Neue Mall im Calatrava-Bahnhof und unterirdisch zwischen WTC-Türmen, Brookfield Place und Fulton Center. Rund 100 Läden, u. a. Apple und neue Eataly-Filiale (4 WTC).

Mode und Accessoires

Sample oder **Warehouse Sales,** bei denen bekannte Firmen und Designer Ausstellungsstücke bzw. Lagerbestände zu günstigen Preisen anbieten sind genauso Trend wie **Pop-up Stores,** eine zeitlich begrenzte Zwischennutzung leer stehender Räume.

› http://ny.racked.com/tags/sample-sales
› http://ny.racked.com/tags/pop-up-shops

- 151 [C14] **Abercrombie & Fitch,** 720 5th Ave. Kultiger Laden, besonders bei Jugendlichen beliebt.
- 152 [C15] **Aéropostale,** 1515 Broadway/45th St. Legere Männer- und Damenmode sowie Accessoires am Times Square. Gratis-Ausblick!
- 153 [C18] **Barneys,** 101 7th Ave. Designermode-Kaufhaus in Chelsea, mit Barber Shop und Events. Filialen: 660 Madison Ave., 194 Atlantic Ave. (Brooklyn), 2151 Broadway (Upper West Side).
- 154 [C20] **DKNY SoHo,** 420 W Broadway. Bekannt geworden als Jeans-Label.
- 155 [D10] **Encore,** 1132 Madison Ave. Designerkleidung, gebraucht und günstig.
- 156 [D6] **Harlem Underground Clothing Company,** 20 E 125th St. Harlem-Memorabilien wie T-Shirts und Caps.
- 157 [D20] **Hollister,** 600 Broadway. Kultladen für die jüngere Generation, auch an der 5th Ave. zu finden.
- 158 [B15] **Modell's,** 234 W 42nd St. Sportgeschäft mit Kleidung und Fanartikeln zu günstigen Preisen. Filialen v. a. am Broadway (Nr. 150, 280, 740) und 360 Fulton St. in Brooklyn
- 159 [D21] **OMG – The Jeans Store (1),** 424 Broadway, und
- 160 [D19] **OMG – The Jeans Store (2),** 678 Broadway. „Oh My God" bietet Markenjeans in riesiger Auswahl zu günstigen Preisen. Filialen am Broadway.

New York für Kauflustige

- **161** [E20] **Reed Space,** 151 Orchard St., Mo.–Fr. 13–19, Sa./So. 12–19 Uhr. Laden mit ausgefallenen, hippen Labels wie Stussy, 10.Deep, Crooks & Castles oder Too Black Guys.
- **162** [D20] **Topshop,** 478 Broadway. Britische Modekette mit Kate-Moss-Kollektion, „kultig" mit klubartiger Atmosphäre.
- **163** [D20] **Uniqlo,** 546 Broadway, www.uniqlo.com. Trendiger japanischer Bekleidungsladen. Filialen: 666 5th Ave./53rd St. und 31 W 34th Ave., 5th–6th Ave.
- **164** [D19] **Zacky's,** 686 Broadway (NoHo), www.zackys.com. Schuhe und Kleidung verschiedener Trendmarken.

Bücher, Comics und CDs

- **165** [C18] **Academy Records,** 12 W 18th St., nahe Union Square (Chelsea). Platten und CDs in großer Auswahl. Filialen: 415 E 12th St. (East Village) und 85 Oak St. (Brooklyn).
- **166** [D18] **Barnes & Noble,** 33 E 17th St. (Union Sq.), Mo.–So. 10–22 Uhr. Große Buchhandelskette mit Zeitschriftenabteilung, Café sowie Veranstaltungen.
- **167** [C19] **Bleecker Street Records,** 188 W 4th St. Tolle Auswahl an CDs, Platten, DVDs, Postern u. a. Souvenirs.
- **168** [C19] **bookbook,** 266 Bleecker St. Im Village gelegener *used book store*.
- **169** [D9] **Kitchen Arts and Letters,** 1435 Lexington Ave./93rd–94th St. Kochbücher, Restaurantführer und anderes zum Thema „Essen & Trinken".
- **170** [D20] **McNally Jackson Books,** 52 Prince St. Unabhängiger Buchladen in NoLIta mit Schwerpunkt auf Belletristik und Graphic Novels.
- **171** [C15] **Midtown Comics,** 200 W 40th St. Relativ großer, gut sortierter Comicshop, auch T-Shirts u. a. Souvenirs.
- **173** [D18] **Strand Books,** 828 Broadway/12th St., www.strandbooks.com, Mo.–Sa. 9.30–22.30, So. 11–22.30 Uhr. Der Discountbuchladen führt auch Bestseller, Antiquarisches und Erstausgaben.
- **174** [D22] **The Mysterious Bookshop,** 58 Warren St., Mo.–Sa. 11–19 Uhr, www.mysteriousbookshop.com. Einer der ältesten Krimibuchläden in den USA. Der Besitzer Otto Penzler schreibt selbst Krimis und veranstaltet Lesungen.
- **175** [C19] **Three Lives & Company,** 154 W 10th St. Buchladen der „alten Art", sehr kundiges Personal und gemütliche Wohnzimmeratmosphäre.

Kulinarisches

- **176** [B18] **Chelsea Market,** 75 9th Ave., www.chelseamarket.com, Mo.–Sa. 7–21, So. 8–20 Uhr. „Gourmet Mall".
- **177** [D20] **Dean & DeLuca,** 560 Broadway/Prince St. „Gourmettempel", außerdem Küchenzubehör und Espressobar.
- **178** [C17] **Eataly,** 200 5th Ave./Madison Square Park, www.eataly.com. Marktstraße mit Restaurants und Shops, die italienische Spezialitäten anbieten. Filiale in der Westfield WTC Mall.
- › **Essex Street Market** (s. S. 89). Preiswert einkaufen und essen an verschiedenen Ständen, Mo.–Sa. 8–19, So 10–18 Uhr.
- **179** [D18] **Garden of Eden,** 7 14th St. E/5th Ave., Filiale z. B. 162 W 23rd St. Exquisiter Biosupermarkt.
- **180** [D21] **Gourmet Garage,** 366 Broadway (Tribeca). Filialen u. a. 117 7th Ave. S, Christopher/W 10th St., 155 W 66th St. Bekannter Feinkostladen mit Imbiss.

Für Individualisten: ausgefallener Shop im East Village

New York für Kauflustige

Flohmärkte

- **192** [cj] **Brooklyn Flea,** 176 Lafayette Ave., Clermont-Vanderbilt Ave., Fort Greene, Apr.-Nov. Sa. 10-17 Uhr, www.brooklynflea.com. **DUMBO Flea,** Manhattan Bridge Archway Plaza, So. 10-17 Uhr. Im Winter Flea Williamsburg zusammen mit Smorgasburg (s. S. 89) unter Dach. Infos: www.brooklynflea.com bzw. www.smorgasburg.com.
- **193** [C17] **Chelsea Flea Market,** W 25th St., Broadway-6th Ave. (Chelsea), Sa. und So. 9-18 Uhr. Rund 135 Verkaufsstände mit Antiquitäten, Möbeln, Kleidung, Dekoartikeln u. a.
- **194** [B11] **GreenFlea,** Columbus Ave./77th St., vor dem Museum of Natural History ⓐ, So. 10-18 Uhr, www.greenfleamarkets.com. Wochen- und Flohmarkt.
- **195** [B15] **Hells' Kitchen Flea Market,** W 39th St. (9th-10th Ave.), Sa./So. 9-17 Uhr

„24/7 Shops"

In New York ist es kein Problem, auch nachts noch offene Geschäfte, *delis* oder Supermärkte zu finden. Rund um die Uhr geöffnete Lebensmittelgeschäfte in zentraler Lage sind z. B.:

- **196** [D22] **7Eleven,** 140 Church St. (nahe City Hall)
- **197** [D19] **Morton Williams,** 130 Bleecker St. Rund um die Uhr geöffneter Supermarkt im Greenwich Village.
- **198** [D19] **St. Mark's Market,** 21 St. Mark's Place. Günstig im East Village gelegen.
- **199** [D18] **Westside Market NYC,** 84 3rd Ave. Gut sortierter Supermarkt, der 24 Std. geöffnet ist.

- **181** [C20] **Kee's Chocolates,** 80 Thompson/Spring St. Winziger Laden mit erlesenen Trüffeln und Pralinen.
- **182** [E19] **Russ & Daughters,** 179 E Houston St. Legendärer „appetizer store" von 1914 mit riesiger Auswahl an jüdischen (und anderen) Spezialitäten.
- **183** [D18] **Trader Joe's,** 142 E 14th St. Preiswerte Ökosupermarktkette mit Weinabteilung (138 E 14th St.).
- **184** [D18] **Whole Foods,** Union Sq./14th St., tgl. 7.30-23 Uhr. Größter Biosupermarkt der Stadt mit Imbiss. Filialen u. a. 10 Columbus Circle oder 95 E Houston St.

Verschiedenes

- **185** [D13] **Apple Store,** 767 5th Ave. (Ecke 59th St.), rund um die Uhr geöffnet. Unterirdische Apple-Filiale mit gläsernem Zugangswürfel, weitere u. a. 103 Prince St., 401 W 14th St. (Ecke 9th Ave.), Westfield World Trade Center Mall u. 940 Madison Ave. (gegenüber Met Breuer).
- **186** [B16] **B&H Photo - Video - Pro Audio,** 420 9th Ave./34th St., Mo.-Do. 9-19, Fr. 9-14, So. 10-18 Uhr. Kameras und Zubehör zu Schnäppchenpreisen (www.bhphotovideo.com).
- **187** [D20] **Converse Store,** 560 Broadway/Prince St. „Chucks" in allen denkbaren Variationen.
- **188** [D15] **NBA Store,** 545 5th Ave. Neuer Superstore der Basketballliga NBA.
- **189** [D21] **New Kam Man,** 200 Canal St. Haushaltwaren, Lebensmittel, Geschirr, Dekoartikel u. a. asiatisch Angehauchtes.
- **190** [C15] **NHL Store,** 1185 Ave. of the Americas. Ein Muss für Eishockeyfans: Souvenirs und Kleidung der Eishockeyliga NHL.
- **191** [E21] **Yunhong Chopsticks Shop,** 50 Mott St. Winziger Laden nur für Essstäbchen in allen Variationen.

New York zum Träumen und Entspannen

Hochhausschluchten und Wolkenkratzer prägen das Bild, das man von New York im Kopf hat, doch dazwischen gibt es überraschend viel Grün – Parks und „community gardens", Strände, Promenaden und Freizeitareale. Sie geben New York einen bislang wenig bekannten „grünen Touch" und bieten genügend Gelegenheit zum Erholen und Entspannen.

Der **Central Park** ❸❹ ist New Yorks bekanntestes und größtes Beispiel für eine grüne Ruheoase auf Stadtgebiet und mitten in Manhattan befinden sich neuerdings nicht nur **Fußgängerzonen** (s. S. 107), sondern mehrere **Parks und Plätze**, die nicht nur als grüne Oasen im hektischen Alltagstreiben dienen, sondern in denen während der Sommermonate auch zahlreiche kostenlose Veranstaltungen wie Konzerte, Lesungen, Tai-Chi- oder Yogakurse, Kino oder Schachturniere stattfinden. Vor allem der Bryant Park (s. S. 48) ist diesbezüglich attraktiv, doch auch Washington Square [C/D19], Union Square ❶❽, Tompkins Square [E19] und der Columbus Park [D21] in Chinatown sind Erholungsidylle.

In den letzten Jahren wendet sich New York verstärkt dem Wasser zu und das hat zur Folge, dass entlang dem **Hudson** und dem **East River** neue bzw. renaturierte **Uferpromenaden** entstanden sind und die alten Piers reaktiviert und attraktiv wurden. Der **Battery Park** ❹ und die sich nördlich anschließende **Esplanade** bieten einen Blick auf die Statue of Liberty, Ellis Island, New Jersey und den Hudson River. Im Osten hinzugekommen ist die **East River Waterfront Esplanade** (www.nycedc.com/project/east-river-waterfront-esplanade) vom Battery Maritime Building über Wall Street (mit Pier 17 als Anlegestelle der East River Ferry) und Maiden Lane zur Montgomery Street mit den reaktivierten Piers 15 und 16. „Lookouts (Aussichtspunkte), eine Stufenkonstruk-

Der Central Park ❸❹ *ist beliebt für ein Päuschen oder ein Sonnenbad*

tion zum Wasser, bequeme Liegen, Bänke und Barstühle sowie ein beliebter Hundepark sind Bestandteile. Als **„East River Blueway"** soll die Promenade von der Brooklyn Bridge bis zur E 38th Street nordwärts fortgeführt werden. Auf Pier 35 ist ein EcoPark geplant.

Die wohl gelungenste Errungenschaft des „grünen New York" ist aber der **High Line Park** ⑳, eine umgestaltete alte Hochbahntrasse. Im Frühjahr 2009 begonnen, zieht sich diese begrünte Promenade mit Sitzgelegenheiten mittlerweile von der Gansevoort Street im Meatpacking District durch Chelsea bis zur 30th Street. Der letzte Abschnitt bis zur 34th St. – wo das **Hudson Yards Project**, das größte Städtebauprojekt nach dem Rockefeller Center, in der Entstehung ist – wurde im Sept. 2014 eröffnet. Diese grüne Oase ist prädestiniert zum Flanieren, um den Ausblick auf Skyline und Fluss zu genießen oder um sich auf einer der bequemen Sonnenliegen auszuruhen.

Der **Manhattan Waterfront Greenway**, eine knapp 50 km lange Route, umrundet als begrünter Geh- und Radweg entlang dem Ufer von East und Harlem River fast die gesamte Insel. Teil davon ist die **Hudson River Park Promenade** (www.hudsonriverpark.org), die sich nördlich an das World Financial Center ❸ anschließt und bald bis zur 60th Street reichen wird. Damit wird der ganze Uferstreifen nördlich des Battery Park zur durchgehenden Grünanlage, zum Freizeit- und Erholungsareal mit Vorbildcharakter. Dazu gehören alte Hafenpiers, die in Parkanlagen (z.B. Pier 45 und 64), Naturschutzgebiete oder Bars (Pier 66) bzw. Sport- und Spielflächen (Pier 25) umgewandelt wurden bzw. werden sollen. Auf Pier 57, „The Super Pier" von 1952, ist ein großer Markt mit Asia-Supermarkt und anderen öffentlichen Einrichtungen in Planung.

Auch innerhalb der Häuserschluchten verwandeln Bewohner – vermehrt unter Duldung bzw. sogar mithilfe der Stadtverwaltung – aufgelassene Grundstücke in idyllische Gartenanlagen, die öffentlich zugänglichen **community gardens**: z.B. Jefferson Market Garden (Ave. of the Americas/W 8th St., Greenwich Village) oder Clinton Community Garden (W 48th St., 9th–10th Ave., Hell's Kitchen).

Eine weitere Ruheoase beginnen die New Yorker gerade für sich zu entdecken: **Governors Island** ❼. Die der Südspitze Manhattans vorgelagerte Insel, die lange als Militärstützpunkt unzugänglich war, steht zur Erholung „fernab" im Grünen, mit Blick auf Freiheitsstatue und Manhattans Skyline, zur Verfügung.

Ebenfalls neueren Datums ist der **Brooklyn Bridge Park** ⓮. Alte Piers zwischen Manhattan Bridge und Brooklyn Bridge sowie südlich bis zur Atlantic Ave. wurden bzw. werden umgestaltet und durch eine gut 2 km lange Promenade verbunden. Grünanlagen und Fahrradwege, Bühnen, Spiel- und Sportflächen, aber auch renaturiertes Marschland und Angelpiers sowie ein Strand machen den Uferstreifen attraktiv.

> **EXTRAINFO**
>
> **Aktuelle Termine**
>
> Informationen zu Events findet man:
> - unter www.nycgo.com/events.
> - in der Freitagsbeilage der New York Times („Weekend Guide").
> - im Wochenmagazin „Time Out" (www.timeout.com/newyork) oder dem „New York Magazine" (http://nymag.com).

Zur richtigen Zeit am richtigen Ort

Eigentlich ist man in New York immer „zur richtigen Zeit am richtigen Ort", denn im „Big Apple" wird das ganze Jahr über etwas geboten. Es kann aber nicht schaden, die Daten bedeutender Events zu kennen, denn oft ist längerfristige Vorausplanung nötig.

Frühjahr

- Ende Januar/Anfang Februar: **Chinese New Year's Celebration**, große Parade und Festivitäten um die Mott Street (www.explorechinatown.com)
- Februar: Beim **Empire State Building Run-Up** (www.esbnyc.com, www.nyrr.org) wird der Wolkenkratzer von Profis in knapp 10 Minuten erklommen.
- 17. März: **St. Patrick's Day Parade** (5th Ave.) und irisches Fest (www.nycstpatricksparade.org)
- Ostersonntag: **Easter Parade/Easter Bonnet Festival** an der 5th Ave. (49th–57th St.)
- April: **New York International Auto Show** im Javits Center (www.autoshowny.com)
- Ende Mai: **Memorial Day Weekend** (Wochenende um den letzten Montag im Mai) mit **Fleet Week** (Militärtreffen mit Flottenparade am New York Harbor, W 46th St./12th Ave.) und **Memorial Day Parade** (Broadway/Dyckman St.)

Sommer

- Anfang Juni: Bei der **Puerto Rican Day Parade** versammeln sich über 2 Mio. Besucher an der 5th Ave. (www.nprdpinc.org).
- Letztes Juni-Wochenende: **PrideWeek** in Greenwich Village (Abingsdon Sq.–W 14th St.). Die LGBT-Gemeinde feiert mit Parade u. a. Events (www.nycpride.org).
- 4. Juli: **Independence Day** mit verschiedenen Veranstaltungen und den sehenswerten Macy's Fourth of July Fireworks über dem East oder Hudson River (http://social.macys.com/fireworks)
- Juni–August: **HBO Bryant Park Summer Film Festival,** montags Open-Air-Kino im Bryant Park (www.bryantpark.org), in dem Filmklassiker gezeigt werden, zudem viele andere Veranstaltungen wie Lesungen, Workshops oder Konzerte
- Juni: **River to River Festival,** (v. a. Musik-) Veranstaltungen zwischen Battery Park und City Hall sowie auf Governors Island (http://lmcc.net/program/river-to-river).
- Anfang Juni–Ende August: Konzerte u. a. Veranstaltungen beim **SummerStage,** v. a. im Central Park (Rumsey Playfield, Zugang: E 69th St./5th Ave., www.cityparksfoundation.org/summerstage), und außerdem **GMA** (Good Morning America) **Summer Concert Series** (Ende Mai–Ende Aug. Fr. 7–9 Uhr, Rumsey Playfield, gratis, http://gma.yahoo.com/music). Weitere Sommerveranstaltungen im Central Park sind u. a. das Harlem Meer Performance Festival oder Shakespeare In The Park (www.centralpark.com/events). Außerdem Ende Mai–Anf. Sept. **NBC Today Show Concert Series** (49th St., 5–6th Ave.,www.today.com/concertseries).
- August (Schwerpunkt): **Harlem Week Celebration,** mit einem bunten Veranstaltungskalender, u. a. Kino, Konzerte, Basketballturniere (http://harlemweek.com)
- Ende August: **FringeNYC,** www.fringenyc.org. Vielseitiges Kunst-/Theater-Festival mit über 200 internationalen Akteuren, 16 Tage lang in meist kleineren Theatern.
- Ende August–Anfang September: **US Open Tennis Championship,** eines der vier Grand-Slam-Turniere der Welt, findet in Flushing Meadows statt (www.usopen.org)

Herbst

- Mitte September: **Feast of San Gennaro**, Prozession und mehrtägiges Fest in Little Italy (www.littleitalynyc.com)
- 3. Wochenende im September: **German-American Steuben Parade**, großer Umzug entlang der 5th Ave. (Start 12 Uhr an der Ecke 5th Ave./63rd St., www.germanparadenyc.org)
- Mitte Oktober: **Openhousenewyork**, „Tag der offenen Tür" an einem Wochenende. Rund 200 Sehenswürdigkeiten, die sonst nicht zugänglich sind, können großteils kostenlos besichtigt werden und es gibt Touren (www.ohny.org).

Winter

- 31. Oktober: **Village Halloween Parade** mit Kostümierten, Musik und Tanz auf der 6th Ave., Spring–21st St. (http://halloween-nyc.com)
- Am 1. So. im November: **New York City Marathon** mit über 40.000 Läufern. Ein Erlebnis für Teilnehmer und Zuschauer (www.tcsnycmarathon.org).
- Letzter Do. im November: **Macy's Thanksgiving Day Parade.** Ab 9 Uhr führt die Parade von Central Park W/77th St. zur 34th St. bis Herald Sq. und Macy's (http://social.macys.com/parade).
- Vorweihnachtszeit (nach Thanksgiving): **Tree Lightning Celebrations,** z. B. am Lincoln und Rockefeller Center sowie am South Street Seaport. Außerdem Weihnachtsmärkte im Grand Central Terminal, Bryant Park, Columbus Circle oder auf dem Union Square.
- Anfang November–Ende Dezember: **Annual Radio City Christmas Spectacular** (www.rockettes.com/christmas) mit den legendären **Rockettes** und „The Nutcracker" mit dem **New York City Ballet at Lincoln Center** (www.nycballet.com)
- Dezember: **Hannukah**, das jüdische Lichterfest, an dem die weltgrößte Menorah (siebenarmiger Leuchter) acht Nächte lang an der Ecke 5th Ave./59th St. brennt. Im Kulturzentrum 92nd Street Y (www.92y.org), und im Museum of Jewish Heritage (www.mjhnyc.org) finden Veranstaltungen statt.
- 31. Dezember: **Times Square New Year's Eve Celebration & Ball Drop** (www.timessquarenyc.org), außerdem Feuerwerke über dem Prospect Park (Eastern Pkwy./Flatbush Ave., Brooklyn) und dem Central Park (59–110th St.) sowie New York Road Runners Midnight Run (www.nyrrc.org)

Feiertage

In den USA gibt es die Gepflogenheit, Feiertage auf einen Montag oder Freitag zu legen. Die Feriensaison dauert landesweit von Memorial Day bis Labor Day.

- *1. Januar:* ***New Year's Day***
- *3. Montag im Januar:* ***Martin Luther King's Birthday***
- *3. Montag im Februar:* ***President's Day (Washington's Birthday)***
- *Ende März/Anfang April:* ***Easter Sunday (Ostersonntag)***
- *Letzter Montag im Mai:* ***Memorial Day***
- *4. Juli:* ***Independence Day***
- *1. Montag im September:* ***Labor Day***
- *2. Montag im Oktober:* ***Columbus Day***
- *11. November:* ***Veterans' Day***
- *4. Donnerstag im November:* ***Thanksgiving Day***
- *25. Dezember:* ***Christmas Day***

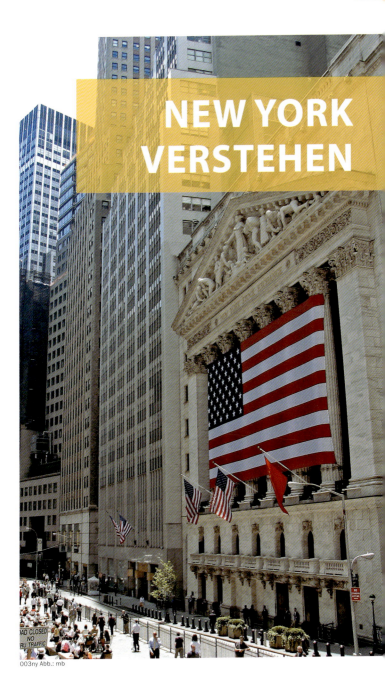

Das Antlitz der Metropole

In New York ist der Wandel die einzige Konstante und das Extreme ein Markenzeichen. Die Stadt ist bunt und schrill, vielgesichtig und pulsierend und zugleich treffen hier die verschiedensten Ethnien auf engstem Raum zusammen. Nach Frank Sinatras Motto „If I can make it there, I'll make it anywhere", zieht der Big Apple seit Generationen Menschen aus aller Welt an. Selbst „9/11" konnte die Stadt nur kurzzeitig aus dem Gleichgewicht bringen und hatte zur Folge, dass bei den einst als rüde und egoistisch geltenden New Yorkern plötzlich ganz andere Qualitäten zum Vorschein kamen.

New York ist nicht „Amerika" im landläufigen Sinne – New York ist ein Unikum, ein Faszinosum, ein „Labyrinth von endlosen Schritten", wie es der New Yorker Autor Paul Auster in seiner „New York Trilogie" einmal nannte.

Spricht man von New York, meint man in erster Linie Manhattan, die 21,5 km lange und zwischen 1,3 und 3,7 km breite Insel, die durch Hudson, Harlem und East River vom Festland bzw. von Long Island abgeschnitten wird. In Wahrheit ist Manhattan jedoch nur der kleinste der New Yorker Stadtbezirke.

Die Stadt mit ihren 785 km² Fläche und geschätzten gut 8,4 Mio. Einwohnern setzt sich aus **fünf boroughs** zusammen, die zwar verwaltungstechnisch zusammengefasst, aber eigentlich Städte für sich sind: Im Norden

◁ *Vorseite: Die Wall Street [D23] mit der New York Stock Exchange – hier schlägt das Herz der Finanzwelt*

ist das die **Bronx** (109 km²), New Yorks einziger Stadtteil auf dem Festland, gefolgt vom kleinsten Teil, der Insel **Manhattan** (60 km²). **Brooklyn** (183 km²), flächenmäßig an zweiter Stelle, schließt sich im Südosten, durch den East River abgetrennt, an. Im Nordosten von Brooklyn befindet sich der von den Ausmaßen her größte Stadtteil, **Queens** (283 km²). Beide Viertel, Brooklyn und Queens, liegen auf Long Island, jener Atlantikinsel, die sich ca. 190 km weit ostwärts erstreckt. Im Südwesten schließlich, jenseits des Hudson River und nahe dem Bundesstaat New Jersey, folgt **Staten Island** (152 km²).

Die Besucher drängeln sich vor allem auf **Manhattan** und dort wiederum speziell zwischen Südspitze und Midtown. Der Südspitze Manhattans vorgelagert sind Inseln wie Ellis und Liberty Island oder, als größte, Governors Island. Beachtliche 30 % von Manhattan stehen übrigens auf künstlich aufgeschüttetem Grund, so die gesamte Battery Park City.

Grundsätzlich gliedert sich Manhattan in verschiedene Areale: **Downtown**, was hier nicht, wie sonst üblich, das Zentrum oder die Innenstadt, sondern den Südteil der Insel meint und deshalb auch **Lower Manhattan** genannt wird, **Midtown** um den Times Square und die 5th Avenue, **Uptown**, das Areal um den Central Park, sowie **Upper Manhattan**, das Gebiet nördlich des Central Park. Innerhalb dieser Areale befinden sich einzelne, abgegrenzte Viertel oder *neighborhoods* wie SoHo, Chelsea, Greenwich Village, Lower East Side oder Harlem.

◁ *New Yorks neue Skyline*
von Süden aus betrachtet

Von den Anfängen bis zur Gegenwart

New York scheint vom Himmel gefallen zu sein. Wie Las Vegas oder Orlando hat auch die Ostküstenmetropole mit anderen amerikanischen Großstädten wenig gemeinsam. Der Literat Henry James, 1843 in New York geboren, brachte es auf den Punkt: „New York ist keiner anderen Stadt ähnlich. Es ist eine hässliche Stadt und sie ist schmutzig. Das Klima ist ein Skandal. Aber wer einmal in New York gelebt hat, für den ist kein anderer Ort gut genug."

New York gilt zu Recht als einzige wahre Weltmetropole. Wie rasant der Aufstieg verlief, macht ein historischer Überblick deutlich. Er zeigt auch, dass der Weg von den Wigwams der einst hier lebenden Lenape-Indianer über die Handelsstation der Holländer und die englische Kleinstadt bis hin zur größten und bedeutendsten Stadt der USA zwar nicht reibungslos, aber zielstrebig und geradlinig verlief.

1524: Eine Handvoll Indianer lebt auf der dicht bewaldeten Insel Manhattan. Selbst als Giovanni da Verrazano, Florentiner in Diensten des französischen Königs, als erster Europäer mit seinem Schiff vor der Insel auftaucht, ändert sich zunächst nichts an dem Idyll.

1609: Der Brite Henry Hudson, der für die Ostindische Handelsgesellschaft einen schnellen Seeweg nach Asien sucht, erforscht Manhattan und den später nach ihm benannten Fluss. Im Logbuch eines seiner Offiziere taucht erstmals der Name „Manna-hata" auf. Hudson nimmt wertvolle Pelze und euphorische Berichte vom „Paradies" mit nach Europa. Deshalb wird in den Niederlanden 1621 die Westindische Gesellschaft gegründet, die die „Neue Welt" erschließen soll.

1626 glaubt Peter Minnewit im Namen der Niederländer den lokalen Indianern die Insel Manhattan für ein paar Glasperlen und Werkzeug im Wert von 60 Gulden abgekauft zu haben. Indianer kennen jedoch keinen Landbesitz. Die sich hier ansiedelnden Holländer nennen den Ort „Nieuw Amsterdam".

1646 entsteht gegenüber Neu-Amsterdam auf Long Island eine zweite niederländische Siedlung, „Breukelen", das heutige Brooklyn. Auch auf Manhattan formieren sich weitere Dörfer, z. B. Harlem.

1664 muss sich Peter Stuyvesant, der 1647 zum Verwalter ernannt worden war, dem zunehmenden Druck der britischen Kolonialmacht beugen. Neu-Amsterdam gerät kampflos in die Hände der Briten und wird zu „New York".

Um 1700 leben bereits rund 10.000 Menschen in New York, dessen Zentrum mit dem heutigen Lower Manhattan, der Südspitze der Insel, gleichzusetzen ist.

1725 und 1733 kommen die ersten Zeitungen auf den Markt.

1732 entsteht das erste Theater.

1756 wird mit dem Columbia College die erste Hochschule ins Leben gerufen.

1775 beginnt der Unabhängigkeitskrieg (War of Independence) der 13 nordamerikanischen Kolonien gegen die britische Kolonialmacht.

Am 4. Juli 1776 wird die Unabhängigkeitserklärung der Vereinigten Staaten von Amerika (Declaration of Independence) verkündet.

Ab November 1776 halten die Briten im Unabhängigkeitskrieg die für die junge Nation wichtige Hafenstadt besetzt.

Am 3. September 1783 endet mit dem Frieden von Paris offiziell der Krieg.

Am 25. November 1783 überwacht George Washington höchstpersönlich den Abzug der Briten.

Am 4. März 1789 versammelt sich der erste Kongress der jungen Nation in New York und ernennt George Washington im Rathaus, der heutigen Federal Hall, zum ersten US-Präsidenten.

1790 löst Philadelphia New York als Bundeshauptstadt ab.

1792 manifestiert sich in der Gründung der Börse an der Wall Street der Aufstieg der Stadt zum Wirtschafts- und Handelszentrum.

1811 nimmt der Stadtrat einen wegweisenden Entwurf des Stadtbaumeisters John Randall an: Nach dem Rasterprinzip wird nördlich der Houston Street weiter ausgebaut. Lediglich der Broadway als alter Indianerpfad und spätere Überlandroute verläuft weiter diagonal zum rechtwinkligen Straßennetz.

1830 entsteht das erste Nahverkehrssystem, eine Pferdebahn, **1836** folgte die Long Island Railroad.

1851 wird die Zeitung New York Times gegründet.

1857 wird unter der Führung von Frederick Law Olmsted und Calvert Vaux damit begonnen, den Central Park anzulegen.

1859 wird der Central Park eröffnet.

Ab 1865, nach dem Ende des Amerikanischen Bürgerkriegs, setzt verstärkt Industrialisierung ein und New Yorks Einwohnerzahlen explodieren. Mit über einer halben Million und konstantem Immigrantenzustrom wird die Stadt zum „Tor zur Neuen Welt".

1886 wird die Freiheitsstatue, ein Geschenk Frankreichs, aufgestellt.

1898 entsteht „New York City" aus dem Zusammenschluss der vormals unabhängigen Städte bzw. Landkreise Manhattan, Brooklyn, Bronx, Queens und Staten Island. New York wird auf einen Schlag mit gut 3,5 Mio. Einwohnern zur größten Stadt der Welt.

1904: Ausbau eines U-Bahn-Systems, das mit dem Zusammenschluss der drei ursprünglichen Unternehmen in den 1930er-Jahren zum größten U-Bahn-Netz weltweit wird.

Von den Anfängen bis zur Gegenwart

Am **29. Oktober 1929** beendet der „Schwarze Freitag" an der New Yorker Börse die „Roaring Twenties" und löst eine Weltwirtschaftskrise aus.

1949 wird New York zum festen Sitz der UN und **1952** wird der Gebäudekomplex am East River bezogen.

1978–1987 erlebt die Stadt unter dem populären Bürgermeister Ed Koch einen neuen Boom, der am „Black Monday", dem **19. Oktober 1987** jäh gebremst wird.

1990 tritt mit David Dinkins erstmals ein Afroamerikaner das Bürgermeisteramt an. Er wird bereits nach einer Amtsperiode von dem Republikaner Rudolph Giuliani abgelöst, der auf rigide Sicherheitspolitik setzt. **1997** wird er wiedergewählt.

Am **11. September 2001** erschüttert ein Terroranschlag auf das World Trade Center, der Tausende das Leben kostet und die Stadt und die ganze Welt in Schock versetzt, die Stadt.

2002 folgt Michael Bloomberg in das Amt des Bürgermeisters.

3. November 2009: Bloomberg wird (ermöglicht durch einen Stadtratsbeschluss) für eine dritte Amtszeit wiedergewählt.

24. Juni 2011: Gleichgeschlechtliche Ehen werden im Staat New York erlaubt.

11. September 2011: Das 9/11 Memorial wird zum 10. Jahrestag des Anschlags auf das World Trade Center eröffnet.

30. April 2012: 1 WTC überrundet das Empire State Building als höchster Bau New Yorks.

Ende Okt. 2012: Hurricane Sandy richtet in New York schwere Verwüstungen an.

1. Januar 2014: Der Demokrat Bill De Blasio übernimmt das Bürgermeisteramt.

Mai 2014: Eröffnung des 9/11 Memorial Museum

Ende 2014: Das One WTC wird eingeweiht.

Frühjahr 2015: Eröffnung des One World Observatory und des neuen Whitney Museum

März 2016: The Met Breuer bezieht den Bau des Whitney Museum.

Dezember 2016: New York knackt die 60-Mio.-Besucher-Marke.

April 2018: Das New York Wheel (Riesenrad, Entertainment-/Shoppingkomplex) soll auf Staten Island in Betrieb gehen.

◸ *Das 9/11 Memorial* ❶
mit Inschriftentafeln für die Opfer

Leben in der Stadt

„Who's the native New Yorker? No one can tell", meinte einmal der Kunstkritiker Robert Stern. In der Tat ist ein buntes Völkergemisch charakteristisch für die Stadt, aber dennoch trifft der abgedroschene Begriff des „melting pot" nicht zu. Von einer Verschmelzung kann nämlich nicht die Rede sein, die Devise heißt „Einheit in der Vielheit" oder – mit den Worten von Ex-Bürgermeister David Dinkins – „New York ist kein Schmelztiegel, sondern ein prächtiges Mosaik". Das Erstaunliche ist, dass das Zusammenleben der Kulturen und Völker hier weitgehend reibungslos funktioniert.

Schon 1774 beklagte John Adams, der zweite Präsident der USA, dass bei allem Reichtum und Glanz nur wenig gute Manieren zu finden seien. Die Parole **„Do your own thing"** – ein Bekenntnis zur Ellbogenmentalität – war bis zum 11. September 2001 verbreitet. Im Angesicht des Unfassbaren traten jedoch selbstlose Hilfsbereitschaft, Disziplin und Solidarität in den Vordergrund und das mutige Agieren von Polizisten, Feuerwehrleuten, medizinischem Personal und ehrenamtlichen Helfern war vorbildhaft.

New York ist das **Symbol für die freiheitlich-demokratische Welt**, aber auch für Konsum und Kommerz geblieben. Nirgendwo sonst findet man so große kulturelle, ethnische und ökonomische Unterschiede. Die Stadt beherbergt eine rund zwei Millionen Mitglieder umfassende jüdische Gemeinde, daneben riesige asiatische, lateinamerikanische, afroamerikanische und islamische Bevölkerungsteile. Nur etwa 33 % der Gesamtbevölkerung ist weiß und „non-hispanic", 29 % sind Hispanics/Latinos, 25 % afroamerikanischer und 13 % asiatischer Herkunft. Der spanischsprachige Anteil, vor allem aus Puerto Rico, der Dominikanischen Republik und Mexiko, wächst am schnellsten, gefolgt von den Chinesen, während die weiße Bevölkerung zahlenmäßig rückläufig ist.

Finanzmetropole und Reiseziel

New York City entstand 1898 aus dem Zusammenschluss der selbstständigen Städte Bronx, Richmond (Staten Island), Brooklyn, Queens und Manhattan. An der Spitze der **Stadtverwaltung** steht der *Mayor* (Bürgermeister), für vier Jahre und maximal drei Wahlperioden hintereinander gewählt.

▽ *Kulturelle Vielfalt in NYC, hier auf einem Wandbild*

Take the „A" Train – New Yorks Subway

Es war **Duke Ellington**, der den Jazz-Standard von Billy Strayhorn weltberühmt gemacht und der New Yorker Subway damit ein Denkmal gesetzt hat. Schon 1904 war die erste Linie zwischen Brooklyn und Manhattan eröffnet worden, es folgten weitere und es wurde ständig weitergebaut, bis die vormals privaten Linien 1940 allesamt von der Stadt übernommen wurden.

Inzwischen betreibt die New York City Transit Authority als **staatliches Unternehmen** U-Bahnen und Busse. Längst gehört die New Yorker Subway – von den Einheimischen „train" genannt – zu den größten der Welt. Nur die Bahnen in Tokio, Moskau, Mexico City und Seoul transportieren mehr Fahrgäste, nur London hat ein größeres Schienennetz.

Was Bahnhöfe und Wagen angeht, ist New Yorks Subway weltweit führend. Die Station „Times Square" gilt mit ihren neun sich kreuzenden Linien als geschäftigste, die Coney Island „Stillwell Avenue"-Station wurde nach ökologischen Gesichtspunkten erbaut und der neueste Bahnhof ist die Endstation der Linie 7 an den Hudson Yards.

Die New Yorker Subway in Zahlen:
› Fahrgäste pro Tag: über 5,5 Mio.
› Schienennetz: über 1000 km Gleisanlagen, größtenteils unterirdisch, aber auch oberirdisch
› Bahnhöfe: 469
› Wagen: ca. 6300
› Linien: 24, die längste ist der „C" Train, der über 51 km führt

Interessante Webpages:
› www.straphangers.org und www.nycsubway.org
› http://mta.info/mta/museum - New York Transit Museum in Brooklyn bzw. im Grand Central Terminal ㉗

Seit Januar 2014 ist **Bill De Blasio** (geb. 1961) aus Brooklyn der 109. Bürgermeister New Yorks. Der linksliberale Demokrat, der mit der afroamerikanischen Aktivistin und Dichterin Chirlane McCray verheiratet ist, wurde mit einer Mehrheit von 73% gewählt und löste Michael R. Bloomberg ab, der von 2002 bis 2013 amtierte.

Er arbeitet in der City Hall und residiert offiziell in der Gracie Mansion. Unterstützt wird er von fünf *Borough Presidents* (Vertreter der fünf Stadtteile) und dem 51-köpfigen *City Council* (Stadtrat), der ebenfalls vier Jahre lang amtiert. Dazu kommt ein 7-köpfiges *Board of Education* (Bildungsausschuss).

New York gilt immer noch als die **Finanzhauptstadt** der Welt. Neben der New York Stock Exchange (NYSE), über die die Geldgeschäfte der Welt laufen, gibt es die amerikanische Aktienbörse und zahlreiche Produktbörsen.

Die Stadt gilt vor allem dank des **eisfreien Containerhafens,** der unter der Ägide der Port Authority of New York and New Jersey steht und sich größtenteils im benachbarten New Jersey befindet, als einer der wichtigsten Umschlagplätze für Getreide und sonstige Agrarprodukte. An erster Stelle als Arbeitgeber steht jedoch das **Dienstleistungsgewerbe.** Die **Filmindustrie** stellt ebenfalls einen

Das Streben zum Himmel

Die sogenannte **City-Beautiful-Bewegung** sollte um 1900 das Stadtbild New Yorks komplett verändern. Sie initiierte eine Neugestaltung mit repräsentativen Bauten in verschiedenen historisierenden Stilen. Schon 1811 hatte Stadtbaumeister John Randall ein festes Rastersystem eingeführt: Die Straßen nördlich der Houston Street – in Ost-West-Richtung – wurden durchnummeriert und bildeten Planquadrate mit den Avenues in Nord-Süd-Richtung. Lediglich der Broadway als alter Handelsweg durchschneidet das Netz diagonal.

Die ersten Bauten der City-Beautiful-Bewegung waren neben der **Columbia University** (1893-1913) die **Penn Station** (1910), die **Public Library** (1911) und das **Woolworth Building** (1910-1913) – Musterbeispiele für das damals moderne Stilkonglomerat aus Beaux-Arts-Klassizismus, Renaissance, Gotik und Barock. Als erster „skyscraper" New Yorks galt das damals mit 21 Stockwerken schwindelerregend hohe **Flatiron Building.** Daniel H. Burnham, Wegbereiter der Hochhausarchitektur in Chicago, hatte dieses wegweisende Gebäude 1902 entworfen. Technische Neuerungen wie der Stahlgerüstbau oder die Erfindung des Aufzugs Ende des 19. Jh. waren die Voraussetzungen, die Bauen in die Höhe möglich machten.

„Himmelwärts" lautete die Devise deshalb in den 1920er-Jahren, der großen Ära der Wolkenkratzer, in der weltberühmte Bauten wie **Empire State** oder **Chrysler Building** entstanden. 1932 fixierte Philip Johnson mit dem Manifest „The International Style" die ästhetischen Grundlagen für den modernen Hochhausbau und seitdem addierten sich die Beispiele in New York, vom Lever House (SOM, 1952) über Le Corbusiers UNO-Hauptquartier (1952) und das einstige TWA Building (Saarinen, 1962) bis hin zum PanAm Building (Gropius, 1963 – heute MetLife Building). Ab 1971 sorgte die Architektengruppe „New York Five" mit Peter Eisenman, Michael Graves, John Hejdrik, Richard Meier und Charles Gwathmey, aber auch Architekten wie Charles Moore oder Cesar Pelli für Bauten, die ein zitathafter Eklektizismus (das Herauspicken von Elementen verschiedener Stile) auszeichnete und die den „postmodernen Stil" aus der Wiege hoben. Wegweisende Beispiele sind das AT&T (heute SONY) Building (Johnson, 1984) oder das legendäre **Lipstick Building** (Burgee-Johnson, 1986).

Die **Postmoderne,** d. h. die Rückkehr zu schlichten Glastürmen, leitete schließlich die architektonische Zukunft New Yorks ein, die weit vielgestaltiger ist als alle vorherigen Entwicklungen. Abgesehen von der Neubebauung der World Trade Center Site wird besonders heftig an der Central Park Skyline gebaut, schwerpunktmäßig an der 57th Street. Dort entstanden bzw. entstehen mehrere bleistiftschlanke, sehr hohe, aber architektonisch wenig auffällige Hochhäuser, z.B. One57 (157 W 57th St.), das höchste in Stahlbetonbauweise errichtete Gebäude der Stadt.

Ein Stück östlich steht 432 Park Avenue (Rafael Vinoly) – das höchste Wohngebäude in der westlichen Hemisphäre. Noch im Bau sind 220 Central Park South und 111 W 57th St. (Steinway Tower).

Leben in der Stadt

wichtigen Wirtschaftsfaktor dar. Zudem gilt New York von jeher als **Sitz von TV- und Radiosendern** – die drei großen TV-Anstalten CBS, ABC und NBC sind hier zu Hause.

Die erste Geige in New York City spielt der **Tourismus**, der für Hunderttausende von Jobs und Milliardeneinkünfte sorgt. Für die Deutschen steht New York als USA-Reiseziel auf der Beliebtheitsskala an erster Stelle. Hinzu kommt, dass gut drei Viertel aller deutschen Besucher sogar wiederholt nach New York kommen. 2016 wurde die neue Rekordmarke von 60,3 Mio. Besuchern erreicht, 12,65 Mio. davon waren internationale Besucher, davon sind rund 630.000 Deutsche. Sie folgen nach Briten und Franzosen an dritter Stelle unter den Europäern.

Kultur, Kommerz und Architektur

New York ist eine Drehscheibe der Kunst- und Kulturszene. Schon in den 1920er- und 1930er-Jahren wuchs in New York ein Kunstmarkt heran, Galerien und Museen eröffneten und die Nachfrage wuchs. Heute machen über 100 Museen, unzählige Kunstgalerien und Kinos, Festivals und Konzerte, mehr als 100 Hochschulen, zwei Opernhäuser, Theater in Hülle und Fülle, mehrere Orchester- und Tanzensembles, zahlreiche Bibliotheken und Verlage New York nicht nur zum **kulturellen Zentrum der USA**, sondern zu dem der Welt. Literaten, Musiker und Künstler kommen von jeher hier zusammen.

Historische und moderne Architektur gehen in New York eine beeindruckende Symbiose ein

Alt und Neu gehen in New York eine ungewöhnliche Symbiose ein und detailreich verzierte, historisierende Repräsentativbauten stehen unvermittelt neben stromlinienförmigen, verspiegelten Wolkenkratzern, hübsch renovierte kleine Brownstone-Häuschen neben modern-futuristisch anmutenden Glas- und Beton-Klötzen. New York gilt seit über einem Jahrhundert neben Chicago als die „Stadt der Wolkenkratzer". Nirgendwo sonst ist der *skyscraper* so zum Spiegelbild der Gesellschaft geworden: Jeder Bau steht für sich und doch bilden alle zusammen ein buntes, kontrastreiches und dennoch homogenes Stadtbild.

Kunst und Künstler

Im Bereich der Kunst ist New York untrennbar mit mehreren Namen verbunden: Zum einen mit der **Armory Show 1913**, die den Begriff der „Moderne" neu definierte, da-

Leben in der Stadt

bei jedoch zeitgenössische amerikanische Künstler wie Edward Hopper, Marsden Hartley oder Joseph Stella zunächst noch weitgehend außer Betracht ließ. Doch nach der Ausstellung wurde New York zum Sammelbecken der modernen Kunst. Bereits von etwa 1825 bis 1875 war eine andere Kunstrichtung in New York „großgeworden": die **Hudson River School** – ein Zusammenschluss von Landschaftsmalern wie Thomas Cole oder dem deutschstämmigen Alfred Bierstadt, die romantisch-atmosphärische Landschaftsbilder schufen.

Den Begriff des „**abstrakten Expressionismus**" prägte der New Yorker Jackson Pollock (1912–1956), doch die wohl wichtigste Bewegung der Moderne war die **Pop Art**, die in den 1960er-Jahren in New York ihren Anfang nahm. Die Grenzen zwischen Kunst, Kommerz und Kitsch verschwammen und Künstler wie Andy Warhol, Jasper Johns, Robert Rauschenberg oder Roy Lichtenstein krempelten die Kunstwelt um. Auch im Bereich der **Fotografie** war New York wegweisend: Alfred Stieglitz (1864–1946), Sohn deutscher Auswanderer, brachte erstmals Kunst und Fotografie unter einen Hut; Jacob Riis, Paul Strand oder Cindy Sherman folgten ihm nach.

> **Lesetipps:** Peter Skinner, „New York Luftbilder von den Anfängen bis heute" (Prestel Verlag München, 2016); Petra Giloy-Hirtz, Ira Stehmann (Hrsg.), „New York Sleeps – Christopher Thomas" (Prestel Verlag München, 2016)

Dichtung, Theater und Musik

Paul Auster, einer der berühmtesten Autoren New Yorks, hat mit der aus drei Romanen bestehenden „New York Trilogy" das wohl bekannteste moderne literarische Werk über seine Heimatstadt geschaffen. Aber nicht nur in seinen Büchern spielt New York eine wichtige Rolle. Die Stadt hat große **Schriftsteller und Poeten** quasi am Fließband hervorgebracht: Walt Whitman, Amerikas bedeutendster Lyriker, Henry Miller, Norman Mailer, Tom Wolfe, John Dos Passos, Isaac Bashevis Singer, J(erome) D(avid) Salinger, E.L. Doctorow, John Steinbeck oder Kinky Friedman sind nur ein paar Namen von einer langen Liste.

Zum Ventil eines neuen afroamerikanischen Selbstbewusstseins wurde die **Harlem Renaissance** – eine Kulturbewegung in den 1920er- und 1930er-Jahren –, die in den verschiedensten Genres wirkte: Tanz, Thea-

„Kunst am Bau" – hier die *„Group of Four Trees"* (William/Liberty St. [D22])

ter und Kunst, v. a. aber in der Musik mit dem Aufkommen des Jazz und in der Literatur mit Dichtern wie Jean Toomer, Zora Neal Hurston oder Langston Hughes.

Isaac B. Singer, J.D. Salinger und Saul Bellow, aber auch moderne Autoren wie Michael Chabon, Gary Shteyngart, Jonathan Safran Foer, Nathan Englander oder Shalom Auslander stehen dagegen exemplarisch für die in New York lebendige **jüdischamerikanische Literatur**.

New York hat aber auch **deutsche Dichter und Denker** angezogen, die vor allem während des Naziregimes Zuflucht suchten: die Familie Mann beispielsweise, Bert Brecht, Oskar Maria Graf, Wolfgang Koeppen oder Herman Kesten.

Dass diese „Stadt der Literatur" untrennbar mit dem Theater verbunden ist, liegt nahe. 1732 hatte der Niederländer Rip van Dam in einer Lagerhalle an der Maiden Lane das erste Theater eröffnet, richtig los ging es jedoch erst im frühen 20. Jh. Im Handumdrehen mauserte sich New York zur **„Welthauptstadt des Theaters"** und rings um den Broadway, aber auch in anderen Vierteln werden heute von Musicals über Schauspiele bis hin zu experimentellem Theater alle Genres auf etwa 40 Broadway- und mehr als 300 weiteren Bühnen abgedeckt.

Die Bronx spielte in den 1960er-Jahren eine entscheidende Rolle in der **Musikszene**, hier entwickelte sich Hip-Hop und Rap. Ein weiteres Ausdrucksmittel der afroamerikanischen Szene sind seit den 1980er-Jahren „Poetry Slams", die von New York aus ihren Siegeszug um den Globus antraten. Zuletzt sorgten in der alternativen und Indieszene junge Bands aus New York, vielfach aus Brooklyn stammend, für Furore.

Going Green – New York wird „grün"

„Going Green" ist derzeit angesagt: Städte wie San Francisco, Portland oder Chicago haben den Anfang gemacht und New York zieht nach. Parkanlagen, Gemeindegärten, energiesparende, umweltfreundliche Bauten und Projekte wie Fußgängerzonen, begrünte Pieranlagen, „beaches" oder der High Line Park zeigen New York von einer neuen, „grünen Seite".

Begonnen hatte alles im Frühjahr 2009, als man verkündete: „Der Times Square wird Fußgängerzone". Im Zuge der Verwandlung New Yorks in eine „grüne Stadt" hat die Stadtverwaltung die Einrichtung von **verkehrsberuhigten Zonen** – kleinen Fußgängerzonen mit Sitzgelegenheiten – durchgesetzt. Bislang wurden entlang dem Broadway vom Columbus Circle (59th St.) bis hinunter zum Madison Square Park (23rd St.) bzw. Union Square (14th St.) eine Reihe teilweise verkehrsberuhigter und mit Radwegen versehener Areale eingerichtet. Markiert durch roten oder grünen Bitumenboden, ausgestattet mit Stühlen, Tischen und Liegen sowie Pflanzkübeln sind so Ruhezonen im tosenden Verkehr entstanden. Die zentralen Bereiche liegen zwischen Times und Duffy Square (42nd–47th St.), am Herald Square (34th–35th St.) und am Madison Square Park vor dem Flatiron Building (25th–23rd St.).

Für die zweite Schlagzeile sorgte der sogenannte **High Line Park** [20], nahe dem Hudson River gelegen. Von der Gansevoort Street im boomenden Meatpacking District durch Chelsea bis hinauf zur 34th Street am Javits Convention Center entstand auf einer ehemaligen Eisenbahnlinie

Going Green – New York wird „grün"

zum Schlachthofviertel eine grüne Freizeitoase. Die Hochbahn war von 1929 bis 1934 als Hochviadukt in Stahl erbaut, 1980 stillgelegt und ab 1999 dann als „High Line Project" reanimiert worden. Außer der Promenade gehören kleine Platzanlagen, diverse Kunstinstallationen, Veranstaltungsflächen, Sonnendecks und Bänke sowie eine Begrünung mit ursprünglich hier wachsenden Stauden und Gräsern dazu.

Als weiterer Schritt in Sachen „grün" und „umweltfreundlich" ist die Anlage des **Manhattan Waterfront Greenway** zu werten, eine knapp 50 km lange Route, die als begrünter Geh- und Radweg direkt am Ufer von East und Harlem River fast die gesamte Insel umrundet. Integriert und zu Freizeit- und Erholungszwecken umgestaltet wurden alte Pieranlagen wie Pier 45, 66 oder 84 am Hudson River.

Dass sich New York verstärkt dem Wasser zuwendet, zeigen die Promenaden – wie die **East River Waterfront Esplanade** oder der **Brooklyn Bridge Park**. Der Battery Park bzw. die Esplanade gehen inzwischen lückenlos ins Grün der **Hudson River Park Promenade** über, die sich einmal bis zur 60th Street hinaufziehen soll.

Auch in Brooklyn hat man im Rahmen des Projekts Brooklyn Bridge Park die alten Piers umgestaltet: Zwischen DUMBO und Red Hook (s. S. 67) entstanden Grünanlagen, Veranstaltungsplätze, Radwege, Angelpiers, Spielplätze und sogar Biotope (Marschland). Auch Governors Island [7] wird derzeit attraktiv umgestaltet und das Radwegenetz in allen fünf Stadtteilen beständig erweitert.

Community gardens – Gemeinschaftsgärten auf brachliegenden Grundstücken oder Parkplätzen – blühen bereits seit den 1970er-Jahren auf, anfangs vor allem in Harlem und zunächst illegal. Mittlerweile sind die meisten Gärten sanktioniert und zugleich in dicht bebauten und be-

△ Spaziergang auf der grünen Promenade des High Line Park [20]

siedelten Vierteln wie Harlem, Hell's Kitchen, dem Village oder der Lower East Side zu wichtigen grünen Lungen geworden.

„Grün" ist New York bereits seit Langem in Sachen **Ernährung**. Allein in Manhattan finden regelmäßig Dutzende von *farmers'* bzw. *greenmarkets* statt, in allen fünf *boroughs* sind es über 150, und Biosupermärkte wie Whole Foods (s. S. 92) oder Garden of Eden (s. S. 91) erfreuen sich wachsender Beliebtheit.

LEED (Leadership in Energy and Environmental Design) ist ein von der US-Regierung – genauer, dem U.S. Green Building Council – ins Leben gerufenes Zertifizierungssystem für „grünes Bauen" (www.usgbc.org). Umweltfreundliches Design und ebensolcher Betrieb sind Voraussetzungen, um diese Auszeichnung zu erhalten, die es in Silber, Gold und Platin gibt. Stolz auf eine goldene LEED-Umweltschutzauszeichnung ist das **Hearst Magazine Building** von Sir Norman Foster, ein 46-stöckiges Gebäude (300 W 57th St./8th Ave., nahe Columbus Circle), das den ursprünglichen Sockel von 1928 mit einem Neubau vereint. Es zählt zu den umweltfreundlichsten und ersten „grünen" Gebäuden in New York, bei dem ökologische und energiesparende Technologien zur Anwendung kamen. Sie reichen von Bodenbelag bis zu energiesparender Kühlung und Heizung durch zirkulierendes Wasser, von Regenwassertanks über Sensoren zur Lichtkontrolle bis zur Verwendung von 80 % recyceltem Stahl.

Beim **New York Times Building** (www.newyorktimesbuilding.com) steht das LEED-Zertifikat noch aus. Das Besondere an dem von Renzo Piano geplanten, rund 228 m hohen Wolkenkratzer sind weder das sechsstöckige Atrium noch Lobby Garden und Lobby Auditorium, sondern die umweltschutztechnischen Details, z. B. die Außenhaut, eine neuartige „Glass Curtain Wall" mit keramischen Sonnenschutzelementen, die sich automatisch an Lichteinfall und Sonneneinstrahlung anpassen und damit für energiesparende Klimatisierung und Beleuchtung sorgen. Ein eigenes kleines Gaswerk liefert rund 40 % der benötigten Energie, es wird eine neuartige Fußbodenluftzirkulation zur Kühlung benutzt und der meiste Stahl der Außenkonstruktion besteht aus Recyclingmaterial.

Inzwischen buhlen weitere New Yorker Neubauten um den Ruf als **umweltfreundlichste Gebäude:** So beispielsweise die **Goldman Sachs Headquarters** in Battery Park City. Dieser 43-stöckige Glas- und Stahlturm von Henry Cobb von Pei Cobb Freed & Partners verfügt ebenfalls über modernste Technologien zur Energieeinsparung und zum Umweltschutz und erhielt dafür LEED Gold. Auf dem flächenmäßig größten Bauplatz in Midtown entstand die **Bank of America** (42nd/Avenue of the Americas/One Bryant Park), ein Musterbeispiel für Ökoarchitektur, Nachhaltigkeit und Wirtschaftlichkeit. Unter anderem zeichnen das vierthöchste Gebäude in Manhattan Wasserfilter für Brauchwasser auf dem Dach und ein eigenes Gaskraftwerk aus.

Wie das letztgenannte Gebäude wurde auch das 2009 von Morphosis fertiggestellte **Cooper Union Building** (41 Cooper Sq.) im East Village mit LEED-Platin ausgezeichnet. „**New York by Gehry**" von Frank Gehry (8 Spruce St.) ist auch ohne Zertifizierung eine wegweisende, energie- und kostensparende Glas-Stahl-Konstruktion, wohingegen das **Empire State**

Going Green – New York wird „grün"

Building nach aufwendiger Sanierung ebenfalls das LEED-Gold-Zertifikat erhielt. One World Observatory und Whitney Museum warten hingegen noch auf die begehrte Auszeichnung.

Der erste Bau Frank Gehrys in New York steht am West Side Highway (555 W 18th St.). Neueren Datums (2012) ist sein **Pershing Square Signature Center** mit dem Signature Theatre (s. S. 87). Bernard Tschumis **Blue Building** (105 Norfolk St.) in der Lower East Side fällt ebenso auf wie das am Central Park (432 Park Ave.) entstandene höchste Wohngebäude in der westlichen Hemisphäre (426 m) von Stararchitekt **Rafael Vinoly**.

Weitere Infos zu „Green New York"
› **Community Gardens:**
  www.greenthumbnyc.org,
  www.greenguerillas.org,
  www.moregardens.org,
  www.projectharmonynyc.org
› **High Line Park:**
  www.thehighline.org
› **Manhattan Waterfront Greenway:**
  www.nyc.gov/html/edc/pdf/greenway_mapside.pdf
› **East River Waterfront Esplanade:**
  www.nycedc.com/project/east-river-waterfront-esplanade. **East River Blueway** (www.eastriverblueway.org) heißt die Fortsetzung von South Street Seaport/Brooklyn Bridge bis E 38th St.
› **Hudson River Park:**
  www.hudsonriverpark.org
› **Broolyn Bridge Park:**
  www.brooklynbridgepark.org
› **Farmers'/greenmarkets:**
  www.grownyc.org
› **www.greenopia.com:** grün-alternativer Führer, u. a. zu New York City
› **„Grüne Events" in Downtown:**
  www.downtownny.com/green-around-lower-manhattan

Dachgarten mit Nutzwert: Eagle Street Rooftop Farm in Brooklyn

PRAKTISCHE REISETIPPS

An- und Rückreise

Reiseplanung und Flüge

Es gibt viele Nonstopverbindungen aus dem deutschsprachigen Raum, sowohl zum **John F. Kennedy International Airport** (JFK) als auch zum **Newark Liberty International Airport** (EWR). **La Guardia** (LGA) bedient nur Inlandsflüge. Nonstop fliegen beispielsweise American Airlines, Delta, United und Swiss von Zürich, Austrian Airlines und United Airlines von Wien. United startet auch von Frankfurt, München, Hamburg und Berlin nach Newark, Delta Air Lines von Frankfurt zum JFK, ebenso Air Berlin von Düsseldorf und Berlin. Lufthansa bedient von Frankfurt und München Newark und den JFK Airport. Singapore Airlines fliegt von Frankfurt zum JFK. Daneben gibt es eine Reihe von Umsteigeverbindungen.

Die reine **Flugzeit** beträgt rund neun Stunden. Die **Flugpreise** beginnen bei etwa 600 € (hin/zurück, Nebensaison) und sind nach oben offen. Am teuersten ist es in der Hauptreisezeit im Juli/August sowie rund um Weihnachten und Neujahr. Zur ersten Orientierung helfen die Websites wie www.expedia.de weiter, doch die Fluggesellschaften selbst offerieren ebenfalls immer wieder zeitlich befristete Sonderangebote.

Da der Großteil der Flugzeuge am Nachmittag in Amerika landet und die **Zeitverschiebung** „nur" 6 Stunden beträgt, lassen sich die Auswirkungen des **Jetlag** beim Hinflug weitgehend vermeiden. Die Tage nach der Heimkehr bereiten in der Regel größere Probleme, da man übermüdet am Morgen oder Vormittag in Deutschland ankommt. Zu Hause sollte man dennoch auf den verlockenden Nachmittagsschlaf verzichten und besser einen zusätzlichen Urlaubstag einplanen.

› **Infos** zu allen Flughäfen New Yorks: www.panynj.gov/airports

Ankunft

Mit dem Flugzeug

Der **John F. Kennedy International Airport** ist einer der meistfrequentierten Flughäfen weltweit. Er liegt in Queens, etwa 20 km/eine gute Fahrtstunde von Manhattan entfernt, und ist mit Newark und La Guardia durch private Klein-/Linienbusse verbunden (Details: www.panynj.gov/airports/jfk-airport-connections.html). Im Airport Ground Transportation Center in jedem Terminal des JFK gibt es Auskünfte und Tickets für die Shuttlebusse in die Stadt. Grundsätzlich bieten sich folgende Alternativen:

› **Taxi:** $ 52 Fixpreis (werktags 16–20 Uhr $ 57) plus Brückenzoll/Tunnelgebühr und Trinkgeld, ca. $ 60–65 insgesamt, Fahrtdauer 45–60 Min.

› per **Kleinbus** zu Hotels bzw. zentralen Haltepunkten in Manhattan (einfache Fahrt ab ca. $ 17), Abfahrt etwa alle 30 Min., Anbieter z. B. GO AirLink (Infos: www.goairlinkshuttle.com, Tel. 212 8129000 oder 18775998200). Je nach Verkehr, Zahl der Fahrgäste bzw. Haltepunkte mind. 60 Min. Fahrtdauer. Infos zu anderen Transfermöglichkeiten erhält man unter www.panynj.gov/airports/jfk-taxi-car-van-service.html#carandvan

› mit der **Subway** – die preiswerteste, aber zeitaufwendigste Möglichkeit. Mit dem öffentlichen Nahverkehr gelangt man für nur $ 8 vom Flughafen in die Stadt, allerdings ist diese Variante wegen des eventuell nötigen Umsteigens

◁ *Vorseite: Gelbe Taxis (s. S. 137) – ein Symbol für New York*

An- und Rückreise

> **EXTRATIPP**
>
> **Mit der Limousine in die Stadt**
> GO AirLink bietet außer „shared rides" in Shuttlebussen auch Limousinen in verschiedenen Größen mit Fahrer, die Familien oder Kleingruppen **zum Teil günstiger als Taxis** vom Flughafen nach Downtown (und umgekehrt) bringen. Je nach Zeit und Strecke kann man als Gruppe ab ca. $ 90 im Luxus-Sedan oder SUV fahren.
> ❯ Infos: www.goairlinkshuttle.com

nur etwas für Leute mit leichtem Gepäck. Per AirTrain geht es im 4- bis 10-Min.-Takt von jedem Terminal für $ 5 in rund 12 Minuten zur Subway-Station Howard Beach und von dort mit der Line A („Far Rockaway") für $ 3 in 70 bis 90 Minuten nach Manhattan (Tickets an Metro-Card-Automaten). Eine zweite, längere Variante ist die Fahrt mit dem AirTrain zur Subway-Station Sutphin Blvd./Archer Ave. und dann mit den Linien E, F oder Z in die Stadt. Die Bahn verkehrt rund um die Uhr alle 10 bis 20 Minuten.
❯ Infos: www.mta.info, www.panynj.gov/airports/jfk-ground-transportation.html

Der **Newark Liberty International Airport** (EWR) befindet sich 26 km südwestlich von Manhattan. Per AirTrain geht es vom Flughafen zur Newark Liberty International Airport Station und von dort mit Zügen von NJ Transit oder Amtrak via Newark Penn Station zur Penn Station/Manhattan (5–2 Uhr, ca. $ 13, www.njtransit.com, Tel. 18006267433). Es gibt keinen Taxi-Festpreis (Fahrpreis $ 50–70) und es verkehren ebenfalls Shuttlebusse, günstig sind z. B. die von Go AirLink.
❯ Infos: www.panynj.gov/airports/ewr-taxi-car-van-service.html

Per Bahn oder Bus

Die (halbstaatliche) Eisenbahngesellschaft **Amtrak** bietet sich dank der Acela-Express-Züge und Metroliner für Städtetrips entlang der Ostküste zwischen Boston, New York, Philadelphia und Washington an.

Es verkehren überdies auch Züge nach Chicago (und weiter an die Westküste) sowie nach Atlanta, New Orleans und Florida. In New York befindet sich der Amtrak-Bahnhof **Penn(sylvania) Station** im Madison Square Garden ㉓.
❯ Infos: www.amtrak.com bzw. www.crd.de/reisearten/bahnreisen/amtrak-usa/c-110-index.html

Regionalzüge aus New Jersey (PATH) und Long Island (LIRR) treffen ebenfalls in der Penn(sylvania) Station ein. Die Regionalzüge aus dem Norden (New York State und Connecticut) halten hingegen im **Grand Central Terminal** ㉗ (Metro-North Railroad, MNR).

Abgesehen von der nationalen Gesellschaft Greyhound (Port Authority Bus Terminal, 8th Ave./40th–42nd St.) gibt es lokale **Busgesellschaften** wie Megabus oder Boltbus, die ebenfalls die großen Ostküstenstädte (preiswert) miteinander verbinden.
❯ Infos: www.greyhound.com, http://us.megabus.com, www.boltbus.com, www.gotobus.com/eastern

Mit dem Schiff

Der berühmte Luxusliner **Queen Mary II** („QM2") der Cunard Line bietet eine Linienverkehrsverbindung von Southampton (Großbritannien) bzw. Hamburg nach New York. Die Schiffsreise dauert 7 bis 10 Tage (einfache Strecke) und zurück von NYC geht es dann per Flugzeug (oder umgekehrt).
❯ Infos: www.cunard.de oder http://cunard.kreuzfahrtagentur.eu

Autofahren

Das Autofahren ist in den USA normalerweise eine entspannende Angelegenheit, die Ausnahme ist aber New York, wo nur Leute mit starken Nerven und viel Zeit selbst fahren sollten.

Ständige Staus, Einbahnstraßen, akuter Parkplatzmangel, astronomisch hohe Parkgebühren und dazu erhöhte Mietwagen- und Benzinpreise, vor allem aber eine aggressive Fahrweise machen das Herumkommen im Pkw zum puren Stress. Sinnvoller ist es, das gut ausgebaute **öffentliche Verkehrssystem** zu nutzen.

Wer aus bestimmten Gründen dennoch einen **Leihwagen** braucht, bucht ihn am besten bereits zu Hause, da die Pakete (mit Versicherungen und unbegrenzten Kilometern) weit günstiger kommen als eine Buchung vor Ort. Unter http://nyc.bestparking.com finden sich **Parkplätze** und aktuelle Tarife.

Barrierefreies Reisen

Die USA sind für Menschen mit Behinderung *(handicapped/disabled people)* ein ideales Reiseland und selbst eine Reise ins quirlige New York City ist machbar.

Auf der Website des Bürgermeisters, „Mayor's Office for People with Disabilities" (www.nyc.gov/html/mopd), kann die Broschüre „**NYC – Official Accessibility Guide**" (auf Englisch) z. B. mit Infos zu möglichen Hilfen und zur Zugänglichkeit von öffentlichen Einrichtungen aller Art, Verkehrsmitteln, Museen, Theatern oder Klubs als PDF heruntergeladen werden. Lediglich zu Restaurants und Hotels müssen Informationen gesondert eingeholt werden.

› zu Bahnen und Bussen:
  http://web.mta.info/accessibility
› **Big Apple Greeter** (s. S. 129) bietet auch (Gratis-)Touren für Menschen mit Behinderung an.

Diplomatische Vertretungen

In Deutschland, Österreich, Schweiz

> Botschaft der Vereinigten Staaten, Pariser Platz 2, D–10117 Berlin, Tel. 030 83050, Konsularabteilung (Visa): Clayallee 170, Tel. 030 83050, https://de.usembassy.gov/de
> Botschaft der Vereinigten Staaten, Boltzmanngasse 16, A–1090 Wien, Tel. 1 313390, Visa: Tel. 0 720116000, Visa: https://at.usembassy.gov/de
> Botschaft der Vereinigten Staaten, Sulgeneckstr. 19, CH–3007 Bern, Tel. 031 3577011, Visa-Terminabsprachen: Tel. 031 5800033, http://bern.usembassy.gov
> Eine Liste aller **Auslandsvertretungen** findet sich unter www.auswaertiges-amt.de (D), www.bmeia.gv.at (A), www.eda.admin.ch (CH)

In New York

- **200** [D12] **Austrian Consulate General**, 31 E 69th St. (Upper East Side), NY 10021, Tel. 917 6129792, www.bmeia.gv.at/botschaft/gk-new-york.html
- **201** [D15] **Consulate General of Switzerland**, 633 3rd Ave. (Midtown), NY 10017–6706, Tel. 212 5995700, www.eda.admin.ch/newyork
- **202** [E14] **German Consulate General**, 871 United Nations Plaza (1st Ave./49th St., Midtown East), NY 10017, Tel. 212 6109700, www.new-york.diplo.de

Selbst mit dem Auto zu fahren, ist in New York wenig empfehlenswert

Ein- und Ausreisebestimmungen

Einreiseformalitäten

Dank des **Visa Waiver Program** (VWP) ist ein Visum für Staatsbürger von Teilnehmerländern (wie Deutschland, Österreich und die Schweiz) bei einem Aufenthalt von max. 90 Tagen und bei Vorlage eines Rückflugtickets nicht nötig. Besucher müssen im Besitz eines maschinenlesbaren **Reisepasses** („e-Pass") sein, der mindestens noch die gesamte Aufenthaltsdauer lang gültig ist. Auch **Kinder benötigen einen eigenen Pass.** Reisen Kinder nur mit einem Elternteil, kann sowohl bei der Ausreise aus Deutschland als auch bei der Einreise in die USA eine **Einverständniserklärung des anderen Elternteils** erforderlich sein. Infos erhält man beim Auswärtigen Amt bzw. beim zuständigen Konsulat/der Botschaft.

Alle Bürger, auch Kinder, die ohne Visum einreisen, müssen sich spätestens 72 Stunden vor Abflug online registrieren lassen (**Electronic System for Travel Authorization – ESTA**). Dieser Registrierungsvorgang kostet einmalig $ 14. Die Registrierung kann im Reisebüro oder im Internet auf folgender Website erfolgen:

> https://esta.cbp.dhs.gov (Antrag) bzw. http://german.germany.usembassy.gov/visa/vwp/esta (deutsche Erläuterungen und Link)

Erfragt werden Name, Geburtsdatum, Adresse, Nationalität, Geschlecht, Passdetails, erstes Hotel, Zweck und Dauer der Reise etc. Wer einmal registriert ist, kann innerhalb von zwei Jahren mehrfach einreisen, sofern der Pass gültig ist. Außerdem müssen die Fluggesellschaften im Rahmen von **Secure Flight** 72 Stunden vor Abflug alle **maßgeblichen Passagierdaten** zur Weiterleitung an die TSA (Transportation Security Administration) vorliegen haben: voller Name gemäß Reisepass, Geburtsdatum, Geschlecht. Normalerweise werden diese Angaben bereits bei Flugbuchung gefordert. Die erste Adresse in den USA inklusive Postleitzahl kann beim Check-in nachgereicht werden.

Wer länger als 90 Tage im Land bleiben möchte – zum Beispiel zum Studieren oder Arbeiten – oder Staatsbürger eines Landes ist, das nicht am VWP teilnimmt, muss sich ein **Visum** beschaffen. Ebenfalls **nicht mehr visumsfrei** einreisen dürfen Staatsangehörige von VWP-Ländern, die seit dem 1.3.2011 **in den Irak, den Sudan, nach Iran oder Syrien gereist** sind oder die entsprechende **doppelte Staatsangehörigkeit** besitzen.

Infos dazu gibt es unter:
› https://de.usembassy.gov/de/visa bzw. https://travel.state.gov

Einreisekontrolle

Am Einreiseschalter *(Immigration Counter)* des ersten Flughafens in den USA wird der Pass gescannt und **Fragen** zu Reiseroute, Zweck der Reise, Beruf, Bekannten oder Freunden in USA, evtl. auch zum Reisebudget gestellt. Es werden **tintenlose Fingerabdrücke** genommen und es wird ein **Foto** gemacht, ehe es den Stempel mit einer auf normalerweise drei Monate festgelegten Aufenthaltsdauer in den Pass gibt. Keine Angst, der Vorgang selbst dauert nur wenige Minuten. Infos zu aktuellen Einreisebestimmungen findet man im Internet:
› www.auswaertiges-amt.de/DE/ Laenderinformationen/00-SiHi/UsaVereinigteStaatenSicherheit.html

Zoll

Im Flugzeug werden weiße Zollerklärungen *(customs forms)* verteilt, auf denen anzugeben ist, ob und welche Waren mitgeführt werden. Eine Devisenbeschränkung gibt es nicht, lediglich Summen über $ 10.000 müssen deklariert werden.

Nähere Informationen liefern die lokalen Zollämter bzw. folgende Websites:
› **Deutschland:** www.zoll.de
› **Österreich:** www.bmf.gv.at/Zoll
› **Schweiz:** www.ezv.admin.ch

Einfuhr USA

› 1 l Alkohol bzw. 200 Zigaretten oder 100 Zigarren (keine kubanischen)
› Geschenke im Wert bis $ 100
› Verboten ist die Einfuhr aller tierischen und pflanzlichen Frischprodukte/ Lebensmittel sowie von Samen und Pflanzen, außerdem Klappmesser u. a. gefährlichen Objekten. Bei Medikamenten in größeren Mengen empfiehlt es sich, ein ärztliches Attest dabei zu haben, da die Einfuhr von Rauschmitteln untersagt ist.
› Weitere Details unter www.cbp.gov/ travel/international-visitors

Einfuhr Deutschland/Österreich/ Schweiz

› **Tabakwaren** (über 17-Jährige in EU-Länder und CH): 200 Zigaretten oder 100 Zigarillos oder 50 Zigarren oder 250 g Tabak
› **Alkohol** (über 17-Jährige in **EU-Länder**): 1 l über 22 Vol.-% oder 2 l bis 22 Vol.-% und zusätzlich 4 l nicht-schäumende Weine; in die **Schweiz:** 2 l (bis 15 Vol.-%) und 1 l (über 15 Vol.-%)
› **Andere Waren** für den persönlichen Gebrauch (über 15-Jährige): Waren bis zu 430 €, in die Schweiz bis zum Wert von CHF 300

Elektrizität, Geldfragen

Elektrizität

In den USA gibt es **Wechselstrom von 110 bis 115 V**, daher müssen Geräte wie Föhn oder Rasierapparat umstellbar sein. Wegen der anderen Steckdosenform ist außerdem ein **Adapter** nötig, den man am besten schon von zu Hause mitbringt bzw. in einem Flughafen- oder Elektronikgeschäft kauft.

Geldfragen

Kreditkarten und Reiseschecks

Das Zauberwort heißt **credit card** (CC), wobei Mastercard und Visa die gebräuchlichsten sind. Selbst Kleinstbeträge werden mit Kreditkarte bezahlt und sie ist nötig, um Kaution (z. B. für den Mietwagen) zu hinterlegen bzw. eine Buchung zu garantieren. Für das bargeldlose Zahlen (PIN bereithalten) werden ca. 1 bis 2 % des Betrags für den Auslandseinsatz berechnet, Bargeld am Automaten (**ATM**, **A**utomatic **T**eller **M**achine), bei Banken, aber auch in Geschäften zu ziehen, kostet von 0 bis 5,5 % an Gebühr.

Immer mehr Banken sperren die **Debit-(EC-)Karten** aus Sicherheitsgründen für den **Einsatz im außereuropäischen Ausland**. Wer in den USA damit Bargeld abheben möchte, sollte sich im Vorfeld erkundigen und die Karte ggf. freischalten lassen. Viele deutsche Banken statten ihre Geldkarten zudem statt mit **Maestro** mit der Bezahlfunktion **V PAY** (www.vpay.de) aus. Diese funktionieren in den USA nicht.

Beim Abheben von Bargeld wird manchmal die Abrechnung in Euro angeboten (**Dynamic Currency Conversion**). Meist wird dabei ein **ungünstiger Wechselkurs** zugrundegelegt und eine Abbuchung in Dollar ist vorzuziehen, da dann der offizielle Devisenkurs gilt.

Travelers Cheques (TC) können über American Express oder Travelex bestellt werden. In Hotels oder Geschäften werden sie aber nur noch ungern oder gar nicht mehr umgetauscht bzw. als Zahlungsmittel akzeptiert. Wie Kreditkarten sind Schecks **versichert** (die Seriennummern notieren und Kaufbeleg aufbewahren!) und bei Verlust oder Diebstahl können die Sperrung und der Ersatz von Karten oder Schecks veranlasst werden (s. S. 124).

Bargeld

Bargeld ist nur in wenigen Fällen unbedingt nötig, etwa an Automaten (v. a. Quarter-Münzen). Selbst in Supermärkten kann mit Kreditkarte bezahlt werden. Es ist kein Problem, in einer Bank oder (schneller) in einer Filiale von American Express (z. B. Macy's, s. S. 90, oder World Financial Center ❸), Change Group, Travelex oder Choice Forex Euro (oder Reiseschecks) umzuwechseln, allerdings ist der Kurs oft ungünstig und es fallen Gebühren an.

Die amerikanische Währungseinheit ist der **US-Dollar**: $ 1 (one „buck") besteht aus 100 Cent (c).
› **Münzen**: Penny (1 c), Nickel (5 c), Dime (10 c), Quarter (25 c). Quarter werden häufig für Automaten gebraucht.
› **Banknoten** gibt es im Wert von $ 1, 5, 10, 20, 50, 100, 500 und 1000 („Grand").

Wechselkurs
(Stand Januar 2017)

$ 1 = 0,95 € / 1,02 SFr
1 € = $ 1,05
1 SFr = $ 0,98

New York City preiswert

Mit **CityPass, Explorer Pass** oder **New York Pass** (s. S. 75) kann man Geld bei Eintritten, Touren u. a. Attraktionen sparen. Viele **Museen** bieten an bestimmten Tagen verbilligten/freien Eintritt (z. B. Whitney Museum ⑲ oder MoMA ㉛).

Rabattcoupons (u. a. Museen, Touren) gibt es unter www.smart save.com/things-to-do-in-new-york und www.nycgo.com/maps-guides/free-in-nyc informiert umfassend über Gratisangebote in NYC.

Bei **TKTS** (s. S. 82) gibt es ermäßigte Theater- und Konzertkarten für Veranstaltungen am selben Tag. *Gratiskonzerte* finden im Sommer z. B. im Central Park ㉞ oder auf öffentlichen Plätzen (z. B. Bryant Park, Prospect Park, s. S. 86) und in Kirchen statt. Hotelschnäppchen (meist Jan./Febr.) gibt es auf www.nycgo. com. Während der Broadway und der Off-Broadway Week (s. S. 82) werden „two-for-one"-Tickets angeboten.

Wer viel mit dem öffentlichen Nahverkehr unterwegs ist, für den lohnt sich der Kauf einer der günstigen **Wochenkarten** (s. S. 137).

Stadtführungen gegen Trinkgeld bieten u. a. Free Tours by Foot (www. freetoursbyfoot.com/new-york-tours) oder Big Apple Greeter (s. S. 129). Eine **Stadtbesichtigung per Linienbus** kann man z. B. mit den Linien M2, M3, M4 oder M5 unternehmen.

Während der **Summer** bzw. **Winter NYC Restaurant Week** (Mitte Febr.-Anf. März bzw. Juli/August) bieten ausgewählte Restaurants an Werktagen preiswerte 3-Gänge-Menüs zu festgelegten Preisen an.

Preise und Kosten

Die **Hotelkosten** in New York belasten das Reisebudget am meisten. Was **Verpflegung** angeht, kommt man im Allgemeinen preiswert weg. Angesichts der enorm großen Angebotspalette gibt es hinreichend Alternativen zu teuren Restaurants und man kann preislich oft sogar günstiger wegkommen als in europäischen Großstädten.

Die **Eintrittspreise** sind der Qualität und Größe der Museen angemessen und entsprechen europäischem Niveau. Es gibt für Studenten und Senioren Ermäßigungen und gelegentlich zu bestimmten Zeiten verbilligten oder freien Eintritt.

Die Ticketpreise für den **öffentlichen Nahverkehr** sind – angesichts der möglichen Streckenlängen – sehr moderat.

Informationsquellen

Informationen zu Hause

New York ist durch eine deutsche Agentur vertreten, die auch für Anfragen aus Österreich und der Schweiz zuständig ist:

› **NYC & Company,** c/o Aviareps Tourism, Josephspitalstr. 15, 80331 München, Tel. 089 552533835, www.nycgo. com/de
› **Deutsch-amerikanische Kulturinstitute,** die es z. B. in München, Berlin oder Nürnberg gibt, verfügen über Bibliotheken und bieten Infoveranstaltungen und Beratung (z. B. für Austauschschüler), Lesungen u. a. Events. Adressen unter: https:// de.usembassy.gov/de/deutschamerikanische-beziehungen/deutsch-amerikanische-kulturinstitute-in-deutschland.

Informationsquellen

Infostellen in der Stadt

Touristeninformation

NYC & Company betreibt mehrere Informationsstellen in der Stadt, die meist von 9 bis mind. 18 Uhr geöffnet haben (www.nycgo.com/articles/official-nyc-information-centers):

- ❶ 203 [C16] **Official NYC Information Center at Macy's Herald Square,** 151 W 34th St.
- ❶ 204 [D22] **Official NYC Information Center – City Hall,** Südspitze des City Hall Park, Park Row (Kiosk)
- ❶ 205 [C15] **Official NYC Information Center – Times Square,** Broadway Plaza, 43rd–44th St.
- ❶ 206 [E22] **Official NYC Information Center – South Street Seaport,** East River Waterfront Esplanade, Pier 15 (in einem Bau mit Hornblower Cruises)

Darüber hinaus gibt es ein Infocenter in der Federal Hall:
- ❶ 207 [D23] **Infocenter Federal Hall,** 26 Wall St., www.nps.gov/feha, Mo.–Fr. 9–17 Uhr

Die **Downtown Alliance** (www.downtowny.com) betreibt ebenfalls mehrere Informationskioske:
- ❶ 208 [C22] **Downtown Alliance (1),** 7 World Trade Center, tgl. 9–19 Uhr
- ❶ 209 [D23] **Downtown Alliance (2),** Bowling Green Park, tgl. 8–18 Uhr
- ❶ 210 [C23] **Downtown Alliance (3),** Pier A, Harbor House, tgl. 8–18 Uhr

Chinatown unterhält einen eigene Infostelle:
- ❶ 211 [D21] **Explore Chinatown Info Kiosk,** Kreuzung Canal/Baxter/Walker St., www.explorechinatown.com

Veranstaltungs- und Kartenservice

Tickets für Theater, Veranstaltungen u. Ä. bucht man am besten möglichst **frühzeitig** oder sogar schon von zu Hause aus über den Reiseveranstalter oder das Internet.

In New York erhält man Karten unter anderem in den **Official NYC Information Centern** oder bei einer der Filialen von **Ticketmaster** (s. S. 82). Bei **TKTS** gibt es für Veranstaltungen am selben Tag ermäßigte Eintrittskarten (s. S. 82).

△ *Infokiosk von NYC & Company am Rand des City Hall Parks*

Die Stadt im Internet

› www.nycgo.com – offizielle Website von NYC & Company, dem Tourismusamt, mit Links verschiedenster Art
› www.nyc.gov – Website der Stadtverwaltung, v. a. die Rubrik „Visitors" ist auch für Besucher interessant
› www.nycgovparks.org – Informationen zu allen der Parkverwaltung unterstehenden Sehenswürdigkeiten, z. B. Ellis Island
› www.citysearch.com/guide/newyork-ny-metro – Informationen und Wertungen zu den verschiedensten touristischen Aspekten

Unsere Literaturtipps

› *Ascher, Kate: The Works: Anatomy of a City*, 2005. Ein hochinteressantes Buch über die Infrastruktur und das „Funktionieren" der Stadt mit vielen Illustrationen.
› *Auster, Paul: Mond über Manhattan*, 1989. Genauso lesenswert sind *„Die New York-Trilogie"*, 1988 und *„Die Brooklyn Revue"*, 2006.
› *Baker, Kevin: Dreamland*, 2000. New York um 1900 mit den skurrilsten Typen, v. a. Coney Island und Lower East Side als Schauplätze.
› *Dos Passos, John: Manhattan Transfer*, 1925. Der Roman über den „Großstadtdschungel".
› *Fitzgerald, F. Scott: Der Große Gatsby*, 1925. Ebenfalls ein Klassiker der New-York-Literatur.
› *Foer, Jonathan Safran: Extrem laut und unglaublich nah*, 2005. Der Autor aus Brooklyn schildert die Ereignisse von „9/11" aus der Sicht eines 9-jährigen Jungen, der seinen Vater verloren hat.
› *Friedman, Kinky: u. a. Greenwich Killing Time*, 1992, und *Der glückliche Flieger*, 2005. Der jüdische Texaner lebt in Greenwich Village und schildert in seiner ungewöhnlichen Krimiserie skurrile Fälle.
› *MacLean, Alex, Über den Dächern von New York*, 2012. Faszinierende Bilder von New York aus der Vogelperspektive.
› *Niemann, Christoph: Abstract City – Mein Leben unterm Strich*, 2012. Humorvolle Illustrationen und Kurztexte zum Alltag in NY.
› *Schwartz, Arthur: Arthur Schwartz's New York City Food*, 2008. Lesenswerte Einführung in die kulinarische Szene von New York mit Rezepten.
› *Selby, Hubert: Letzte Ausfahrt Brooklyn*, 1965. Über den Niedergang Brooklyns und seiner Bewohner – ein Romanklassiker!
› *Skinner, Peter: New York Luftbilder von den Anfängen bis heute*, 2016. Schön aufgemachter Bildband im Prestel Verlag.
› *Stringer, Lee: Grand Central Winter*, 1998. Fesselnde Geschichte aus dem Leben der „homeless people". Der Autor lebte selbst lange auf der Straße bzw. auf den Schienen.
› *Vandenberghe, T., J. Gossens, L. Thys, New York Street Food*, Hädecke Verlag 2013. Interessantes zu den Straßenimbissen in NYC, dazu Rezepte zum Nachkochen.
› *White, Norval u. a.: AIA Guide to New York City*, 2010 (5. Aufl.). Der ultimative Architekturführer!

- www.timeout.com/newyork – Website des gleichnamigen Wochenmagazins mit aktuellen Infos und Terminen
- http://nymag.com – Tagesaktuelle Informationen zu Restaurants, Shoppingmöglichkeiten, Filmen, Kultur, Nachtleben und interessante Berichte.
- www.notfortourists.com/NewYork.aspx – „Insidertipps" zu Restaurants, Theatern, Museen, *neighborhoods* u. a.
- http://innewyork.com – Tipps zu Shopping, Essen gehen und Entertainment
- http://explorebk.com, www.ilovethebronx.com, http://itsinqueens.com, www.visitstatenisland.com

NYC-Apps

- **iTrans NYC Subway** ($ 3,99 für iOS) und **MyTransit NYC** (gratis für Android): Apps zum Nahverkehr mit praktischen Tipps zu Linien und Fahrplänen sowie aktuellen Infos
- **Time Out New York:** Nützliche App des informativen Wochenmagazins mit Tipps zu Restaurants, Läden, Nightlife und Events (gratis für iOS und Android)
- **Broadway.org:** Infos über gerade laufende und geplante Broadway-Shows mit der Möglichkeit, direkt Tickets zu erwerben (gratis für iOS und Android)
- **NY Times:** App der New York Times mit Nachrichten und Veranstaltungshinweisen (kostenlos für iOS und Android)
- **m.nycgo.com:** Mobile Seite von New York City & Company, zum Beispiel mit Empfehlungen zu Gastronomie sowie Shopping und „what's nearby"-Funktion

Publikationen und Medien

Stadtpläne gibt es bei den Touristeninformationen (s. S. 119). Ebenfalls hilfreich sind die Faltkarten „StreetSmart NYC" – v. a. die zu Manhattan. Dazu sollte man sich einen kostenlosen **MTA-(Nahverkehrs-)Plan** beschaffen – erhältlich in größeren Subway-Stationen – oder ausdrucken (http://mta.info/maps).

Zeitungen und Stadtmagazine

Beilagen in Tageszeitungen, z. B. der „Weekend Guide" (Fr.) oder „Arts & Leisure" (Do.) in der New York Times, geben Auskunft über das aktuelle Geschehen und Veranstaltungen.

Unter den zahlreichen **Gratisheften** zählen die monatlich erscheinenden Hefte **Where** – umfassende Listen sowie Artikel – und **IN New York** – viel zu Shopping sowie Veranstaltungskalender – zu den informativsten.

An **Stadtmagazinen** lohnen:
- **Time Out New York**, www.timeout.com/newyork, jeden Mittwoch, gratis. Rubriken wie „Food & Drink", „Arts & Culture" oder „Music & Nightlife" sowie Beiträge, Empfehlungen für alle Stadtteile, Veranstaltungskalender und Museumsliste.
- **New York Magazine**, http://nymag.com, wöchentlich. Viel Lesestoff, außerdem Listen (Nachtklubs, Restaurants, Museen, Shops etc.).
- **The New Yorker**, www.newyorker.com, wöchentlich. Eher intellektuelles „Lesemagazin".
- **Village Voice**, www.villagevoice.com, kostenloses Wochenmagazin. Kritisch-politisch mit interessanten Artikeln, Leserservice mit Veranstaltungen u. a.

Internet

Internetnutzung stellt dank **zahlreicher WLAN-Hotspots** in New York kein Problem dar. Zum Beispiel verfügen folgende zentral gelegene **Parks und Plätze** über Hotspots: Times Square, Bowling Green Park, Bryant Park (s. S. 48), City Hall Park ⓬,

Pier 17 (South Street Seaport ⓫), Union Square Park [D18], World Financial Center ❸ und Winter Garden.

Gegenwärtig werden an alten Telefonsäulen neue **LinkNYC-Terminals** installiert, die freies WLAN, Gratistelefonate innerhalb der USA, ein Tablet für Informationen und Ladestationen für Smartphones bieten (www.link.nyc).

In **Hotels** ist Internetzugang nicht immer kostenlos und gelegentlich nur in der Lobby, nicht aber im Zimmer verfügbar.

In vielen **Cafés** (wie Starbucks), **Geschäften** (Chelsea Market, Apple Store) und in **öffentlichen Einrichtungen** (Public Library) gibt es ebenfalls WLAN-Hotspots oder internettaugliche Computer. Listen der Hotspots finden sich unter:
› http://manhattan.about.com/od/citylife1/a/freewifihotspot_2.htm
› www.downtownny.com/programs/free-public-wifi
› www.nycgo.com/articles/wifi-in-nyc

Die **Nahverkehrsgesellschaft MTA** arbeitet daran, Handyempfang und WLAN auch in Zügen anzubieten. Bereits jetzt gibt es in vielen Subway-Stationen in Manhattan (z. B. Times Square, Rockefeller Center und Columbus Circle) freien Empfang:
› Eine **Übersicht** über die Hotspots findet sich unter http://transitwirelesswifi.com/active-stations.

Maße und Gewichte

Längen

1 inch (in)	2,54 cm
1 foot (ft)	30,48 cm
1 yard (yd) (= 3 feet)	0,91 m
1 mile (= 1760 yards)	1,61 km

Hohlmaße

1 pint	0,47 l
1 quart (= 2 pints)	0,95 l
1 gallon (= 4 quarts)	3,79 l

Flächen

1 square inch	6,45 cm²
1 square feet	929 cm²
1 square yard	0,84 m²
1 acre	4046,80 m²
	(0,405 ha)
1 square mile (= 640 acres)	2,59 km²

Gewichte

1 ounce (oz)	28,35 g
1 pound (= 16 ounces)	453,59 g

Temperaturen

Umrechnungsschlüssel:
(Grad Fahrenheit - 32) x 0,56 = Grad Celsius, z. B.:

23 Grad F	-5 Grad C
32 Grad F	0 Grad C
50 Grad F	10 Grad C
60 Grad F	15 Grad C
70 Grad F	21 Grad C

Medizinische Versorgung

Besonderen Risiken sind USA-Reisende nicht ausgesetzt, spezielle Impfungen nicht nötig, das Wasser ist gelegentlich etwas gechlort, aber qualitativ gut. Erkältungen wegen der üblichen **Vollklimatisierung** von Räumen, Läden etc. kann man durch entsprechende Kleidung (Jacke, Pullover, Halstuch) vorbeugen. **Hygiene** wird in den USA großgeschrieben und WCs sind normalerweise sehr sauber.

Den hohen Arzt-, Medikamenten- und Krankenhauskosten in Amerika steht ein **hoch entwickeltes medizinisches System** gegenüber. Eine schnelle und gründliche Behandlung ist daher gesichert, immer vorausgesetzt, man kann die eigene **Zahlungsfähigkeit** (zum Beispiel durch die Vorlage einer Kreditkarte) nachweisen.

Bei Praxisbesuchen muss der Patient im Allgemeinen sofort bezahlen. Gesetzliche Krankenkassen übernehmen die Kosten für eine Behandlung in den USA nicht, weswegen der Abschluss einer **Auslandskrankenversicherung** (s. S. 138) auf jeden Fall ratsam ist.

Krankenhäuser und Arztpraxen

Hausbesuche sind in den USA an sich unüblich. Im Notfall ruft man die Ambulanz oder fährt zu einer Krankenhausnotaufnahme *(emergency room)*.

➜ **212** [D11] **Doctors House Call Service/ Travelers Medical Center,** 952 5th Ave./76th St., Tel. 212 7371212. Arztbesuche rund um die Uhr, auch in Hotels sowie *medical center* (24 Std.), Anmeldung nötig.

➜ **213** [B13] **City MD,** 315 W 57th St. (8–9th Ave.), Tel. 212 3152330, Mo.–Fr. 8–22, Sa./So. 9–21 Uhr, zentral am Columbus Circle gelegen

➜ **214** [B15] **Dr. Walk-In,** Times Sq, W 661 8th Ave,/42nd St., www.drwalkin.com. Arztservice in Duane-Reed-Drogeriemärkten. Ohne Voranmeldung, mehrere Filialen.

Zahnärztliche Notfälle

➜ **215** [D18] **Emergency Dentist NYC,** 100 E 12th St., Tel. 646 3368478. 24-Stunden-Notfallservice.

Apotheken

Pharmacies (Apotheken) sind selten, dafür gibt es in jedem Supermarkt und *drugstore* ein Grundsortiment (größer und preiswerter als z. B. in Deutschland) an freiverkäuflichen Arzneimitteln. In *drugstores* kann man an speziellen Schaltern auch ärztliche Verordnungen *(prescriptions)* für rezeptpflichtige Medikamente einlösen. Verbreitet in New York sind **CVS Pharmacy, Duane Reade** und **Rite Aid.** Auf internationale Reisende spezialisiert ist:

➜ **216** [E15] **U.N Plaza Pharmacy,** 800 2nd Ave., Tel. 646 9187363

Mit Kindern unterwegs

Kinder sind in den USA gern gesehen und kommen in den Genuss vielerlei **Vergünstigungen,** z. B. in **öffentlichen Verkehrsmitteln** (kostenlose Fahrt bis 1,12 m Körpergröße). In **Hotels** übernachten Kids oft kostenlos im Zimmer ihrer Eltern, **Restaurants** bieten vielfach Kindermenüs und -sitze, in **Museen** gelten Sondertarife.

NYC & Co. hat **Tipps** für Kids zusammengestellt, die unter www.nycgo.com/maps-guides/family-friendly abgerufen werden können. Interessant sind beispielsweise Besuche im **Children's Museum of Manhattan,** im **American Museum of Natural History** ④⓪ und im **Zoo,** z. B. im Bronx Zoo (s. S. 69) oder im Zoo des **Central Park** ③④ mit 4D-Theater, wo sich auch das **Marionette Theater At The Swedish Cottage,** Spielplätze und Karussells befinden. Ein besonderes (historisches) Karussell, **Jane's Carousel,** gibt es im Brooklyn Bridge Park ④④ zu Füßen der Brooklyn Bridge ④③ (Empire Fulton Ferry Park). Ebenfalls unterhaltsam sind ein Ausflug nach **Coney Island** 46, eine Fahrt mit dem **Water Taxi** (s. S. 130) oder eine **Radtour** auf dem Manhattan Waterfront Greenway (s. S. 127).

Leckeres **Eis** gibt es in Eisdielen wie popbar (5 Carmine St./6th Ave.), Cold Stone Creamery (u. a. 253 W 42nd) oder Serendipity 3 (225 E 60th St./2nd–3rd Ave.). **Süßes** in Hülle und Fülle wird in Dylan's Candy Bar (1011 3rd Ave./60th St.), bei Economy Candy (108 Rivington/LES) oder bei Hershey's (Times Sq.) angeboten. Um die Kleinen bei Laune zu halten, findet man außerdem in New York mehr als genug **Spielzeugläden**: z. B. Toys ''R'' Us (1514 Broadway/Times Sq.), American Girl Place (609 5th Ave./49th St.), Build-A-Bear Workshop (565 5th Ave.) oder LEGO Store (620 5th Ave./Rockefeller Center).

217 [B11] **Children's Museum of Manhattan,** 212 W 83rd St. (Upper West Side), www.cmom.org, So.–Fr. 10–17 Uhr, Sa. bis 19 Uhr, $ 12 (Kinder u. Erw.), erster Fr. im Monat 17–20 Uhr freier Eintritt. Abteilungen für Kindergarten-, Schulkinder und Jugendliche, dazu viele Sonderausstellungen und Workshops

218 [C11] **Marionette Theater At The Swedish Cottage,** W 79th St. (Central Park), Tel. 212 9889093, www.citypar ksfoundation.org/arts/swedish-cottage-marionette-theatre, Okt.–Aug. Vorstellungen, $ 10 (Kinder bis 12 Jahre $ 7), Reservierung nötig. Seit 1947 gibt es im Cottage wechselnde Stücke.

219 [B3] **Sugar Hill Children's Museum of Art & Storytelling,** 898 St. Nicholas Ave, C Train bis 155th St., www.sugarhillmuseum.org, Do./Fr. 10–17, Sa./So. 12–17 Uhr, $ 7 (Kinder ab 9 J. $ 4). Das interaktive Kindermuseum in einem sehenswerten Bau bietet vielerlei Programme.

Notfälle

Das nächste **Polizeirevier** erfährt man unter der Telefonnummer **311**, es gibt eines in jedem Stadtviertel. Bei Diebstahl (zum Beispiel Reisepass) oder sonstigen Verbrechen ist dort Anzeige zu erstatten. Darüberhinaus sollte man sich wegen der Ausstellung eines Ersatzreiseausweises an die zuständige diplomatische Auslandsvertretung (s. S. 115) wenden. Auch in anderen Notfällen, beispielsweise medizinischer oder rechtlicher Art, bemüht man sich dort, vermittelnd zu helfen.

› **Zentraler Notruf** (Polizei, Krankenwagen und Feuerwehr): **Tel. 911**

Kartensperrung

Bei **Verlust der Debit-(EC-)** oder der **Kreditkarte** gibt es für Kartensperrungen eine **deutsche Zentralnummer** (unbedingt vor der Reise klären, ob die eigene Bank diesem Notrufsystem angeschlossen ist). **Aber Achtung:** Mit der telefonischen Sperrung sind die Karten zwar für die Bezahlung/Abhebung mit der PIN gesperrt, nicht jedoch für das **Lastschriftverfahren mit Unterschrift.** Man sollte daher den Verlust zusätzlich **bei der Polizei zur Anzeige bringen,** um gegebenenfalls auftretende Ansprüche zurückweisen zu können.

In **Österreich** und der **Schweiz** gibt es keine zentrale Sperrnummer, daher sollten sich Besitzer von in diesen Ländern ausgestellten Debit-(EC-) oder Kreditkarten vor der Abreise bei ihrem Kreditinstitut über den zuständigen Sperrnotruf informieren.

Generell sollte man sich immer die **wichtigsten Daten** wie Kartennummer und Ausstellungsdatum **separat notieren,** da diese unter Umständen abgefragt werden.

- **Deutscher Sperrnotruf (von den USA aus):** Tel. 011-49-116116 oder Tel. 011-49-3040504050
- **Weitere Infos:** www.kartensicherheit.de, www.sperr-notruf.de

Wer dringend eine größere Summe Geld benötigt, kann sich außerdem über **Western Union/Reisebank** (www.reisebank.de bzw. www.westernunion.de) Geld nach New York schicken lassen.

Fundbüros

Es gibt kein städtisches Fundbüro, lediglich die Taxivereinigung und MTA (Metropolitan Transit Authority) unterhalten Sammelstellen:
- **New York City Taxi & Limousine Commission,** Tel. 311
- **MTA-Fundstelle:** Tel. 212 7124500 oder 212 7124501, http://advisory.mtanyct.info/lostfound (Forschung nach Fundobjekten), Abholung: Subway-Station (Penn Station) 34th St./8th Ave.

Öffnungszeiten

In den USA gibt es kein verbindliches Ladenschlussgesetz und in New York gilt oft sogar „24/7", d. h. Betrieb täglich und rund um die Uhr.
- **Geschäfte:** je nach Art und Größe von 8/9 bis mind. 18 Uhr, an Wochenenden nur z. T. geöffnet
- **Kaufhäuser/Malls:** 10-19/20 Uhr, So. meist 11-18 Uhr
- **Restaurants:** ca. 12-15 und 18-22 Uhr warmes Essen
- **Delis:** 7-24 Uhr, manche 24 Std.
- **Bürozeiten:** Mo.-Fr. 9-17 Uhr
- **Banken:** werktags 10-14/15 Uhr
- **Museen und Sehenswürdigkeiten** besucht man am besten Di. bis So. zwischen 10 und 17 Uhr (montags ist häufig geschlossen). Oft ist an einem bestimmten Tag aber auch abends geöffnet.

Post

Briefkästen sind blau-rot und mit der Aufschrift „US-MAIL" und einem Adler gekennzeichnet. Express Mail und Priority Mail sind schnellere, aber teurere Versandmöglichkeiten, für die es eigene Briefkästen gibt. Größere Sendungen schickt man via **parcel service** (zum Beispiel UPS, FedEx, DHL).

Die **Portogebühren** (Stand: Januar 2017) nach Deutschland, Österreich und in die Schweiz betragen für Karten und Standardbriefe bis 1 oz (28 g) $ 1,15 (jedes weitere oz: 98 c). Die Beförderungsdauer beträgt ca. 5 bis 7 Tage. Für **Inlandspost** (Standard oder „First Class") gilt: Briefe bis 1 oz (28 g) kosten 47 c, jedes weitere oz. 21 c, Karten 34 c.

- ✉ **220** [B16] **Farley Post Office (Hauptpostamt),** 421 8th Ave./31st St., gegenüber Madison Square Garden, Mo.-Fr. 7-22, Sa. 9-21, So. 11-19 Uhr

Schwule und Lesben

Die LGBT-Szene („Lesbian, Gay, Bisexual and Transgender") konzentriert sich auf *neighborhood*s wie Greenwich Village, Chelsea und Teile von SoHo. Jackson Heights (Queens) ist für sein *gay nightlife* bekannt und Park Slope (Brooklyn) ein beliebter Wohnort. Seit dem 24. Juni 2011 sind im Staat New York gleichgeschlechtliche Ehen erlaubt und die „Gay Community" git als besonders groß, aktiv und wirtschaftlich bedeutend.
- Tipps zum **Heiraten in NY** gibt es unter www.nycgo.com/articles/nyc-i-do.

Schwule und Lesben

Treffs und Klubs

- **221** [C18] **LGBT Community Center,** 208 W 13th St./7th Ave., Tel. 212 6207310, www.gaycenter.org. Infozentrum und Beratungsstelle.
- **222** [B18] **Gym Sportsbar,** 167 8th Ave., www.gymsportsbar.com. Bis 4 Uhr morgens Barbetrieb und im Untergeschoss „locker room" mit intimer Partyatmosphäre. Vor allem für Männer.
- **223** [C19] **Henrietta Hudson,** 438 Hudson St. (West Village), http://henriettahudson.com. Lesbenbar mit DJs und Billard.
- **224** [C19] **Stonewall Inn,** 53 Christopher St./Sheridan Sq. Die wohl legendärste Schwulenbar der Welt, www.thestonewallinnnyc.com.
- **225** [C19] **The Monster,** 80 Grove St./7th Ave., www.monsterbarnyc.com. Beliebter Gay-Klub, im Erdgeschoss ist eine Pianobar, im Untergeschoss eine Disco; gute Margaritas und v. a. Latinopublikum.

EXTRATIPP: LGBT-Szene im Internet

- www.nycgo.com/gay – Rubrik von NYC & Co.
- www.timeout.com/newyork/lgbt – eigene Rubrik in „Time Out NY".
- www.nycpride.org – NYC Pride, 9-tägiges Fest Ende Juni in Erinnerung an die Stonewall Riots mit Pride Fest und großem Umzug entlang der Christopher Street

Regenbogenhotel

226 [B18] **Chelsea Pines Inn** $$$, 317 W 14th St. (8th–9th Ave., Chelsea), Tel. 212 9291023, www.chelseapinesinn.com. Großteils von Gay-Publikum frequentiertes Hotel in guter Lage.

Die LGBT-Szene ist in New York sehr aktiv, nicht nur während NYC Pride mit großem Umzug

Sicherheit

In den letzten Statistiken zählte New York City immer zu den sichersten US-Großstädten mit über einer Viertelmillion Einwohnern. Die Kriminalitätsrate ist gesunken und v. a. Gewaltverbrechen sind stark rückläufig.

Street crimes (Taschendiebstähle etc.) und Drogenkriminalität sind hingegen nicht ausgerottet und daher ist besonders bei Menschenaufläufen, zum Beispiel in öffentlichen Verkehrsmitteln oder während Veranstaltungen, **Vorsicht geboten** und man sollte seine Wertsachen im Auge behalten.

In den letzten Jahren hat sich in den touristisch frequentierten Gebieten, aber auch in früheren *high crime areas* wie dem nördlichen Central Park oder Harlem und Teilen von Queens, den Bronx oder Brooklyn die Situation erheblich verbessert. **Harlem** kann mitterweile **angstfrei besucht** werden.

In den **U-Bahn-Stationen** gibt es kameraüberwachte Wartezonen *(offhour waiting areas)* und in den mittleren Wagen hält sich stets ein Zugbegleiter auf. Wer die **üblichen Vorsichtsmaßnahmen** beherzigt, ist gut beraten. Bargeld sollte man nur in kleineren Mengen mit sich führen und die getrennte Aufbewahrung von Dokumentkopien und Originalen empfiehlt sich.

Sport und Erholung

Parks und Freizeitareale sind in New York in großer Zahl vorhanden, an erster Stelle steht natürlich der Central Park ㉞. Auch **Botanische Gärten und Zoos** sind in allen Stadtteilen zu finden und selbst an **Stränden** herrscht kein Mangel: Coney Island ㊻ in Brooklyn ist der bekannteste (Übersicht: www.nytimes.com/beaches). Im Winter gibt verschiedene **Eislaufbahnen** (mit Schlittschuhverleih) im Freien, beispielsweise im Bryant Park (s. S. 48), am Rockefeller Center ㉚ oder im Central Park (Wollman Rink).

Der **Brooklyn Bridge Park** ㊸ bietet eine breite Palette an Sport- und Spielmöglichkeiten, u. a. auf Pier 2 oder 5. Auch die Hudson Piers (z. B. 60, 64 oder 66) haben Sport- und Spielflächen zu bieten.

Radfahren

Der **Manhattan Waterfront Greenway** führt auf knapp 50 km beinahe rings um Manhattan. Am schönsten ist ein ca. 18 km langer *biketrail* vom Battery Park ❹ bis zur George Washington Bridge. Der Pfad ist relativ schmal und im Südabschnitt stärker befahren als im Norden.

› Infos: www.nyc.gov/html/edc/pdf/greenway_mapside.pdf

Fahrradverleih und -touren bieten **Bike and Roll** (http://bikenewyorkcity.com), **Bike The Big Apple** (www.bikethebigapple.com) oder **Central Park Bike Tours** (http://centralparkbiketours.com) an. **Citi Bike** ist ein Bike-Sharing-Projekt, bei dem an 600 solarbetriebenen Docking-Stationen in Manhattan, Brooklyn und Queens **blaue Leihfahrräder** zur Verfügung stehen. 1- oder 3-Tages-Pässe gibt es an den zugehörigen Kiosks für $ 12 bzw. $ 24. Details zur Nutzung finden sich online unter www.citibikenyc.com.

› www.nyc.gov/html/dot/html/bicyclists/bicyclists.shtml (Infos und Links), www.nyc.gov/html/dot/html/bicyclists/bikemaps.shtml (herunterladbare Fahrradkarte) bzw. www.ridethecity.com

Fitness

S227 [A17] **Chelsea Piers Sports & Entertainment Complex,** 17th–23rd St./Hudson River, Tel. 212 3366666, www.chelseapiers.com. Fitneseinrichtungen aller Art, Laufbahn, Pool, Eisbahn, Golf, Sport- und Spielfelder, Jachthafen, aber auch Shops und Lokale

Zuschauersport

NYC ist ein **Paradies für Sportfans,** spielen hier doch Profiteams aller Nationalsportarten – Basketball (NBA), Baseball (MLB), American Football (NFL) und Eishockey (NHL) – sowie Mannschaften der Fußballliga (MLS).

American Football
S228 **NY Giants,** MetLife Stadium im Meadowlands Sports Complex New Jersey (S-Bahn-Anschluss ab Manhattan), Tel. 2019358222, www.giants.com
S229 **NY Jets,** ebenfalls MetLife Stadium, Tel. 5165608200, www.newyorkjets.com

Baseball
› **NY Yankees,** Yankee Stadium ㊼
S230 **NY Mets,** CitiField, Willets Points Blvd., Flushing, Tel. 718 5078499, http://newyork.mets.mlb.com, Subway 7

Basketball
› **NY Knicks,** Madison Square Garden ㉓, Tel. 212 3077171, www.nba.com/knicks
› **NY Liberty** (Frauen-Profibasketball), Madison Square Garden ㉓, Tel. 212 5649622, www.wnba.com/liberty
S231 [bj] **Brooklyn Nets,** Barclays Center, 620 Atlantic Ave./Flatbush Ave., Infos & Tickets: www.nba.com/nets. Seit 2012 spielt das NBA-Team mitten in Brooklyn im Barclays Center.

Eishockey
› **NY Rangers,** Madison Square Garden ㉓, Tel. 212 3077171, http://rangers.nhl.com
S232 **New Jersey Devils,** Prudential Center in Newark (PATH-Station „WTC"), http://devils.nhl.com, Tel. 2019356050
› **NY Islanders,** Barclays Center (siehe Brooklyn Nets), http://islanders.nhl.com

Fußball/Soccer
S233 **Red Bull New York,** Red Bull Arena in Harrison (New Jersey, erreichbar mit PATH ab Manhattan), Tel. 1 877 72762237, www.newyorkredbulls.com
› **New York City FC,** Yankee Stadium ㊼, www.nycfc.com

Sprache

Ganz ohne **Englisch** kommt man in New York nicht aus, allerdings ist *small talk* auch mit kleinem Wortschatz möglich und die Erwartungshaltung der Amerikaner nicht hoch. Das **amerikanische** weicht zum Teil vom **Schulenglisch** ab, es gibt Unterschiede bezüglich Wortschatz, Grammatik und Aussprache. Gewisse **Universalfloskeln** gehören zum guten Ton, z. B. „How are you (today)?" – die

Frage nach dem Befinden, aber vor allem auch Begrüßungsformel. „Have a nice day/trip" dient der Verabschiedung, ebenso wie „It was a pleasure meeting you" oder „See you". Letzteres ist selten als Einladung gemeint, sondern vielmehr ein legerer Abschiedsgruß.

Stadttouren

Bustouren

- **Gray Line,** Tel. 212 3972600, www.newyorksightseeing.com, Touren unterschiedlicher Länge in Doppeldeckerbussen
- **City Sights NY,** Tickets: 234 W 42nd St. (Madame Tussauds Wax Museum) oder unter www.citysightsny.com. In erster Linie bekannt für seine „Hop-on, Hop-off Double Decker Bus Tours". Auch Nacht- und Bootstouren sowie Kombinationen mit anderen Attraktionen.

Walkingtouren

Gratis

- **Big Apple Greeter,** Tel. 212 6698159, www.bigapplegreeter.org. Kostenlose Führungen von New Yorkern durch ihre Wohnviertel. Vorherige Anmeldung nötig. Ebenfalls nur Trinkgeld kosten die Free Tours by Foot (www.freetoursbyfoot.com).
- **Discover Flatiron Walking Tour,** http://flatirondistrict.nyc/free-walking-tour. Gratistouren durch den historischen Flatiron District, So. 11 Uhr ab Südwestecke Madison Square Park (23rd St./Broadway), Subway: 23rd St.

◁ *Profibasketball – hier die Knicks – im Madison Square Garden* ❷❸

Kostenpflichtig

- **Big Onion Walking Tours,** Tel. 212 4391090, www.bigonion.com. Touren (ab $ 20) von Historikern zu unterschiedlichen Themen durch verschiedene Viertel.
- **NYC Walking Tours, Municipal Art Society,** Tel. 212 4391049, http://mas.org/tours. Verschiedene interessante Touren mit dem Schwerpunkt auf Architektur/Stadtplanung/Kultur, $ 25.
- **SusanSez NYC Walkabouts,** Tel. 917 5093111, www.susansez.com. Ausgefallene Touren speziell in den *boroughs* Bronx, Queens und Brooklyn.
- **Wall Street Walks,** www.wallstreetwalks.com. Interessante Rundgänge durch den Financial District mit Wall Street und Ground Zero Memorial ($ 35). Verschiedene thematische Schwerpunkte. Programm und Zeiten siehe Website.

Spezialtouren

- **A Slice of Brooklyn Bus Tours,** www.asliceofbrooklyn.com. Verschiedene, mehrstündige Touren (mit Bus ab Manhattan) durch die *neighborhoods* von Brooklyn mit Filmszenen auf Monitoren und Test zweier Pizzerien.
- **Chassidic Discovery Walking Tour** (s. S. 41). Verschiedene Rundgänge durch Brooklyns jüdisches Viertel.
- **Harlem Heritage Tours,** Tel. 212 2807888, www.harlemheritage.com. Breite Palette an Walking- und Bustouren (kleine Gruppen) durch das Harlem von früher und heute. Ebenfalls interessante **Harlem-Touren** findet man unter www.harlemonestop.com/tours.
- **Helicopter Tours of NY,** Tel. 212 3550801, www.heliny.com. Touren ab 15 Min.; weitere Anbieter sind z. B. www.libertyhelicopters.com oder www.newyorkhelicopter.com.
- **HusHTours,** Tel. 212 2093370, http://hushtours.com. U. a. „Hip-Hop"-Bus-

EXTRATIPP

Turnstile Tours
Dieser Touranbieter befasst sich auch mit **sonst wenig beachteten Vierteln oder Attraktionen**, z. B. dem Brooklyn Navy Yard, einst Schiffswerft, heute ein ökologisch wegweisender städtischer Industriepark, und bietet verschiedene Touren zu umwelttechnischen und ökologischen Aspekten, Wirtschaft und Architektur an.

Zweiter Schwerpunkt sind **Food Cart Tours** im Financial District und in Midtown. Dabei gibt es während der zweistündigen Spaziergänge Kostproben und viel Wissenswertes über die Hintergründe dieses Business.
› **Turnstile Tours,** Tel. 347 9038687, http://turnstiletours.com, auch Boots- und Markttouren

touren auf den Spuren von Rap- und Hip-Hop-Legenden, auch Touren durch Brooklyn.
› **Made in Brooklyn Tours,** Tel. 1 800 8383006, www.madeinbrooklyntours.com. Zweistündige Walkingtouren (Fr.–So.) durch verschiedene Stadtviertel Brooklyns (s. S. 67).
› **NY Rock and Roll Walking Tours,** Tel. 212 6966578, www.rockjunket.com. Musiktouren (2 Std.) zu verschiedenen Themen in unterschiedlichen Vierteln
› **On Location Tours,** Tel. 212 2093370, http://onlocationtours.com. Auf den Spuren großer Stars und ihrer Filme NYC entdecken, z. B. „Sex and the City", „Gossip Girl Sites" oder „The Sopranos". Empfehlenswert sind v. a. die „ETCM Classic Film Tour", eine 3-stündige Bustour für Freunde von Filmklassikern, die „New York TV & Movie Sites Tour", die „TMZ Tour NYC" oder die „Central Park TV & Movie Sites Tour" (zu Fuß!).

Schifffahrten

› **Circle Line Downtown,** Tel. 212 7421969, www.circlelinedowntown.com. Touren mit dem Ausflugsschiff „Zephyr" oder dem Hochgeschwindigkeitsboot „Shark". Im Sommer sind auch interessante Hafentouren im Programm (http://workingharbor.com/hh-boat-tours.html). Abfahrt z. B. Battery Park oder Pier 11.
› **New York Water Taxi,** www.nywatertaxi.com. Die Water Taxis legen an sechs Haltepunkten rund um Manhattan (u. a. Pier 11, Christopher St.) und einem in Brooklyn (Pier 1) an und es gibt günstige Tagestickets für beliebiges Ein- und Aussteigen.
› **Circle Line Sightseeing Cruises,** Pier 83/W 42nd St., Tel. 212 5633200, www.circleline42.com. Ganze oder halbe Umrundung Manhattans, außerdem diverse Abend- und Dinner-Cruises und empfehlenswerte „Hello Brooklyn!"-Touren.

Telefonieren

Eine Eins gefolgt von einem dreistelligen **area code** – in Manhattan 212 bzw. 646 und 917, in der Bronx, Brooklyn, Queens und Staten Island 718, 347 oder 929 – geht der siebenstelligen Rufnummer voraus und muss auch bei Ortsgesprächen mitgewählt werden.

Die Rufnummer kann auch als werbewirksame **Buchstabenkombination** (2 – ABC, 3 – DEF, 4 – GHI, 5 – JKL, 6 – MNO, 7 – PQRS, 8 – TUV, 9 – WXYZ) angegeben sein.

Gebührenfrei, allerdings regional begrenzt, sind 1–800er-/844er-/855er-/866er-/877er-/888er-Nummern, teuer sind jene, die mit 1–900 beginnen.

Telefonkarten

In Hotels bereitet Telefonieren über Festnetz *(landline)* kein Problem, es wird meist über Kreditkarte abgerechnet. Öffentliche Münztelefone sind selten geworden.

Bei Telefonkarten wird grundsätzlich zwischen **calling cards** (monatliche Abrechnung vom Kreditkartenkonto) und **prepaid** oder **phone cards** (geladen mit einem bestimmten Betrag) unterschieden. Da die Karten zur schwer durchschaubaren Wissenschaft geworden sind, sei hier auf einige hilfreiche **Websites** verwiesen:

> www.callingcards.com –
  Übersicht über Anbieter und Preise
> www.us-callingcard.info – empfehlenswerte beliebig wiederaufladbare Karte fürs Festnetz ohne Grundgebühr

Mobile phone (Handy)

Zur Nutzung der in den USA gut ausgebauten **GSM-Mobilfunknetze** (850/1900 MHz) ist ein Triband- oder Quadbandgerät nötig. Der eingedeutschte Begriff „Handy" existiert übrigens im Englischen nicht, man spricht von *cell* oder *mobile (phone)*.

Seit 2016 werden überall in der Stadt **LinkNYC-Stationen** mit Lademöglichkeit, Gratis-WLAN und -telefonaten innerhalb der USA sowie Stadtinfos eingerichtet.

Uhrzeit und Datum

Die Vereinigten Staaten sind in vier Hauptzeitzonen eingeteilt – Eastern Time, Central Time, Mountain Time, Pacific Time –, die eine Verschiebung von der mitteleuropäischen Zeit um 6 bis 9 Stunden bedeuten. In New York gilt **Eastern Time**, d. h. **6 Stunden**

Vorwahlen
> **Deutschland:**   011-49
> **Österreich:**   011-43
> **Schweiz:**   011-41

Zeitverschiebung. Wenn es in Mitteleuropa 16 Uhr ist, ist es in New York erst 10 Uhr morgens.

In den USA wird bei der Uhrzeit nicht bis 24 durchgezählt, sondern nur bis 12. Die Zufügung von **a.m.** (ante meridiem) weist auf vormittags, **p.m.** (post meridiem) auf nachmittags hin. 12 Uhr mittags heißt *noon,* 0 Uhr *midnight*. **Sommerzeit** *(daylight saving time/DST)* herrscht in den USA vom zweiten Sonntag im März bis zum ersten im November.

Das **Datum** wird in der Reihenfolge Monat–Tag–Jahr angegeben, z. B. June 30, 2017 oder kurz 6/30/2017.

Unterkunft

Generell lässt das **Preis-Leistungs-Verhältnis** in New York im Vergleich zu anderen US-Städten eher zu wünschen übrig. Service, Größe, Ausstattung und Lage der Hotels bzw. der Zimmer sind nicht immer akzeptabel. Der **offizielle Durchschnittspreis** ist mit statistisch rund $ 250 für ein Doppelzimmer hoch; dazu kommt die **tax** (Steuer) in Höhe von 14,75 % und je nach Zimmerzahl noch ein zusätzlicher Aufschlag pro Nacht *(Hotel Room Occupancy Tax)*.

In der **Realität** lässt sich mit etwas Recherchieren ab **knapp unter $ 300** ein ordentliches Zimmer finden. Während sich die typischen Touristenhotels vornehmlich in Midtown, im Umkreis von Theater District und Broadway befinden, sind weiter nördlich, an

Buchungsportale

Neben Buchungsportalen für **Hotels** (z. B. www.booking.com, www.hrs.de oder www.trivago.de) bzw. für **Hostels** (z. B. www.hostelworld.de oder www.hostelbookers.de) gibt es auch Anbieter, bei denen man **Privatunterkünfte** buchen kann. Portale wie www.airbnb.de, www.wimdu.de oder www.9flats.com vermitteln Wohnungen, Zimmer oder auch nur einen Schlafplatz auf einer Couch. Diese oft recht günstigen Übernachtungsmöglichkeiten sind nicht **unumstritten**, weil manchmal normale Wohnungen gewerblich missbraucht werden. Wenn die Stadt regulierend eingreift, kann das zu kurzfristigen Schließungen führen. Eine Buchung unterliegt also einem gewissen **Restrisiko**.

Preiskategorien

Die Kategorien beziehen sich auf den Preis für ein DZ zzgl. Steuern und ohne Frühstück. Je nach Reisezeit kann es zu Aufschlägen kommen.

> $ unter $ 160
> $$ $ 160–240
> $$$ $ 240–350
> $$$$ über $ 350

---

der 5th Ave. bzw. auf der Upper East Side verstärkt die Luxushotels zu Hause. In Szenevierteln wie SoHo, Gramercy oder dem Meatpacking District wächst die Zahl der Boutiquehotels.

Besonders viele Hotels eröffneten in den letzten Jahren in den *boroughs*, v.a. in Brooklyn. Sie sind oft preislich günstiger und meist gut an Manhattan angebunden (Info: http://explorebk.com/stay).

In New York ist trotz der derzeit über 111.000 zur Verfügung stehenden Zimmer eine **Buchung im Voraus** das ganze Jahr über ratsam, sei es über hiesige Reiseveranstalter oder auf eigene Faust (im Internet), über Hotelbroker oder direkt beim Hotel. Besonders beliebte und schnell ausgebuchte Daten sind die Zeiten um den 4. Juli, um Thanksgiving und Weihnachten. Die **Preise in Reisekatalogen** beginnen in der Nebensaison bei rund 160 € für ein schlichtes Doppelzimmer ohne Frühstück. Preiswerter ist meist eine **Buchung im Internet**, z.B. bei

> http://applecorehotels.com (mehrere NY-Hotels der erschwinglichen Kategorie). Auch www.choicehotels.com/new-york/new-york/hotels bietet mehrere „günstigere" Hotels.
> http://de.hotels.com
> www.expedia.de/hotels („New York")
> www.hotelbook.com
> www.nycgo.com/hotels

Lower Manhattan

234 [D23] **Andaz Wall Street** $$$$, 75 Wall St., Tel. 212 5901234, http://newyork.wallstreet.andaz.hyatt.com. **Für Leute mit erlesenem Geschmack und großem Geldbeutel:** 253 große Zimmer und Suiten im Finanzviertel. Loftartiges Ambiente, dazu warme Farben und natürliche Materialien. Ein Garten ist zugehörig, ebenso ein Restaurant mit Biergarten. Frühstück und Internet sind inklusive. „Filiale": Andaz Fifth Ave., 485 5th Ave./41st St., http://newyork.5thavenue.andaz.hyatt.com.

235 [D22] **Millenium Hilton** $$-$$$, 55 Church St., Tel. 212 6932001, www3.hilton.com/en/hotels/new-york/millenium-hilton-NYCMLHH/index.html. **In Toplage und mit Ausblick:** Auf 55 Stockwerken verteilen sich in diesem Hochhaus im Financial District nahe dem 9/11 Memorial knapp 600 große Zimmer und Suiten. Besonders schön sind die „Corner Rooms" in den oberen Etagen. Großer Swimmingpool, Restaurant und Bar. Auch Packages inkl. Frühstück.

236 [D23] **Riff Hotel – Downtown** $^{\$\$}$, 102 Greenwich St., Tel. 212 7668888, www.riffdowntown.com. **Kleines, schickes Downtown-Hotel:** 36 loftartige Zimmer, schick eingerichtet mit Küchenecken und teilweise mit Balkonen, nahe WTC Site und Wall Street.

237 [C23] **Ritz Carlton New York** $^{\$\$\$\$}$, 2 West St., www.ritzcarlton.com/en/hotels/new-york/battery-park, Tel. 212 3440800. **Ein beliebter Klassiker:** 298 große, edle Zimmer, viele mit Hafenblick!

238 [D22] **The Beekman – A Thompson Hotel** $^{\$\$\$\$}$, 123 Nassau St., Tel. 212 2332300, www.thompsonhotels.com/hotels/the-beekman. **Luxus pur:** In einen sehenswerten historischen Bau von 1883 ist 2016 dieses Boutiquehotel eingezogen. Selbst wenn die Übernachtung zu teuer ist, sollte man einen Blick in das Atrium werfen oder einen Drink an der Bar nehmen.

SoHo, Village, Chelsea

239 [C17] **Chelsea Savoy Hotel** $^{\$-\$\$\$}$, 204 W 23rd St., Tel. 212 9299353, www.chelseasavoynyc.com. **Funktionell und preiswert:** verschiedene, meist kleine Zimmer schon ab ca. $ 120, mitten in Chelsea nahe einer Subway-Station, sauber und ansonsten unauffällig. Inkl. WLAN und Gratis-Frühstück.

240 [E20] **SoHotel** $^{\$\$-\$\$\$}$, 341 Broome St., Tel. 1 800 7370702, http://thesohotel.com. **Erschwingliches, gemütliches Boutiquehotel:** In einem historischen Haus in Bowery/Nolita gibt es 100 Zimmer, teils renoviert und unterschiedlich groß (bis zu 5 Pers.), ohne Aufzug. Mit Lokal/Bar Randolph.

241 [B18] **Standard Hotel** $^{\$\$\$-\$\$\$\$}$, 848 Washington St., www.standardhotels.

com/new-york/properties/high-line, Tel. 212 6454646. **In spektakulärer Lage:** Boutiquehotel über dem High Line Park mit allem Drum und Dran, auch Restaurant, Bar und Biergarten.

242 [B19] **The Jane** $^{\$-\$\$\$}$, 113 Jane St., Tel. 212 9246700, www.thejanenyc.com. **Witzige „Kajüten" mit Stockbetten:** Standard Single Cabin mit nur knapp 5 m² und Badezimmer im Gang, Bunk Bed Cabins für 2 Pers. mit technisch guter Ausstattung sowie größere Captain's Cabins mit eigenem Bad. Im West Village nahe Hudson River.

243 [C19] **Washington Square Hotel** $^{\$\$\$}$, 103 Waverly Place, Tel. 212 7779515, www.washingtonsquarehotel.com. **Legendäre Herberge für Schriftsteller und Künstler:** kleine Zimmer, wobei die in den oberen Etagen Parkblick bieten.

Midtown Manhattan

244 [C14] **Ameritania Hotel** $^{\$\$}$, 230 W 54th St./Broadway, Tel. 212 2475000, www.ameritanianyc.com. **Im Theater District gelegenes Standardhotel:** zweckmäßig-moderne Zimmer. Das

△ *Das Millenium Hilton bietet einen grandiosen Ausblick auf die WTC Site*

Unterkunft

> **EXTRATIPP**
>
> **Easyliving Harlem**
> Die schon lange in New York lebende Berlinerin Heidi und ihr Ehemann Tom, ein waschechter „Harlemite", bieten in einem schönen, historischen Viertel in Harlem in ihrem renovierten Brownstone-Haus nicht nur „Familienanschluss", sondern auch vier geräumige, helle Gästezimmer. Man trifft sich morgens oder abends in der Gemeinschaftsküche oder im kleinen begrünten Innenhof, um z. B. von Heidi und Tom Tipps zu erhalten oder gemeinsam zu essen.
> **252** [B5] **Easyliving Harlem** $$, 214 W 137th St., Tel. 646 5995651, www.easylivingharlem.com. Gemeinschaftsküche, Garten, Gratis-WLAN, nahe Subway-Station. Ab $ 125/DZ (keine Tax!)

089ny Abb.: mb

Hotel ist auch bei deutschen Veranstaltern buchbar.

245 [D14] **Bernic Hotel** $$$, 145 E 47th St., Tel. 844 8852376, www.thebernichotel.com. **Neu, luxuriös und supergünstig gelegen:** 2016 eröffnetes Hotel nahe dem Grand Central Terminal. 96 elegante, wenn auch nicht allzu große, helle Zimmer, teils mit Balkonen.

246 [C14] **Hilton New York Hotel** $$$, 1335 Ave. of the Americas, Tel. 212 5867000, www.hilton.de/newyork. **Gut gelegen und in vielen Reisekatalogen:** noch erschwingliches Hotel mit Sonderangeboten und verschiedenen Zimmertypen. Toller Ausblick von den Zimmern in den oberen Etagen.

247 [D17] **Marcel Hotel** $$$, 201 E 24th St., http://hotelmarcelnewyork.com, Tel. 212 6963800. **Im angesagten Gramercy:** 135 kompakte, moderne Zimmer, Kaffeebar und Restaurant im Haus.

248 [D14] **Pod 51 Hotel** $$-$$$, 230 E 51st St., Tel. 1 800 7425945, www.thepodhotel.com. **Quadratisch-praktisch und relativ preiswert:** 360 Zimmer in Midtown, teils mit Stockbetten, winzig, aber witzig ausgestattet. Schicker Outdoor-Patio. Filiale: 145 E 39th St.

249 [B15] **YOTEL** $$$, 570 10th Ave., Tel. 646 449770, www.yotel.com/en/Hotels/New-York-City. **Hip und ungewöhnlich:** nahe Times Square mit verschiedenen Typen von „cabins", klein, sehr hip, aber eher teuer. Mit angesagter Dachterrasse Social Drink & Food und Restaurant Green Fig (s. S. 81).

Uptown Manhattan und Harlem

250 [A9] **Marrakech Hotel** $$-$$$, 2688 Broadway/102nd–103rd St., Tel. 212 2222954, www.marrakechhotelnyc.com. **Orientalisches Flair in der Upper West Side:** 125 ausgefallene Zimmer (auch für 4 Pers.) in kräftigen Farben, nahe Subway-Stopp und nur drei Blocks vom Central Park entfernt.

251 [E13] **The Bentley** $$$, 500 E 62nd St./York Ave., http://german.bentleyhotelnyc.com, Tel. 212 6646000. **Ausblick und Eleganz:** große Zimmer, Rooftop-Restaurant, Cappucinobar (24 Std.), auch bei deutschen Veranstaltern buchbar.

Bronx und Brooklyn

253 [H18] **McCarren Hotel & Pool** $$$, 160 N 12th St., Brooklyn, Tel. 718 2187500, www.mccarrenhotel.com. **Mitten in der angesagten North Side von Williamsburg:** 64 geschmackvolle und moderne Gästezimmer sowie Suiten verschiedener Typen, schickes Restaurant, Rooftop-Bar mit Ausblick und großer Swimmingpool. Gratis-WLAN und Minibar.

254 [D4] **Mi Casa Tu Casa** $, 143 E 150th St., Bronx, Tel. 718 4029310, www.micasatucasa150.com. **Mal was anderes?** Günstig am Grand Concourse, nahe einer Subway-Station gelegenes, familiär betriebenes Bed & Breakfast mit vier lateinamerikanisch inspirierten Zimmern ab $ 95. In einem historischen Haus mit Gemeinschaftsküche und Garten.

255 [G24] **Nu Hotel** $-$$, 85 Smith St., Brooklyn, Tel. 718 8528585, www.nuhotelbrooklyn.com. **Supertipp in Brooklyn:** modernes Boutiquehotel im lebendigen Downtown (nahe Subway-Station) mit 93 luftig-freundlichen, gut ausgestatteten Zimmern, auch „Künstlerzimmer". Bar-Lounge zugehörig und Leihfahrräder inklusive.

256 [be] **Opera House Hotel** $$, 436 E 149th St., Bronx, www.operahousehotel.com. **Luxus in der Bronx:** in der ehemaligen Oper im Viertel SoBro untergebrachtes Boutiquehotel. Gemütliche Zimmer mit allen modernen Annehmlichkeiten.

257 [cj] **The Brooklyn A Hotel** $$-$$$, 1199 Atlantic Ave., Brooklyn, Tel. 718 7891500, http://thebrooklynny.com. **Super-Schnäppchen:** Von diesem Boutiquehotel kommt man in 15 Min. per A Train nach Manhattan. Zimmer und Suiten mit guter Ausstattung (Kaffeemaschine, Mikrowelle und Kühlschrank), außerdem Gratis-Frühstück.

Jugendherbergen und Hostels

Eine aktuelle Liste an preiswerten Unterkünften findet sich unter www.hostels.com/us.ny.ny.html.

258 [B8] **Hostelling International New York** $, 891 Amsterdam Ave./W 103rd St., Tel. 212 9322300, www.hinewyork.org. **Klassische Jugendherberge:** 624 Betten in Schlafsälen (4–12 Pers.), mit Cafeteria und Küche. Jugendherbergsausweis oder Tagesmitgliedschaft nötig.

259 [B10] **International Student Center** $, 38 W 88th St., Tel. 212 7877706, www.nystudentcenter.org. **Schlichte, preiswerte Herberge:** 18- bis 30-Jährige können nahe dem Central Park in einem historischen Bau im Schlafsaal nächtigen.

260 [B8] **Jazz on the Park Hostel** $, 36 W. 106th St., www.jazzhostels.com, Tel. 212 9321600. **Günstig gelegenes Hostel:** inkl. WLAN, Frühstück, Bettwäsche etc., max. 6 Betten pro Zimmer, auch DZ/Familienzimmer, Bett ab $ 50. Filiale: Jazz on Columbus Circle $, 940 8th Ave.

261 [D15] **YMCA Vanderbilt Hotel** $-$$, 224 E 47th St., www.ymcanyc.org, Tel. 212 9122500. **Eine der besten Herbergen:** im UN-Viertel mit 371 Zimmern, Gemeinschaftsbädern, TV-Raum, Cafeteria, Pool und Fitnesscenter.

Verhaltenstipps und Umgangsformen

Auch wenn die Stadt und ihre Bewohner einen eher schlechten Ruf haben, was Umgangsformen angeht, sind Freundlichkeit, Hilfsbereitschaft, Diskretion und Disziplin in New York üblich. Der Kunde ist König. Vordrängen, Muffigkeit, Aggressivität und Hektik sind verpönt.

Do's und Don'ts – amerikanische Besonderheiten

› **Trinkgeld** *(tipp/gratuity)* ist nicht inklusive und die Löhne im Dienstleistungsgewerbe sind gering. Im Restaurant werden 20 % vom Rechnungsbetrag erwartet. Auch Taxifahrer und Zimmermädchen erhoffen sich Kleingeld.
› Obwohl in manchen **Museen** New Yorks nur von einer „suggested admission" die Rede ist, gilt es als unhöflich, die vorgeschlagene Summe nicht zu bezahlen.
› **Rauchen** ist auf den meisten öffentlichen Plätzen und den meisten öffentlichen Gebäuden, in Nahverkehrsmitteln und auch in der Mehrzahl von Restaurants und Bars verboten. Die Zahl reiner Nichtraucherhotels wächst ebenfalls.
› **Alkohol** darf nicht an Personen unter 21 Jahren verkauft, ausgeschenkt und nicht in der Öffentlichkeit konsumiert werden.
› Bei offiziellen **Einladungen** oder auch bei Restaurantbesuchen sollte man sich nach den Kleidervorschriften erkundigen: *formal* („elegant") oder *casual* („leger")?
› **Händeschütteln** ist bei der Begrüßung eher unüblich, dafür werden altersunabhängig schnell die Vornamen benutzt.
› Eine Wissenschaft ist der Gebrauch der weiblichen **Anredeformen**: Mrs. (meist verheiratet/verwitwet, älter) steht „Miss" als universale Anredeform – unabhängig von Alter und oft auch Stand, geschrieben noch neutraler „Ms." – gegenüber.
› Die amerikanischen **Tischsitten** unterscheiden sich besonders im Hinblick auf das Hantieren mit dem Besteck von den europäischen: Amerikaner schneiden mit dem Messer vor und benutzen dann nur noch die Gabel. Es würde keinem Amerikaner einfallen, Pizza oder Meeresfrüchte mit Messer und Gabel zu essen. Selbst in Toplokalen kann man sich Essensreste in ein *doggy bag* einpacken lassen.
› **Toiletten** nennt man nie *toilet*, sondern immer *restroom, ladies'/men's room, bathroom* oder *powder room*. **Handys** heißen in den USA *mobile* oder *cell phone*, bedeutet doch das Wort *handy* nichts anderes als „handlich", „praktisch" oder „geschickt".

Verkehrsmittel

Nahverkehrsmittel

Subway und Busse

Die New Yorker Nahverkehrsbetriebe **MTA (Metropolitan Transit Authority)** unterhalten Busse und U-Bahnen. Die **Subway**, der sogenannte *train*, verfügt über die größte U-Bahn-Flotte der Welt und mit dieser werden täglich über 5,5 Mio. Fahrgäste transportiert. Dabei verkehren die meisten Linien rund um die Uhr. Es handelt sich um ein schnelles, sicheres und preiswertes Verkehrsmittel. Auch wenn Pannen und Bauarbeiten an der Tagesordnung sind, lässt sich ein New Yorker davon nicht aus der Ruhe bringen. Schließlich hat er/sie immer Lesestoff dabei.

U-Bahnen fahren in Manhattan entweder „**Uptown**" (nach Norden) oder Richtung „**Downtown**" (nach Süden) und sind mit **Buchstaben** oder **Nummern** sowie mit der **Endstation** gekennzeichnet. **Busse** sind wesentlich stärker verkehrsabhängig und erfordern mehr Geduld und bessere Ortskenntnis. Auf Bussen wird die **Endhaltestelle** angegeben. Sie verkehren entlang den Avenues in **Nord-Süd-Richtung** und etwa jede 10. Straße ist das Umsteigen in „Crosstown-Busse" – in **West-Ost-Richtung** – möglich.

Bei Bussen und U-Bahnen wird zwischen „**Express**" und „**Local**" unterschieden. Erstere halten nicht überall und sind schneller (und im Fall der Busse teurer).

Preise

Alle Tickets gibt es in Subway-Stationen an **Automaten** oder **Schaltern** zu kaufen. Der streckenunabhängige Einheitspreis für ein **Einzelticket** („Single-Ride") beträgt $3 (Expressbusse $6,50), Kinder unter 1,12 m Größe fahren gratis. Bei Bezahlung bar im Bus (nur mit Münzen!) oder mit einer aufladbaren **MetroCard** („Regular") sind nur $2,75 („Pay-Per-Ride") fällig. MetroCards sind ab $5,50 Wert erhältlich, der Fahrpreis wird an einer Schranke automatisch abgebucht. Die Karte kostet einmalig $1 und kann von mehreren Personen gleichzeitig benutzt werden und es gibt damit einen Rabatt von 11%. Umsteigen in ein anderes Verkehrsmittel ist innerhalb von 2 Stunden möglich, erfordert aber ein Umsteige-(Transfer-)Ticket (beim Schaffner bzw. am Automaten).

Für Besucher empfehlenswert sind **Zeitkarten** („MetroCard Unlimited Ride") für beliebig viele Fahrten, vor allem die Wochenkarte für $31.
> **Infos:** Metropolitan Transit Authority, Tel. 511 (mehrsprachig), www.mta.info (mit Fahrplänen und Karten). Interessant sind auch: www.straphangers.org

Taxis und Limousinen

Abseits von Sammelpunkten wie Bahnhöfen oder Flugplätzen werden Taxis in Manhattan auf der Straße mehr oder weniger waghalsig in gewünschter Fahrtrichtung per **Handzeichen** angehalten *(to hail a taxi)*, Taxistände sind unbekannt. Auf dem Dach des Taxis zeigt ein **erleuchtetes Schild** mit einer Nummer an, dass das Fahrzeug frei ist. Ein Taxi nimmt auch mehrere Passagiere in etwa gleicher Fahrtrichtung auf (jeder zahlt separat), ansonsten werden bis zu vier zusammenreisende Personen zu einem Fahrpreis transportiert. Bezahlt werden kann mit **Kreditkarte** und man sitzt immer auf der **Rückbank**, die von den Vordersitzen durch Plexiglas abgetrennt ist. Nur in offizielle **gelbe Taxis** (bzw. außerhalb Manhattans **apfelgrüne „Boro Taxis"**), die mit Taxameter, Foto des Fahrers und Lizenznummer ausgestattet sind, einsteigen und ans Trinkgeld (15–20%) denken!

Die **Taxipreise** gestalten sich wie folgt (Stand Januar 2016): Grundgebühr $2,50 plus 50c für jede zusätzliche 1/5 mi (ca. 300 m) bzw. pro Min. langsamer Fahrt. Aufschläge unterschiedlicher Höhe fallen z. B. von 8 bis 18 Uhr bzw. für besondere Fahrten an.
> **Beschwerden und Fundstelle:** Tel. 311 bzw. http://www1.nyc.gov/311

Limousinen bzw. Sedans/SUVs sind bei mehreren Personen eine Alternative zum Taxi. Es gibt meist Stundentarife, Anbieter ist z. B.:
> **My Sedan,** http://reserve.mysedan.com/partners.php, Tel. 212 4340400

Fähren

Die Hauptanlegestellen für Fähren sind: Pier 17 (South Street Seaport), Pier 11 (Wall St.), Staten Island Ferry Terminal (Whitehall St.), Battery Park (Slip 6, vor Castle Clinton ❹), World Financial Center ❸, Pier 83 (Circle Line).
> **Staten Island Ferry,** Whitehall Terminal, Whitehall/South St., www.siferry.com. Gratisfahrten nach Staten Island, vorbei an der Statue of Liberty und mit Blick auf Manhattans Skyline.
> **Governors Island Ferry,** Battery Maritime Building, neben dem Hafen der Staten Island Ferry, s. S. 35
> **East River Ferry,** www.eastriverferry.com, Mo.–Fr. 7–21, Sa./So. 9–20.30 Uhr, alle 20–30 Min, $4 (werktags),

$ 6 (Wochenende), Tagesticket $ 12 (Wochenende: $ 18). Fährverkehr auf dem East River von E 34th St./Midtown oder Wall St./Pier 11 nach Long Island City (Queens) und Brooklyn (mehrere Stopps).
> **NY Waterway**, mehrere Stopps, www.nywaterway.com. Fährverkehr auf Hudson und East River, ab 39th St./Pier 79.
> **NY Water Taxi**, mehrere Anlegestellen, www.nywatertaxi.com (s. S. 130)

Versicherungen

Eine private **Auslandskrankenversicherung** ist in den USA unverzichtbar. Da die Kosten für eine Behandlung von den gesetzlichen Krankenversicherungen in Deutschland und Österreich (Schweizer nachfragen!) nicht übernommen werden, können im Zweifel hohe Kosten anfallen. Am günstigsten sind Jahres- bzw. Familienkrankenversicherungen. Zur Erstattung der Kosten zu Hause benötigt man ausführliche Quittungen.

Reiserücktritts-, Gepäck-, Reisehaftpflicht- oder **Reiseunfallversicherung** enthalten viele Ausschlussklauseln und zudem sind gewisse Schäden und Verluste auch durch normale Privathaftpflicht- oder Unfallversicherungen abgedeckt. Auch in manchen (Gold-)Kreditkarten sind bestimmte Versicherungen schon enthalten.

Wetter und Reisezeit

Für New York gibt es keine „Nebensaison", denn selbst bei schlechtem Wetter und im Winter gibt es etwas zu tun. Die **jährlichen Klimaschwankungen** sind stärker als in Europa. Sehr heißen und feuchten Sommern stehen kalte und schneereiche Winter gegenüber.

Im **Sommer** finden zwar die meisten Freiluftveranstaltungen statt, die Hitze in der Stadt kann aber unerträglich werden, fehlende Luftzirkulation und Luftverschmutzung verstärken den Effekt. Es empfiehlt sich leichte (Baumwoll-)Kleidung, erkältungsanfällige Personen sollten aber wegen der Klimaanlagen Pullover oder Jacke dabei haben, außerdem ist Regenschutz immer sinnvoll.

Beste Reisezeiten sind der Herbst (v. a. Sept./Anf. Okt.) und – allerdings bei schnelleren Wetterwechseln und mehr Regenschauern – das Frühjahr bzw. der Frühsommer (Mai/Juni).

Wetter in New York (Durchschnitt)

	Jan	Febr	März	Apr	Mai	Juni	Juli	Aug	Sept	Okt	Nov	Dez
Maximale Temperatur	2°	4°	10°	16°	22°	27°	29°	28°	24°	18°	12°	5°
Minimale Temperatur	–6°	–5°	–1°	5°	10°	15°	18°	18°	13°	7°	3°	–3°
Regentage	11	10	11	11	12	11	10	10	9	8	8	11

ANHANG

Kleine Sprachhilfe Amerikanisch

Für einen tieferen Einstieg in die Sprache seien an dieser Stelle die Reisesprachführer „Amerikanisch – Wort für Wort" (Kauderwelsch-Band 143), „American Slang" (Kauderwelsch-Band 29) und „More American Slang" (Kauderwelsch-Band 67) aus dem REISE KNOW-HOW Verlag empfohlen.

Begrüßung und Höflichkeit

Guten Morgen	*Good morning* (bis mittags)
Guten Tag	*Good afternoon* (ab mittags)
Guten Abend	*Good evening*
Gute Nacht	*Good night*
Auf Wiedersehen	*Good bye/Bye-bye/ See you* (umgangssprachlich)
Willkommen!	*Welcome!*
Mein Name ist …	*My name is …*
Wie heißen Sie?	*What's your name?*
Schön Sie/Dich kennenzulernen/zu sehen.	*Nice/Good to see you.*
Entschuldigen Sie …	*Excuse me, please, …* (bei Fragen)
Verzeihung!	*Sorry/Pardon me!*
Bitte	*Please* (bei Fragen, Bitten)
Danke	*Thank you/Thanks*
Bitte, gern geschehen	*You are (very) welcome*
Könnten Sie mir bitte sagen …	*Could you, please, tell me …*

Allgemeine Fragen und Wendungen

Ich bin/Wir sind …	*I am …/We are …*
Das ist/sind …	*This is/These are ….*
Wo ist/sind …?	*Where is/are …?*
Wo kann ich … bekommen?	*Where can I get …?*
Was ist das?	*What's that?*
Haben Sie …?	*Have you got …? I am looking for …*
Wie viel kostet …?	*How much is …?*
Ich verstehe nicht.	*I don't understand.*
Sprechen Sie Deutsch?	*Do you speak German?*
Wie heißt das auf Englisch?	*What's that in English?*
vielleicht	*perhaps, maybe*
wahrscheinlich	*probably*
Ist es möglich …?	*Is it/Would it be possible …?*
Wer?	*Who?*
Was?	*What?*
Wie?	*How?*
Wie viel(e)?	*How much?* (Menge) *How many?* (Anzahl)

+++ Die wichtigsten Wörter mit dem Bonus-Audiotrack des Kauderwelsch-

Kleine Sprachhilfe Amerikanisch

Zeit

Wie spät ist es?	*What time is it?*
Es ist 10 Uhr	*It's 10 a.m. (ante meridiem)*
Es ist 22 Uhr	*It's 10 p.m. (post meridiem)*
Mittag/Mitternacht	*noon/midnight*
heute	*today*
morgen	*tomorrow*
gestern	*yesterday*
morgens	*in the morning*
nachmittags	*in the afternoon*
abends	*in the evening*
früh/früher	*early/earlier*
spät/später	*late/later*

Wochentage

Montag	*Monday*		Freitag	*Friday*
Dienstag	*Tuesday*		Samstag	*Saturday*
Mittwoch	*Wednesday*		Sonntag	*Sunday*
Donnerstag	*Thursday*		Feiertag	*holiday*

Geldangelegenheiten

Geld, Kleingeld, Bargeld	*money, change, cash*
1 Dollar ($)	*„buck" (100 cent)*
1/5/10/25 Cent (c.)	*penny/nickel/dime/quarter*
Tausender	*grand*
Geldautomat	*ATM (automated teller machine)*
Kreditkarte	*credit card*
Reisescheck	*travelers cheque/check*
Ausweis	*ID (identification papers/card), passport*
Steuer	*tax*
Gebühr	*fee*

Unterwegs

Wie weit ist es bis …?	*How far is it to …?*
Ist das der richtige Weg nach …?	*Is this the right way to …?*
Nord, Süd, Ost, West	*north, south, east, west*
links, rechts	*left, right*
geradeaus, zurück	*straight (ahead), back (to)*
Ampel, Kreuzung	*traffic light(s), junction*
Auto/Mietwagen	*car, vehicle/rental car*
Autovermietung	*car rental station*

AusspracheTrainers auf PC oder Smartphone lernen (siehe Umschlag hinten) +++

Kleine Sprachhilfe Amerikanisch

Lastwagen	*truck*
Motorrad	*motorcycle, bike*
Benzin	*gas*
Tankstelle	*gas station*
Führerschein	*driver's license*
Panne/Pannenhilfe	*breakdown/roadside assistance*

Öffentliche Verkehrsmittel

Fahrkarte	*ticket*
Tageskarte	*day pass*
einfache Fahrt	*one-way trip*
hin und zurück	*round trip*
Schienenverkehr (Tram, U/S-Bahn)	*light rail*
Straßenbahn	*tram, streetcar*
U-Bahn	*subway, metro*
(Bus-)Bahnhof/-Haltestelle	*(bus) station/stop*
Eisenbahn/Bahnhof	*railroad/railroad station*
Schiff/Fähre	*boat/ferry*

Unterkunft

Haben Sie ein Zimmer frei?	*Any vacancy? Do you have a room available?*
Zimmer frei/besetzt (Schilder)	*Vacancy/No vacancy*
Reservierung	*reservation*
Einzel-/Doppelzimmer	*single/double room*
... mit einem Bett/	*... with one (king-size)/*
... mit zwei Betten	*... two (queen-size) beds*
... mit Frühstück	*... breakfast included*
Badezimmer	*bathroom*
Dusche, Badewanne	*shower, bathtub*
WC	*bathroom, restroom, ladies'/men's room*
behindertengerecht	*handicapped accessible/ handicap-accessible*
Aufzug, Treppe, Rolltreppe	*elevator, stairs, escalator*
Stockwerk	*floor*
Parterre/erster Stock	*ground oder auch first floor/second floor*

Essen & Trinken

Speisekarte	*menu*
Ich möchte ... bestellen	*I would like (to order) .../I will take ...*

Rechnung	*check*	Mittagessen	*lunch*
Tagesgericht	*daily special*	Abendessen	*dinner/supper*
Vorspeise	*appetizer*	Bedienung	*waiter/waitress*
Hauptgericht	*entree/entrée*	Trinkgeld	*tip, gratuity*
Nachspeise	*dessert*	essen	*to eat*
Frühstück	*breakfast*	trinken	*to drink*

Zu Hause und unterwegs – intuitiv und informativ
▶ www.reise-know-how.de

- **Immer und überall** bequem in unserem Shop einkaufen
- Mit **Smartphone**, **Tablet** und **Computer** die passenden Reisebücher und Landkarten finden
- **Downloads** von Büchern, Landkarten und Audioprodukten
- Alle **Verlagsprodukte** und **Erscheinungstermine** auf einen Klick
- **Online** vorab in den Büchern **blättern**
- Kostenlos **Informationen**, **Updates** und **Downloads** zu weltweiten Reisezielen abrufen
- **Newsletter** anschauen und abonnieren
- Ausführliche **Länderinformationen** zu fast allen Reisezielen

Das komplette Programm zum Reisen und Entdecken von
REISE KNOW-HOW

- **Reiseführer** – alle praktischen Reisetipps von kompetenten Landeskennern
- **CityTrip** – kompakte Informationen für Städtekurztrips
- **CityTrip**[PLUS] – umfangreiche Informationen für ausgedehnte Städtetouren
- **InselTrip** – kompakte Informationen für den Kurztrip auf beliebte Urlaubsinseln
- **Wohnmobil-Tourguides** – alle praktischen Reisetipps für Wohnmobil-Reisende
- **Wanderführer** – exakte Tourenbeschreibungen mit Karten und Anforderungsprofilen
- **KulturSchock** – Orientierungshilfe im Reisealltag
- **Kauderwelsch Sprachführer** – vermitteln schnell und einfach die Landessprache
- **Kauderwelsch plus** – Sprachführer mit umfangreichem Wörterbuch
- **world mapping project**™ – aktuelle Landkarten, wasserfest und unzerreißbar
- **Edition REISE KNOW-HOW** – Geschichten, Reportagen und Abenteuerberichte

Register

1 WTC 30
7 Train 10
9/11 102
9/11 Memorial and Museum 28
9/11 Tribute Center 29
24/7 Shops 92

A

Abkürzungen 155
Abyssinian Baptist Church 63
Alice Tully Hall 60
American Folk Art Museum 60, 72
American Museum of Natural History 61
Amtrak 113
Annual Radio City Christmas Spectacular 96
Anreise 112
Antiquitäten 75
Apollo Theater 62, 86
Apotheken 123
Apps 121
Architektur 42, 43, 105, 109
Arthur Avenue Market 70
Ärzte 123
Astor Place 43
Autofahren 114

B

Bahn 113
Bank of America 109
Barrierefreies Reisen 114
Bars 85
Baseball 69
Battery Park 31
Behinderte 114
Belvedere Castle 56
Blues 62
Boroughs 98
Botschaften 115
Bowery 39
Bronx 99
Bronx Zoo 69
Brookfield Place 31
Brooklyn 67, 99
Brooklyn Botanic Garden 66
Brooklyn Bridge 64
Brooklyn Bridge Park 65
Brooklyn Heights 65
Brooklyn Heights Promenade 64
Brooklyn Museum of Art 66
Bryant Park 48
Bücher 91
Busse 113, 136

C

Carnegie Hall 54
Cast Iron District 42
Castle Clinton 31
Cathedral of St. John the Divine 64
Central Park 55
Charles A. Dana Discovery Center 57
Children's Museum of Manhattan 124
Chinatown 39
Chinese New Year's Celebration 95
Christopher Street 43
Chrysler Building 51
CitiField 69
City Hall Park 38
Cloisters 74
Columbus Circle 59
Community gardens 108
Coney Island 67
Conservatory Garden 57
Cooper-Hewitt National Design Museum 72

D

Dakota Building 61
Datum 131
David Geffen Hall 60
David H. Koch Plaza 58
David H. Koch Theater 60
David Rubenstein Atrium 60
Debitkarte 117, 124
DeBlasio, Bill 103
Delacorte Theater 56
Dinosaurier 61
Diplomatische Vertretungen 115
Discos 83
Downtown Connection 38
Downtown Manhattan 28

E

East Coast War Memorial 31
Easter Parade/Easter Bonnet Festival 95
East River Blueway 94
East River Waterfront Esplanade 37
East Village 43
EC-Karte 117, 124
Einfuhrbestimmungen 116
Einkaufen 87
Einreiseformalitäten 115
Einreisekontrolle 116
Eintrittskarten 119
Einwohner 102
Eislaufen 52, 127
Electronic System for Travel Authorization (ESTA) 115
Elektrizität 117
Ellbogenmentalität 102
Ellis Island 34
Ellis Island Immigration Museum 34
Empire State Building 47
Empire State Building Run-Up 95
Englisch 128
Entspannen 93
Essen 80

F

Fähren 28, 35, 137
Fahrkarten 137

Register

Federal Hall
  National Monument 36
Feiertage 96
Fernsehen 87
Fifth Avenue 54
Film 87
Finanzmetropole 102
Flatiron Building 46
Flohmärkte 92
Flughäfen 112
Food Halls 81
Food Trucks 76
Fremdenverkehrsamt 119
Frick Collection 72
FringeNYC 95
Fundbüros 125
Fußgängerzonen 50, 107

G

Galerien 75
Gastronomie 76
Geld 117
German-American
  Steuben Parade 96
Geschichte 99
Gewichte 122
GMA Summer Concert
  Series 95
Goldman Sachs
  Headquarters 109
Gourmet Truck 76
Governors Island 35
Grand Central Terminal 50
Gratiskonzerte 86
Great Lawn 56
Greenmarkets 88
Greenwich Village 43
Ground Zero
  Museum Workshop 29
Guggenheim
  Bandshell 60

H

Hallett
  Nature Sanctuary 56
Handy 131
Hannukah 96
Harlem 62
Harlem Week
  Celebration 95
Haughwout Building 42
HBO Bryant Park
  Summer Film Festival 95
Hearst Magazine
  Building 109
Hearst Tower 60
High Line Park 45, 107
Historic Flatiron District 46
Homosexuelle 43
Hotels 132
Hudson River Park 45
Hudson River Park
  Promenade 94
Hudson Yards 45

I

Independence Day 95
Informationsstellen 119
Internet 121
Intrepid Sea, Air & Space
  Museum 50

J

Jacqueline Kennedy
  Onassis Reservoir 56
Jazz 62
Jewish Museum 73
Jüdische Einwohner 40
Juillard School 60

K

Kartenservice 119
Kartensperrung 124
Kaufhäuser 90
Kinder 115, 123
Kino 87
Klubs 83
Konfektionsgrößen 89
Konsulate 115
Konzerte 85
Krankenhaus 123
Kreditkarte 117, 124
Kultur 105
Kunst 105

L

Lebensmittel 91
LEED (Leadership in Energy
  and Environmental
  Design) 109
Lennon, John 56, 61
Lesben 43, 125
LGBT-Szene 125
Liberty Park 30
Lincoln Center for the
  Performing Arts 60
Lincoln Center Theater 60
LinkNYC 131
Literaturtipps 120
Little Germany 57
Little Italy 39
Little Italy in the Bronx 70
Livemusik 84
Lokale 76
Lower East Side 39
Lower East Side
  Tenement Museum 41

M

Macy's 90
Macy's Fourth of July
  Fireworks 95
Macy's Thanksgiving Day
  Parade 96
Madison Square
  Garden 48
Maestro-Karte 117
Manhattan 99
Manhattan Waterfront
  Greenway 94, 108
Marionette Theater At
  The Swedish Cottage 124
Maße 122
Mastercard 117, 124
Meatpacking District 45
Medien 121
Medizinische
  Versorgung 122
Mehrwertsteuer 88
Memorial Day
  Weekend 95
Met Breuer 58, 74

Met Cloisters 63, 74
Metropolitan Museum of Art 57
Metropolitan Opera House 60
Midtown 47
Mode 90
Museen 72
Museo del Barrio 73
Museum for German and Austrian Art 74
Museum Mile 58
Museum of American Finance 37
Museum of Arts & Design 60, 73
Museum of Modern Art (MoMA) 53
Museum of Sex 73
Museum of the City of New York 73

N
Nachtleben 83
National 9/11 Memorial & Museum 28
National Jazz Museum Harlem 74
National Museum of the American Indian 74
Naumburg Bandshell 56
NBC Studios 52
NBC Today Show Concert Series 95
Neighborhoods 99
Neue Galerie 74
New Era Building 42
New Museum 40
New York City Ballet at Lincoln Center 96
New York City Marathon 96
New York CityPass 75
New-York Historical Society 74
New York International Auto Show 95
New York Mets 69

New York Philharmonic Orchestra 60
New York Public Library for the Performing Arts 60
New York Times Building 49, 109
New York Transit Museum 50, 74
New York Yankees 69
Notfälle 124
Notruf 124
NYC Attractions Week 72
NYC Restaurant Week 77

O
Öffnungszeiten 125
One World Observatory 29
One World Trade Center 30
Ono, Yoko 61
openhousenewyork 72, 96

P, Q
Polizei 124
Post 125
PrideWeek 95
Pubs 85
Puerto Rican Day Parade 95
Pushcarts 9
Queens 10, 99

R
Radfahren 127
Radio City Music Hall 53
Rainbow Room 53
Rauchen 84
Reisepass 115
Reiseschecks 117
Reisezeit 138
Restaurants 76
River to River Festival 95
Rockefeller Center 52
Rockettes 96
Roosevelt Island 57
Rückreise 112
Ruheoasen 93
Rumsey Playfield 56, 95
Rundgang 15

S
Sales Tax 88
Schermerhorn Row 38
Schiff 113
Schlittschuhlaufen 52, 56, 127
Schomburg Center for Research in Black Culture 74
Schwule 43, 125
Shakespeare Garden 56
Sheep Meadow 56
Sheridan Square 43
Shopping 87
Shoppingmalls 90
Sicherheit 127
Singer Building 42
Skyscraper Museum 74
Smoker's Guide 84
SoHo 42
Solomon R. Guggenheim Museum 58
South Street Seaport 37
South Street Seaport Museum 38
Spartipps 118
Speisen 80
Spermnotruf 125
Sport 127
Sprache 128
Stadtbezirke 98
Stadtspaziergänge 15
Stadttouren 67, 129
Stadtverwaltung 102
Staten Island 99
Staten Island Ferry 28
Statue of Liberty 33
St. Mark's Historic District 43
St. Nicholas Hotel 42
St. Nicholas National Shrine 30
Stonewall Riots 43
St. Patrick's Cathedral 54
St. Patrick's Day 95
Strawberry Fields 56

Strom 116
Studio Museum
  of Harlem 74
Subway 10, 103
Summer Stage 56
Sunken Plaza 52

T
Taxis 137
Telefonieren 130
Telefonkarten 131
Termine 95
Theater 85
Theater District 49
The Cloisters 63
The Dairy 56
The Great Hill 57
The Met Breuer 58, 74
The Met Cloisters 74
The Met Fifth Avenue 57
The Morgan Library
  and Museum 48
The Paley Center
  for Media 75
The Sphere 31
The Village 43
Tickets 82, 119
Times Square 49
Times Square New Year's Eve
  Celebration &
  Ball Drop 96
Time Warner Center 59
Titanic Memorial 38
Titanic Park 38

Top of the Rock 52
Tourismus 105
Touristeninformation 119
Travelers Cheques 117
Tree Lightning
  Celebrations 96
TriBeCa 38
Trinity Church 36
Trinkgeld 136
Trump International
  Hotel & Tower 59
Turnstile Tours 130

U
Uferpromenaden 93
Uhrzeit 131
Umweltschutz 109
Union Square 44
UN-Komplex 51
Unterkunft 131
Upper Manhattan 62
Uptown 55
US Open
  Tennis Championship 95

V
Vegetarier 79
Veranstaltungen 56, 95
Vereinte Nationen 51
Verkehrsmittel 136
Visa-Karte 117, 124
Visa Waiver Program 115
Vorwahlen 131
VPAY 117

W, Y
Waldorf=Astoria Hotel 52
Washington Square 43
Wave Hill 69
Wetter 138
Whitney Museum
  of American Art 44
WLAN 121
Wochenmärkte 88
Wollman Rink 56
Woolworth Building 38
World Financial Center 31
WTC Site 29
Yankee Stadium 69

Z
Zeit 131
Zoll 116

Die Autoren

Margit Brinke und **Peter Kränzle** sind promovierte Archäologen, die sich 1995 als Journalisten und Buchautoren selbstständig gemacht haben. Seither konnten sie sich durch Publikationen bei verschiedenen Buchverlagen und die regelmäßige Mitarbeit bei Zeitungen und Magazinen einen Namen im Reise- und Sportjournalismus machen.

Im Reise Know-How Verlag liegen Stadtführer zu Athen, Augsburg, Basel, Chicago, Genf, Las Vegas, Los Angeles, New Orleans, New York City, Salzburg, San Francisco, Toronto und Washington D.C. vor.

Bereits beim ersten New-York-Besuch 1982 wurden die Autoren vom Charisma der einzigartigen Weltmetropole in den Bann gezogen. Dennoch war es keine „Liebe auf den ersten Blick", denn New York ist eine Stadt, die man „erobern" und lieben lernen muss. Inzwischen zieht es die Autoren aber Jahr für Jahr in den „Big Apple", denn hier wird es nie langweilig …

Schreiben Sie uns

Dieses Buch ist gespickt mit Adressen, Preisen, Tipps und Daten. Unsere Autoren recherchieren unentwegt und erstellen alle zwei Jahre eine komplette Aktualisierung, aber auf die Mithilfe von Reisenden können sie nicht verzichten. Darum: Teilen Sie uns bitte mit, was sich geändert hat oder was Sie neu entdeckt haben. Gut verwertbare Informationen belohnt der Verlag mit einem Sprachführer Ihrer Wahl aus der Reihe „Kauderwelsch".

Kommentare übermitteln Sie am einfachsten, indem Sie die Web-App zum Buch aufrufen (siehe Umschlag hinten) und die Kommentarfunktion bei den einzelnen auf der Karte angezeigten Örtlichkeiten oder den Link zu generellen Kommentaren nutzen.

Wenn sich Ihre Informationen auf eine konkrete Stelle im Buch beziehen, würde die Seitenangabe uns die Arbeit sehr erleichtern. Unsere Kontaktdaten entnehmen Sie dem Impressum.

Impressum

Margit Brinke und Peter Kränzle

CityTrip New York

© Reise Know-How Verlag
  Peter Rump GmbH 2010, 2011, 2013, 2014, 2015
6., neu bearbeitete und
  komplett aktualisierte Auflage 2017
Alle Rechte vorbehalten.

ISBN 978-3-8317-2935-7
Printed in Germany

Druck und Bindung:
  Media-Print, Paderborn

Herausgeber: Klaus Werner
Layout: amundo media GmbH (Umschlag, Inhalt),
  Peter Rump (Umschlag)
Lektorat: amundo media GmbH
Karten: Ingenieurbüro B. Spachmüller,
  amundo media GmbH
Anzeigenvertrieb: KV Kommunalverlag GmbH & Co. KG, Alte Landstraße 23, 85521 Ottobrunn,
  Tel. 089 928096-0, info@kommunal-verlag.de
Kontakt: Osnabrücker Str. 79, 33649 Bielefeld,
  info@reise-know-how.de

Alle Angaben in diesem Buch sind gewissenhaft geprüft. Preise, Öffnungszeiten usw. können sich jedoch schnell ändern. Für eventuelle Fehler übernehmen Verlag wie Autoren keine Haftung.

Bildnachweis

Umschlagvorderseite: fotolia.com©AmeriCantaro | Umschlagklappe rechts und S. 2: Margit Brinke
Soweit ihre Namen nicht vollständig am Bild vermerkt sind, stehen die Kürzel an den Abbildungen für die folgenden Fotografen, Firmen und Einrichtungen. Anke Reckzeh: ar | Margit Brinke: mb | Millenium Hilton Hotel: mhh | MSG Entertainment: msg | Meike Wanning: mw | Michael Tulipan: mt | New York City & Company: NYC&Co

Liste der Karteneinträge

- ❶ [C22] 9/11 Memorial and Museum S. 28
- ❷ [C22] One World Observatory und die WTC Site S. 29
- ❸ [C22] Brookfield Place/World Financial Center S. 31
- ❹ [D23] Battery Park und Castle Clinton S. 31
- ❺ [B27] Statue of Liberty S. 33
- ❻ [B25] Ellis Island S. 34
- ❼ [D25] Governors Island S. 35
- ❽ [D23] Trinity Church S. 36
- ❾ [D23] Federal Hall National Monument S. 36
- ❿ [D23] Museum of American Finance S. 37
- ⓫ [E22] South Street Seaport S. 37
- ⓬ [D22] City Hall Park S. 38
- ⓭ [E20] Lower East Side (LES) S. 39
- ⓮ [E20] New Museum S. 40
- ⓯ [E20] Lower East Side Tenement Museum S. 41
- ⓰ [D20] SoHo (Cast Iron District) S. 42
- ⓱ [B19/E19] The Village S. 43
- ⓲ [D18] Union Square S. 44
- ⓳ [B18] Whitney Museum of American Art S. 44
- ⓴ [B17] High Line Park S. 45
- ㉑ [D17] Flatiron Building S. 46
- ㉒ [C16] Empire State Building S. 47
- ㉓ [B16] Madison Square Garden S. 48
- ㉔ [D16] The Morgan Library and Museum S. 48
- ㉕ [C15] Times Square – Theater District S. 49
- ㉖ [A15] Intrepid Sea, Air & Space Museum S. 50
- ㉗ [D15] Grand Central Terminal S. 50
- ㉘ [D15] Chrysler Building S. 51
- ㉙ [D14] Waldorf=Astoria Hotel S. 52
- ㉚ [C14] Rockefeller Center S. 52
- ㉛ [C14] Museum of Modern Art S. 53
- ㉜ [D14] St. Patrick's Cathedral S. 54
- ㉝ [C14] Fifth Avenue S. 54
- ㉞ [C10] Central Park S. 55
- ㉟ [C11] Metropolitan Museum of Art (The Met Fifth Avenue) S. 57
- ㊱ [D10] Solomon R. Guggenheim Museum S. 58
- ㊲ [B13] Columbus Circle S. 59
- ㊳ [B13] Lincoln Center for the Performing Arts S. 60
- ㊴ [B12] Dakota Building S. 61
- ㊵ [B11] American Museum of Natural History S. 61
- ㊶ [C6] Harlem S. 62
- ㊷ [B7] Cathedral of St. John the Divine S. 64
- ㊸ [F23] Brooklyn Bridge und Brooklyn Heights Promenade (Brooklyn) S. 64
- ㊹ [F23] Brooklyn Bridge Park S. 65
- ㊺ [ck] Brooklyn Museum of Art (Brooklyn) S. 66
- ㊼ [C2] Yankee Stadium (Bronx) S. 69

- ●4 [D24] Staten Island Ferry S. 28
- ⓜ5 [D22] 9/11 Tribute Center S. 72
- ⓜ6 [B13] American Folk Art Museum S. 72
- ⓜ7 [D10] Cooper-Hewitt National Design Museum S. 72
- ⓜ8 [D12] Frick Collection S. 72
- ⓜ9 [D10] Jewish Museum S. 73
- ⓜ10 [D8] Museo del Barrio S. 73
- ⓜ11 [B13] Museum of Arts & Design S. 73
- ⓜ12 [D20] Museum of Chinese in America (MoCA) S. 73
- ⓜ13 [C23] Museum of Jewish Heritage – A Living Memorial to the Holocaust S. 73
- ⓜ14 [D17] Museum of Sex S. 73
- ⓜ15 [E19] Museum of the American Gangster S. 73

Liste der Karteneinträge 151

🏛16 [D8] Museum of the City of New York S. 73
🏛17 [C6] National Jazz Museum Harlem S. 74
🏛18 [D23] National Museum of the American Indian S. 74
🏛19 [D10] Neue Galerie, Museum for German and Austrian Art S. 74
🏛20 [B11] New-York Historical Society S. 74
🏛21 [C5] Schomburg Center for Research in Black Culture S. 74
🏛22 [C23] Skyscraper Museum S. 74
🏛23 [C6] Studio Museum of Harlem S. 74
🏛24 [D12] The Met Breuer S. 74
🏛26 [C14] The Paley Center for Media S. 75
🎨27 [C13] Galerie Marian Goodman S. 75
🎨28 [C13] Hirschl & Adler S. 75
🎨29 [D13] Pace Gallery S. 75
🎨30 [D11] Leo Castelli S. 75
🎨31 [C20] Sonnabend Gallery S. 75
🎨32 [C14] An American Craftsman Galleries S. 75
🎨33 [E14] The Manhattan Art & Antiques Center S. 75
🍴34 [C15] Aureole S. 76
🍴35 [C21] Bouley S. 76
🍴36 [D17] Gramercy Tavern S. 76
🍴37 [C19] Piora S. 76
🍴38 [D18] Tocqueville S. 76
🍴39 [D20] Back Forty West S. 77
🍴40 [B11] Barley & Grain S. 77
🍴41 [D19] DBGB S. 77
🍴42 [C18] Good Restaurant S. 77
🍴43 [H20] Peter Luger Steak House S. 77
🍴44 [B11] Tangled Vine S. 78
🍴45 [B14] Zora's Cafe S. 78
🍴46 [ci] Faro S. 78
🍴47 [B8] Isola on Columbus S. 78
🍴48 [bj] LaRina Pastificio & Vino S. 78
🍴49 [D21] Big Wong King S. 78
🍴50 [E21] Fung Tu S. 78
🍴51 [D18] Ippudo S. 78

🍴52 [E21] Jing Fong S. 78
🍴53 [E21] Joe's Shanghai S. 78
🍴54 [B15] Blossom du Jour S. 79
🍴55 [E21] Buddha Bodai S. 79
🍴56 [C19] Gobo S. 79
🍴57 [D16] Hangawi S. 79
🍴58 [E11] V-Note S. 79
🍴59 [C19] Buvette S. 79
🍴60 [E19] Cooper's Craft & Kitchen S. 79
🍴61 [A7] Tom's Restaurant S. 79
🍴62 [H23] Kimoto Rooftop Beer Garden S. 79
🍴63 [C14] R Lounge at Two Times Square Restaurant & Lounge S. 79
🍴64 [F22] The River Café S. 79
🍴65 [E16] Water Club S. 79
🍴66 [E19] Café Orlin S. 79
🍴67 [C17] Mira Sushi & Izakaya S. 80
🍴68 [E18] Momofuku Ssäm Bar S. 80
🍴69 [D21] Tasty Dumpling S. 80
🍴70 [E19] Caracas Arepa Bar S. 80
🍴71 [D19] Hecho en Dumbo S. 81
🍴72 [E19] Mancora S. 81
🍴73 [D21] Blaue Gans S. 81
🍴74 [E19] Café Mogador S. 81
🍴75 [D22] Racines NY S. 81
🍴76 [E19] Timna S. 81
🍴77 [B10] Barney Greengrass S. 81
🍴78 [E19] Katz's Delicatessen S. 81
🍴79 [C18] Murray's Bagels S. 81
🍴80 [C19] Murray's Cheese S. 81
🍴81 [B11] Sarabeth S. 81
🍴82 [D16] Second Avenue Deli S. 81
🍴83 [A11] Zabar's S. 82
🍴84 [E21] Chinatown Icecream Factory S. 82
🍴85 [C20] Dominique Ansel Bakery S. 82
🍴86 [D20] Ferrara Bakery & Café S. 82
🍴87 [E20] Lucky King Bakery S. 82
🍴88 [D21] Lung Moon Bakery S. 82
🍴89 [C19] popbar S. 82
🍴90 [D19] Spot Dessert Bar S. 82
🍴91 [C19] Five Guys Burgers & Fries S. 82
🍴92 [D10] Papaya King S. 82

Liste der Karteneinträge

- ●93 [C15] TKTS S. 82
- ●94 [B18] Avenue New York S. 83
- ●95 [B18] Cielo S. 84
- ●96 [C19] 55 Bar S. 84
- ●97 [C19] Arthur's Tavern S. 84
- ●98 [B15] Birdland S. 84
- ●99 [C19] Blue Note S. 84
- ●100 [A6] Cotton Club S. 84
- ●101 [B13] Dizzy's Club Coca Cola S. 84
- ●102 [C6] Red Rooster Harlem S. 84
- ●103 [C20] SOHO Cigar Bar S. 84
- ●104 [D20] Mulberry Street Cigars S. 84
- ●105 [D15] Nat Sherman Townhouse S. 84
- ●106 [C5] SHRINE Bar und Restaurant S. 85
- ●107 [C19] Smalls S. 85
- ●108 [C19] Analogue S. 85
- ●109 [B7] Bier international S. 85
- ●110 [E19] Crif Dogs S. 85
- ●111 [E19] Death & Co S. 85
- ●112 [E19] Mayahuel S. 85
- ●113 [D19] McSorley's Old Ale House S. 85
- ●114 [C14] Salon de Ning S. 85
- ●115 [E20] Schiller's Liquor Bar S. 85
- ●116 [E20] Ten Bells S. 85
- ●117 [D23] Vintry Whiskey & Wine S. 85
- ●118 [E20] Whiskey Ward S. 85
- ●119 [B19] White Horse Tavern S. 85
- ●120 [B6] Apollo Theater S. 86
- ●121 [C14] Carnegie Hall S. 86
- ●122 [B13] Jazz at Lincoln Center S. 86
- ●123 [C14] Radio City Music Hall S. 86
- ●124 [bj] The Brooklyn Academy of Music (BAM) S. 86
- ●125 [C15] Booth Theater S. 87
- ●126 [C19] Cherry Lane Theatre S. 87
- ●127 [C19] Lucille Lortel Theatre S. 87
- ●128 [C15] New Amsterdam Theatre S. 87
- ●129 [E19] Orpheum Theater S. 87
- ●130 [C19] Players Theatre S. 87
- ●131 [D19] Public Theater S. 87
- ●132 [B14] Samuel J. Friedman Theatre S. 87
- ●133 [B15] Signature Theatre Company S. 87
- ●134 [E18] Theater for the New City S. 87
- ●135 [ci] Syndicated S. 87
- ●136 [D23] Bowling Green S. 88
- ●137 [D22] City Hall Park S. 89
- ●138 [E20] Essex Street Market S. 89
- ●139 [E22] Fulton Stall Market S. 89
- ●141 [C14] Rockefeller Center S. 89
- ●142 [H18] Smorgasburg S. 89
- ●143 [E19] Tompkins Square S. 89
- ●144 [D18] Union Square S. 89
- ●145 [D13] Bloomingdale's S. 90
- ●146 [D22] Century 21 Department Store S. 90
- ●147 [C16] Macy's S. 90
- ●148 [C16] Manhattan Mall S. 90
- ●149 [B13] The Shops at Columbus Circle S. 90
- ●150 [D22] Westfield World Trade Center S. 90
- ●151 [C14] Abercrombie & Fitch S. 90
- ●152 [C15] Aéropostale S. 90
- ●153 [C18] Barneys, 101 S. 90
- ●154 [C20] DKNY SoHo S. 90
- ●155 [D10] Encore S. 90
- ●156 [D6] Harlem Underground Clothing Company S. 90
- ●157 [D20] Hollister S. 90
- ●158 [B15] Modell's S. 90
- ●159 [D21] OMG – The Jeans Store (1) S. 90
- ●160 [D19] OMG – The Jeans Store (2) S. 90
- ●161 [E20] Reed Space S. 91
- ●162 [D20] Topshop S. 91
- ●163 [D20] Uniqlo S. 91
- ●164 [D19] Zacky's S. 91
- ●165 [C18] Academy Records S. 91
- ●166 [D18] Barnes & Noble S. 91
- ●167 [C19] Bleecker Street Records S. 91
- ●168 [C19] bookbook S. 91
- ●169 [D9] Kitchen Arts and Letters S. 91
- ●170 [D20] McNally Jackson Books S. 91

Liste der Karteneinträge 153

- 🛍171 [C15] Midtown Comics S. 91
- 🛍173 [D18] Strand Books S. 91
- 🛍174 [D22] The Mysterious Bookshop S. 91
- 🛍175 [C19] Three Lives & Company S. 91
- 🛍176 [B18] Chelsea Market S. 91
- 🛍177 [D20] Dean & DeLuca S. 91
- 🛍178 [C17] Eataly S. 91
- 🛍179 [D18] Garden of Eden S. 91
- 🛍180 [D21] Gourmet Garage S. 91
- 🛍181 [C20] Kee's Chocolates S. 92
- 🛍182 [E19] Russ & Daughters S. 92
- 🛍183 [D18] Trader Joe's S. 92
- 🛍184 [D18] Whole Foods S. 92
- 🛍185 [D13] Apple Store S. 92
- 🛍186 [B16] B&H Photo – Video – Pro Audio S. 92
- 🛍187 [D20] Converse Store S. 92
- 🛍188 [D15] NBA Store S. 92
- 🛍189 [D21] New Kam Man S. 92
- 🛍190 [C15] NHL Store S. 92
- 🛍191 [E21] Yunhong Chopsticks Shop S. 92
- 🛍192 [cj] Brooklyn Flea S. 92
- 🛍193 [C17] Chelsea Flea Market S. 92
- 🛍194 [B11] GreenFlea S. 92
- 🛍195 [B15] Hells' Kitchen Flea Market S. 92
- 🛍196 [D22] 7Eleven S. 92
- 🛍197 [D19] Morton Williams S. 92
- 🛍198 [D19] St. Mark's Market S. 92
- 🛍199 [D18] Westside Market NYC S. 92
- •200 [D12] Austrian Consulate General S. 115
- •201 [D15] Consulate General of Switzerland S. 115
- •202 [E14] German Consulate General S. 115
- ℹ203 [C16] Official NYC Information Center at Macy's Herald Square S. 119
- ℹ204 [D22] Official NYC Information Center – City Hall S. 119
- ℹ205 [C15] Official NYC Information Center – Times Square S. 119
- ℹ206 [E22] Official NYC Information Center – South Street Seaport S. 119
- ℹ207 [D23] Infocenter Federal Hall S. 119
- ℹ208 [C22] Downtown Alliance (1) S. 119
- ℹ209 [D23] Downtown Alliance (2) S. 119
- ℹ210 [C23] Downtown Alliance (3) S. 119
- ℹ211 [D21] Explore Chinatown Info Kiosk S. 119
- ✚212 [D11] Doctors House Call Service/ Travelers Medical Center S. 123
- ✚213 [B13] City MD S. 123
- ✚214 [B15] Dr. Walk-In S. 123
- ✚215 [D18] Emergency Dentist NYC S. 123
- ✚216 [E15] U.N Plaza Pharmacy S. 123
- 🏛217 [B11] Children's Museum of Manhattan S. 124
- ◯218 [C11] Marionette Theater At The Swedish Cottage S. 124
- 🏛219 [B3] Sugar Hill Children's Museum of Art & Storytelling S. 124
- ✉220 [B16] Farley Post Office (Hauptpostamt) S. 125
- ℹ221 [C18] LGBT Community Center S. 126
- 🍺222 [B18] Gym Sportsbar S. 126
- 🍺223 [C19] Henrietta Hudson S. 126
- 🍺224 [C19] Stonewall Inn S. 126
- 🍺225 [C19] The Monster S. 126
- 🏨226 [B18] Chelsea Pines Inn S. 126
- ⚽227 [A17] Chelsea Piers Sports & Entertainment Complex S. 128
- ⚽231 [bj] Brooklyn Nets S. 128
- 🏨234 [D23] Andaz Wall Street S. 132
- 🏨235 [D22] Millenium Hilton S. 132
- 🏨236 [D23] Riff Hotel – Downtown S. 133
- 🏨237 [C23] Ritz Carlton New York S. 133
- 🏨238 [D22] The Beekman – A Thompson Hotel S. 133
- 🏨239 [C17] Chelsea Savoy Hotel S. 133
- 🏨240 [E20] SoHotel S. 133

Liste der Karteneinträge, Zeichenerklärung

🏨 241 [B18] Standard Hotel S. 133
🏨 242 [B19] The Jane S. 133
🏨 243 [C19] Washington Square Hotel S. 133
🏨 244 [C14] Ameritania Hotel S. 133
🏨 245 [D14] Bernic Hotel S. 134
🏨 246 [C14] Hilton New York Hotel S. 134
🏨 247 [D17] Marcel Hotel S. 134
🏨 248 [D14] Pod 51 Hotel S. 134
🏨 249 [B15] YOTEL S. 134
🏨 250 [A9] Marrakech Hotel S. 134
🏨 251 [E13] The Bentley S. 134
🏨 252 [B5] Easyliving Harlem S. 134
🏨 253 [H18] McCarren Hotel & Pool S. 135
🏨 254 [D4] Mi Casa Tu Casa S. 135
🏨 255 [G24] Nu Hotel S. 135
🏨 256 [be] Opera House Hotel S. 135
🏨 257 [cj] The Brooklyn A Hotel S. 135
🏨 258 [B8] Hostelling International New York S. 135
🏨 259 [B10] International Student Center S. 135
🏨 260 [B8] Jazz on the Park Hostel S. 135
🏨 261 [D15] YMCA Vanderbilt Hotel S. 135

Zeichenerklärung

⓬	Hauptsehenswürdigkeit
✚	Arzt, Apotheke, Krankenhaus
◉	Bar, Bistro, Klub, Treffpunkt
🏠	Bed and Breakfast
◉	Biergarten, Pub, Kneipe
◉	Café
🖼	Galerie
🛍	Geschäft, Kaufhaus, Markt
🏨	Hotel, Unterkunft
◉	Imbiss
ⓘ	Informationsstelle
🛏	Jugendherberge, Hostel
🏛	Museum
◉	Musikszene, Disco
✉	Postamt
◉	Restaurant
🅂	Sport-/Spieleinrichtung
•	Sonstiges
◉	Theater
◉	vegetarisches Restaurant
◉	Weinlokal

6	Terminal (Endhaltestelle Subway)
6	Local Stop (Subway)
A	Express Stop (Subway)
—	Stadtspaziergänge (s. S. 15, S. 18, S. 22 und S. 25)
⬭	Shoppingareale
⬭	Gastro- und Nightlife-Areale

Abgesehen von den bekannten **Abkürzungen** für Tage, Monate etc. wurden in diesem Buch folgende verwendet:
› DZ (Doppelzimmer)
› E (East), W (West)
› St. (Street)
› Rd. (Road)
› Sq. (Square)
› Ave. (Avenue)
› bei Adressangaben: „/" für „Ecke" und „–" für „zwischen"

Hier nicht aufgeführte Nummern liegen außerhalb der abgebildeten Karten. Ihre Lage kann aber wie die von allen Ortsmarken im Buch mithilfe der Web-App angezeigt werden (s. S. 155).

Manhattan, Stadtbezirke

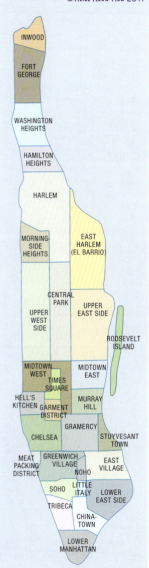

© REISE KNOW-HOW 2017

New York mit PC, Smartphone & Co.

QR-Code auf dem Umschlag scannen oder www.reise-know-how.de/citytrip/newyork17 eingeben und die **kostenlose Web-App** aufrufen (Internetverbindung zur Nutzung nötig)!

★ **Anzeige der Lage und Satellitenansicht aller** beschriebenen Sehenswürdigkeiten und weiteren Orte
★ **Routenführung** vom aktuellen Standort zum gewünschten Ziel
★ **Exakter Verlauf** der empfohlenen Stadtspaziergänge
★ **Audiotrainer** der wichtigsten Wörter und Redewendungen
★ **Updates** nach Redaktionsschluss

GPS-Daten zum Download
Auf der Produktseite dieses Titels unter www.reise-know-how.de stehen die GPS-Daten aller Ortsmarken als KML-Dateien zum Download zur Verfügung.

Stadtplan für mobile Geräte
Um den Stadtplan auf Smartphones und Tablets nutzen zu können, empfehlen wir die App „Avenza Maps" der Firma Avenza™. Der Stadtplan wird aus der App heraus geladen und kann dann mit vielen Zusatzfunktionen genutzt werden.

Die Web-App und der Zugriff auf diese über QR-Codes sind eine freiwillige, kostenlose Zusatzleistung des Verlages. Der Verlag behält sich vor, die Bereitstellung des Angebotes und die Möglichkeit der Nutzung zeitlich und inhaltlich zu beschränken. Der Verlag übernimmt keine Garantie für das Funktionieren der Seiten und keine Haftung für Schäden, die aus dem Gebrauch der Seiten resultieren. Es besteht ferner kein Anspruch auf eine unbefristete Bereitstellung der Seiten.

156 Übersicht und Subway-Plan

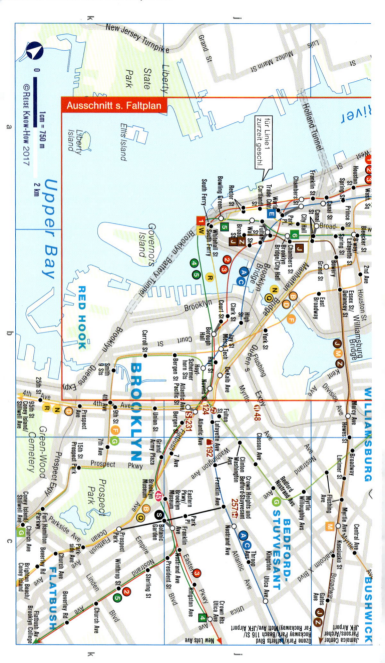